Qualidade na Educação da Primeira Infância

Sobre os Autores

Gunilla Dahlberg é professora do Instituto de Educação de Estocolmo, Departamento de Estudos da Criança e do Jovem.
Peter Moss é professor de educação infantil do Instituto de Educação da Universidade de Londres.
Alan Pence é professor da Universidade de Victoria, Columbia Britânica.

Reimpressão da obra originalmente publicada em 2003 pela Editora Artmed.

D131q Dahlberg, Gunilla.
Qualidade na educação da primeira infância : perspectivas pós-modernas / Gunilla Dahlberg, Peter Moss, Alan Pence ; tradução: Magda França Lopes ; revisão técnica: Kátia de Souza Amorim. – Porto Alegre : Penso, 2019.
264 p. : il. ; 23 cm

ISBN 978-85-8429-187-8

1. Educação. 2. Pedagogia – Prática. 3. Professores – Formação. I. Moss, Peter. II. Pence, Alan. III. Título.

CDU 37

Catalogação na publicação: Karin Lorien Menoncin – CRB 10/2147

Qualidade na Educação da Primeira Infância

perspectivas pós-modernas

GUNILLA DAHLBERG
PETER MOSS
ALAN PENCE

Tradução:
Magda França Lopes

Consultoria, supervisão e revisão técnica desta edição:
Kátia de Souza Amorim
Psiquiatra. Mestre em Psicologia pela FFCLRP/USP.
Doutora pelo Programa de Saúde Mental da FMRP/USP.

penso

2019

Obra originalmente publicada sob o título
Beyond Quality in Early Childhood Education and Care:
Postmodern Perspectives (Routledge/Falmer)

Programação Visual:
Ângela Fayet

Preparação do original:
Márcia da Silveira Santos

Leitura final:
Joseane de Mello Rucker

Supervisão editorial:
Mônica Ballejo Canto

Editoração eletrônica:
Art & Layout – Assessoria e Produção Gráfica

PENSO EDITORA LTDA., uma empresa do GRUPO A EDUCAÇÃO S.A.
Av. Jerônimo de Ornelas, 670 – Santana
90040-340 – Porto Alegre – RS
Fone: (51) 3027-7000 Fax: (51) 3027-7070

SÃO PAULO
Rua Doutor Cesário Mota Jr., 63 – Vila Buarque
01221-020 – São Paulo – SP
Fone: (11) 3221-9033

SAC 0800 703-3444 – www.grupoa.com.br

IMPRESSO NO BRASIL
PRINTED IN BRAZIL

Agradecimentos

Durante a preparação deste livro, fomos beneficiados pelos comentários de vários colegas, incluindo Chris Pascal, Tony Bertram, Mary Jane Drummond, June Statham, Sally Lubeck, Katie Cooke e Bob Glossop. Apreciamos o seu apoio, embora enfatizemos que as opiniões expressas no livro, assim como quaisquer incorreções, são da nossa inteira responsabilidade. Além disso, gostaríamos de agradecer às muitas pessoas com as quais trabalhamos nos Projetos *Primeiras Nações* e *Estocolmo*, relatados mais adiante neste livro, assim como no projeto Reggio Emilia. Seu compromisso, seu entusiasmo e suas ponderações foram uma grande inspiração.

Sumário

1 Do que Trata Este Livro ... 9

2 Perspectivas Teóricas: Modernidade e Pós-Modernidade, Poder e Ética ... 33

3 Construindo a Primeira Infância: O que Achamos que Isto Seja? ... 63

4 Construindo a Instituição Dedicada à Primeira Infância: Para que Serve? ... 87

5 Além do Discurso da Qualidade: Rumo ao Discurso da Construção de Significado ... 119

6 Projeto Estocolmo: Construindo uma Pedagogia que Fale na Voz da Criança, do Pedagogo e dos Pais ... 161

7 Documentação Pedagógica: Uma Prática para Reflexão e para a Democracia ... 189

8 Direções Minoritárias no Mundo Majoritário: Perigos e Possibilidades ... 209

Referências Bibliográficas ... 245

Índice ... 257

1 Do que Trata este Livro

A LINGUAGEM DA PRIMEIRA INFÂNCIA[1]

Nos últimos 30 anos, tem sido dada uma atenção cada vez maior aos "serviços de educação e cuidado infantil" – por parte dos governos, dos pais, dos empregadores, das comunidades e dos pesquisadores. As razões para isso variam. Como as mulheres se juntaram aos homens no mercado de trabalho, cresceu a demanda pelo cuidado prestado às crianças por pessoas que não seus pais. Tem-se reconhecido, cada vez mais, a importância da aprendizagem inicial, tanto como um direito quanto porque muitos acreditam que ela possa melhorar o subseqüente desempenho acadêmico. A intervenção precoce passou a ser vista como um meio de prevenir ou diminuir problemas em famílias com crianças pequenas ou que estejam na infância tardia, e de proteger as crianças consideradas em risco. Os serviços de prestação de cuidados à primeira infância são discutidos como uma condição para o desenvolvimento urbano e rural e como parte da infra-estrutura social e econômica de comunidades saudáveis e prósperas.

Há amplas variações nacionais na maneira como os serviços dedicados à primeira infância são criados, organizados, assim como, no modo como contratam pessoal e são mantidos financeiramente. E, ainda, no número de vagas disponíveis (cf. Lamb et al., 1992; Woodill et al., 1992; Cochran, 1993; EC Childcare Network, 1996a). Entretanto, em muitos países, a crescente demanda pela prestação de cuidados e educação das crianças pequenas por pessoas que não seus pais, além da intervenção social, e a infra-estrutura local produziram a mesma resposta – mais instituições dedicadas à primeira infância (discutimos, mais adiante neste capítulo, por que usamos o termo *instituição*) e mais crianças pequenas freqüentando-as. Isto pode ser visto como parte de um processo pelo qual a *reprodução*, em particular o cuidado e a educação das crianças, tem se tornado cada vez mais pública, emergindo do domínio "privado" da família em resposta a novas condições econômicas e sociais (Benhabib, 1992).

Como a primeira infância é alcançada nos programas de debates privados e públicos, um número cada vez maior de vozes passa a ser ouvido, em um número cada vez maior de locais, falando sobre a educação e o cuidado da primeira infância. Ainda, apesar do volume e da diversidade crescentes dessas vozes, a maior parte delas parece falar a mesma linguagem da primeira infância. Não apenas ela é, com freqüência, literalmente a mesma linguagem, à medida que o inglês torna-se cada vez mais dominante no mundo dos negócios, da cultura, da ciência, da tecnologia e da pesquisa,[2] como também compartilha o mesmo vocabulário: promover o desenvolvimento, garantir a prontidão para aprender e a disposição para a escola; melhorar o desempenho escolar; fazer uma intervenção precoce em crianças consideradas carentes, em risco ou, em outra forma de desvantagem; promover práticas desenvolvimentalmente adequadas e resultados desejáveis; elaborar modelos e programas; garantir a eficácia dos planos e dos custos; elaborar regulamentos, padrões; e, a mais difundida de todas, estabelecer uma linguagem da qualidade.

Esta linguagem dominante[3] da primeira infância gera suas próprias perguntas. Como medimos qualidade? Quais são os programas mais eficientes em termos de custo-benefício? De que padrões necessitamos? Como podem ser melhor alcançados os resultados desejáveis? O que funciona? A característica comum dessas questões é a sua natureza técnica e gerencial. Elas buscam técnicas que possam garantir a padronização, a previsibilidade e o controle. Elas Almejam métodos que possam reduzir o mundo a um conjunto de afirmações objetivas do fato, independente de afirmações de valor e da necessidade de se fazer julgamentos. Elas evitam a dimensão ética resultante do que Rorty (1980) refere como a "obrigação da escolha", a responsabilidade de fazer julgamentos, em vez de reduzir a escolha a uma questão de racionalidade gerencial, na qual questões de valor são sistematicamente transformadas em questões técnicas (Gergen, 1992). Estas não interrogam questões, as quais indagam sobre valor, que reconheçam a probabilidade de perspectivas e significados múltiplos, diversidade e incerteza, e que propiciem a participação democrática, o diálogo e promovam questionamentos. Em suma, elas expressam um desejo de um mundo regular e ordenado, desprovido de desordem e complexidade.

Durante os três anos de sua elaboração, este livro tornou-se uma exploração das maneiras de se falar sobre a primeira infância e suas instituições. Por que grande parte do mundo da primeira infância opta por falar este tipo de linguagem? Por que ela se tornou tão difundida, tão dominante neste momento em particular? Que outras linguagens podemos optar por falar? Quais são as conseqüências da linguagem pelas quais optamos, o que ela significa para as crianças, para os pais e para outras pessoas, que práticas ela produz? À medida que íamos discutindo essas questões, a linguagem dominante atual começou a parecer problemática. Nós nos percebemos falando de maneira diferente sobre a primeira infância, tendo conversas diferentes, tendo outras idéias, outras questões, outras palavras, outras conseqüências.

Contudo, não estamos defendendo a substituição de uma linguagem dominante por outra. Isto seria usar a "linguagem da necessidade" (Bauman, 1991), a qual se manifesta quando dizemos que "é assim que as coisas são", "é assim que as coisas deveriam ser" ou, ainda, que "é isso que deve ser feito". A linguagem da necessidade também se manifesta pelo que *não* é dito – quando a possibilidade de posições, entendimentos e abordagens alternativas não é reconhecida, e quando a escolha de uma posição, de um entendimento ou de uma abordagem particular não é apresentada e explicada como uma escolha que foi feita, mas sim que fora presumida e assumida como a única disponível.

Tentamos evitar tal atitude neste livro, embora nem sempre tenhamos conseguido. Não estamos descomprometidos; optamos por entender a primeira infância de uma maneira particular, a qual está refletida na linguagem que usamos. Todavia, valorizamos uma multiplicidade de linguagens no que se refere à primeira infância, as quais instigam a "potencial infinidade de vocabulários em que o mundo pode ser descrito" (Rorty, 1980, p. 367) – pois valorizamos a diversidade de pensamento e entendimento, de práticas e propósitos que a multiplicidade de linguagens e vocabulários reflete e sustenta. A partir dessa perspectiva, não afirmamos que o que escrevemos seja *a* verdade, ou que tenhamos encontrado a única linguagem em que se pode falar sobre a primeira infância. Não estamos tentando mostrar aos outros o suposto equívoco de seus caminhos ou vender uma nova linha, declarando termos chegado a algumas conclusões definitivas e finais.

Longe disso, nossa intenção no livro é sermos "evocativos ao invés de didáticos" (Lather, 1991), é continuarmos uma conversa, e não tentarmos descobrir a verdade (Rorty, 1980). Queremos encorajar perguntas e diálogos críticos sobre temas, como os propósitos das instituições dedicadas à primeira infância no mundo em que vivemos hoje e como podemos entender a criança, o conhecimento e a aprendizagem. Dessa maneira, podemos contribuir para aumentar os espaços em que as possibilidades alternativas são exploradas e as diferentes linguagens são faladas. Queremos convidar o leitor a entrar em alguns destes espaços, a se envolver com idéias com as quais estamos nos debatendo, já que consideramos nosso trabalho como provisório, não definitivo; um ano antes ou um ano depois, e este livro seria diferente. Estamos caminhando rumo a um horizonte que sempre recua diante de nós, mas, à medida que caminhamos, vemos novas paisagens se abrindo, enquanto que as paisagens pelas quais já passamos parecem diferentes quando olhamos para trás.

A ERA DA "QUALIDADE"...

> Em épocas passadas, qualidade era considerada mais um luxo que uma necessidade, simplesmente subserviente à quantidade ... [Hoje] qualidade importa, e importa muito. Após entender isso, os esforços para melhorar a qualidade estão se estendendo através do comércio e das indústrias dos Estados Unidos, trazendo com eles compromissos revitalizados para os trabalhadores, para a colaboração e para uma nova cultura da qualidade. Aqueles preocupados com os serviços humanos, em geral, e com as crianças pequenas, em particular, estão observando desenvolvimentos similares. (Kagan, Cohen e Neuman, 1996, p. 2)

Como autores, chegamos a entendimentos e a perspectivas que compartilhamos neste livro de várias maneiras e durante diferentes períodos de tempo. O que originalmente nos aproximou foi uma inquietação compartilhada em relação ao conceito de *qualidade* e um interesse compartilhado em melhor entender o "problema da qualidade". Em primeiro lugar, tratamos do "problema da qualidade" em um livro editado por dois de nós, *Valuing Quality in Early Childhood Services* (Moss e Pence, 1994), no qual o terceiro autor deste volume contribuiu com um capítulo, juntamente com um colega sueco (Dahlberg e Åsén, 1994).

Para a maior parte das pessoas, qualidade persiste como um desafio, algo a ser atingido, em vez de um problema, algo a ser questionado. Como aumentou a quantidade de serviço nas instituições dedicadas à primeira infância, aumentou também a atenção dada à questão da qualidade. A pesquisa neste campo começou com toda força, no início da década de 1980 (Singer, 1993), desde quando centenas de artigos, ensaios e livros foram produzidos. O interesse se ampliou por parte dos pesquisadores, sendo que, agora, "quase todas as publicações sobre as instituições dedicadas à primeira infância contêm a palavra 'qualidade' em seu título... funcionários, gerentes, inspetores, fundadores e pesquisadores que trabalham com a primeira infância estão procurando entender o que 'qualidade' significa para eles, [e] os pais, como responsáveis, estão também interessados no debate" (Williams, 1994, p. 1). Em toda parte, pessoas estão buscando respostas para as mesmas perguntas: O que é qualidade? Como medimos qualidade? Como garantimos qualidade?

Grande parte deste trabalho sobre qualidade tem sido realizado nos Estados Unidos. O aumento do interesse na qualidade nas instituições dedicadas à primeira infância pode, em parte, ser entendido como uma conseqüência das condições particulares daquele país. Uma ideologia dominante de responsabilidade privada pelas crianças, uma confiança nas soluções do livre mercado, altos níveis de demanda e grandes desigualdades econômicas entre as famílias – todas essas condições interagiram para produzir conseqüências perturbadoras, ainda que (como alguns diriam) previsíveis. O relatório da iniciativa *Quality 2000* conclui:

> Serviços de qualidade para crianças pequenas [nos Estados Unidos] são raros, depreciados e injustamente distribuídos. Na verdade, recentes estudos multicêntricos indicam que a qualidade típica dos programas, quer baseados em centros, quer baseados em lares, é abaixo dos padrões... [em um estudo] 86% dos centros estudados em quatro Estados foram avaliados como insatisfatórios ou medíocres em qualidade... com, pelo menos, 40% dos cômodos para bebês e crianças pequenas considerados como colocando em risco a saúde e a segurança... outro recente estudo multicêntrico em qualidade verificou que 89% dos lares de cuidado domiciliar observados são mais inadequados que adequados, e apenas custodiais em sua qualidade...
>
> Além disso, há sérias preocupações em relação à deterioração da qualidade e à eqüidade na renda familiar. Os dados indicam que a qualidade do cuidado e da educação infantil nos Estados Unidos tem decaído seriamente nos últimos quinze anos... As crianças sem acesso a subsídios governamentais ou empresariais e sem uma renda familiar elevada estão particularmente em risco de participarem de programas de baixa qualidade. (Kagan et al., 1996, p. 3-4)

Dada esta situação, talvez não surpreenda que a questão da qualidade nas instituições dedicadas à primeira infância tenha alta prioridade entre aquelas relativas ao bem-estar das crianças pequenas nos Estados Unidos, produzindo o crescimento de pesquisa nessa área. No entanto, a questão tem ressoado em outros lugares. A busca por qualidade nas instituições dedicadas à primeira infância espalhou-se para muitos outros países. Qualquer perspectiva considerada do conceito de qualidade, não nega que ele agora desempenha um papel dominante na nossa maneira de pensar, na nossa linguagem e nas nossas práticas. A "era da qualidade" está atualmente bem diante de nós e não apenas em relação às instituições dedicadas à primeira infância, como também a todo tipo imaginável de produto e serviço. Não passa um dia sem que a palavra apareça em inúmeros lugares, ligada a inúmeras atividades e instituições, bens e serviços. É o que todos querem oferecer e o que todos querem ter. Nós nos sentimos bem quando escolhemos um item de "qualidade", um item que nos diferencie como um consumidor judicioso e desenvolto, um item que mostre que fizemos o melhor para nós mesmos e para aqueles a quem amamos, um item no qual podemos confiar sem precisar entendê-lo.

Se há uma questão reconhecida na atual discussão de qualidade, ela diz respeito à definição – por exemplo, o que constitui *boa* qualidade nas instituições dedicadas à primeira infância. (Embora, deva ser acrescentado, isto não inibe o uso freqüente do termo sem definição, tornando qualidade sem sentido, de tal modo que, como seu conceito afim, *excelência,* "a aplicabilidade geral do conceito está em relação direta com sua vacuidade" [Readings, 1996, p. 23]. Em contrapartida, o *conceito* em si atingiu tal dominância que raras vezes é questionado. Para a maior parte das pessoas é tacitamente aceito que existe uma coisa – objetiva, real, reconhecível – chamada qualidade.

Parece-nos, no entanto, que o próprio conceito de qualidade precisa ser questionado, porque há um problema com a qualidade.

...E O PROBLEMA COM A QUALIDADE

> Qualidade nos serviços dedicados à primeira infância é um conceito construído, subjetivo em sua natureza e baseado em valores, crenças e interesses, aos invés de uma realidade objetiva e universal. O cuidado infantil de qualidade está, em grande parte, no olhar do observador. (Pence e Moss, 1994, p. 172)

> Eu me oponho à distribuição global de qualquer estrutura de qualidade isolada. Tal estrutura pode conduzir inevitavelmente a um mundo de uniformidade, a uma receita padronizada para a qualidade da infância... Há muitos critérios potenciais para a qualidade que estão intimamente vinculados às crenças sobre os objetivos e as funções... Essas crenças, por sua vez, estão moldadas pelas perspectivas sobre a infância, pelos padrões culturais e pelos valores pessoais. (Woodhead, 1996, p. 17, 37)

Grande parte do trabalho sobre qualidade nas instituições dedicadas à primeira infância tem se preocupado em explorar o relacionamento entre as várias características dessas instituições – principalmente características de recursos e de organização, como o tamanho do grupo ou o nível dos funcionários, e características do que realmente acontece, como as atividades das crianças, o comportamento dos funcionários e as interações entre as crianças e os adultos – e os vários resultados, em geral, definidos em termos do desenvolvimento da criança, mas também, às vezes, em termos do desempenho escolar, social e econômico posterior. Isto tem sido suplementado mais recentemente por outro resultado: a satisfação dos pais como os pretensos consumidores dos serviços. O exercício tem sido quase direto: identificar e medir indicadores de qualidade definidos em termos da sua significância preditiva para o desenvolvimento das crianças (Phillips, 1996) ou outros resultados desejáveis. Tem-se suposto que tanto os indicadores como os resultados são universais e objetivos, identificáveis através da aplicação do conhecimento especializado e redutível a uma medição precisa, usando-se as técnicas certas. No Capítulo 5, examinamos com mais detalhes as principais características e hipóteses deste trabalho, o fio da primeira infância dentro do amplo tecido da qualidade.

Mais recentemente, na década de 1990, o conceito de qualidade no campo da primeira infância, como uma entidade universal e reconhecível, esperando "lá fora" para ser descoberta e avaliada pelos especialistas, tem sido questionado ou problematizado. Em particular, tem havido uma consciência crescente do contexto, da complexidade, da pluralidade e da subjetividade. Um número crescente de autores que escreve sobre qualidade (ver Balaguer, Mestres e Penn, 1992; Dahlberg, Lundgren e Åsén, 1991; European Commission Childcare Network, 1996b; Evans, 1994; Farquhar, 1993; Moss e Pence, 1994; Munton, Mooney e Rowland, 1995; Pascal, Bertram e Ramsden, 1994; Pence, 1992; Williams, 1994; Woodhead, 1994) tem:

- identificado a importância do *processo* de definir qualidade – quem está envolvido e como isso é feito – e questionado como esse processo operou no passado, declarando que ele foi dominado por um grupo pequeno de especialistas, excluindo uma ampla série de outros interessados nas instituições dedicadas à primeira infância;
- entendido que a qualidade é um conceito *subjetivo, baseado em valores, relativo* e *dinâmico*, com a possibilidade de *perspectivas múltiplas* ou de entendimentos do que seja qualidade;
- defendido que o trabalho com qualidade precisa ser *contextualizado*, espacial e temporalmente, e deve reconhecer a diversidade cultural e as outras formas importantes de *diversidade.*

Este processo de problematização no campo da primeira infância teve sua origem na Europa, mas recentemente começou a aparecer na literatura americana. Os principais pesquisadores americanos do campo, hoje em dia, referem-se à qualidade como necessitando ser contextualizada e como um "constructo" (Phillips, 1996), e reconhecem que "as concepções de cuidado e educação infantil de qualidade variam no mundo todo... (e) segundo o interessado em particular, com a condição socioeconômica e a cultura" (Bush e Phillips, 1996, p. 65).

> As subculturas e a pluralidade dos valores nas sociedades, com freqüência, significam que não existe um conceito definitivo de qualidade. Este é um conceito relativo que varia dependendo da perspectiva da pessoa... Na verdade, qualidade é, ao mesmo tempo, um conceito dinâmico e relativo, de modo que as percepções de qualidade se modificam à medida que vários fatores se desenvolvem (Bush e Phillips, p. 66-67).

O que parece estar subjacente ao "problema da qualidade" é um sentido e um incômodo de que o que tem sido abordado como uma questão essencialmente técnica de conhecimento e avaliação especializada pode, na verdade, ser uma questão filosófica de valor e controvérsia. Em vez de descobrir a verdade, e com ela a certeza, encontramos múltiplas perspectivas e ambivalência. A crítica de Readings sobre o conceito de "excelência" em relação às universidades poderia ser igualmente bem aplicada à qualidade e às instituições dedicadas à primeira infância.

> Avaliações sobre excelência suscitam questões que são filosóficas, na medida em que são fundamentalmente incapazes de produzir certeza cognitiva ou respostas definitivas. Essas questões, necessariamente, darão origem a mais debate, pois estão radicalmente em desacordo com a lógica da quantificação. (1996, p. 24)

A questão agora é para onde ir. Buscar algumas respostas provisórias para essa questão permanece no cerne do livro e é o principal tema do Capítulo 5. Sem desistir do jogo, podemos dizer que a nossa busca nos conduz à visão de que o conceito e a linguagem da qualidade não podem acomodar questões como diversidade e perspectivas múltiplas, especificidade contextual e subjetividade. Para isso, precisamos ir além do conceito de qualidade. Um novo conceito é requerido, o qual chamamos *de construção de significado*.

FORMULANDO QUESTÕES CRÍTICAS

O historiador italiano Carlo Ginsburg (1989) declara que o Mundo Minoritário[4] vive em uma cultura em que nos são, muitas vezes, oferecidas soluções, *antes de termos formulado as questões críticas*. Nos três anos que levamos para escrever este livro, tivemos de formular questões que nos foram de muita utilidade, a princípio, para entender o problema da qualidade e, depois, para ir além da qualidade. Nossas questões começaram com a criança. Como concebemos a criança pequena e a primeira infância? Qual é nossa compreensão do que a criança pequena é, pode ou deve ser? Essas questões nos levaram a problematizar, no Capítulo 3, imagens ou elaborações comumente construídas da criança pequena, incluindo a criança como um reprodutor de conhecimento e cultura, uma *tabula rasa* ou um vaso vazio, necessitando ser preenchido com conhecimento e ser "preparado" para aprender e para a escola; como natural, seguindo estágios de desenvolvimento biologicamente determinados e universais; como um inocente, desfrutando a idade dourada da vida, não-corrompido pelo mundo; ou como um fator de suprimento na determinação da força de trabalho. O que essas idéias ou elaborações têm em comum é que elas produzem uma "criança pobre", passiva, individualizada e incapaz, e, por conseguinte, uma prática pedagógica[5] para corresponder a isso. Em vez disso, optamos por enxergar a criança pequena como possuindo "potencialidades e competências surpreendentes e extraordinárias" (Malaguzzi, 1993b, p. 73), um co-construtor do conhecimento e da identidade através do relacionamento com outras crianças e com outros adultos. Tal construção produz uma *criança rica*, ativa, competente e ansiosa para se engajar ao mundo.

Em seguida, surgiram questões sobre as instituições dedicadas à primeira infância. Quais são seus propósitos? Para que achamos que elas servem? A partir da formulação dessas perguntas surgiram entendimentos que foram particularmente importantes para nós, os quais exploramos em minúcias no Capítulo 4. As instituições dedicadas à primeira infância são, em geral, referidas como *serviços*, o que implica na entrega de um produto (por exemplo, *cuidado* ou *educação da criança*) do produtor ao consumidor. Porém, em um capítulo de *Valuing quality*, eles foram referidos como *fóruns* ou *praças* (Dahlberg e Åsen, 1994). Um dos principais projetos deste livro foi explorar o que pode significar a conceituação das instituições dedicadas à primeira infância. Tal processo de exploração nos abriu a possibilidade de entender essa instituição como um fórum na sociedade civil, onde crianças e adultos se reúnem e participam juntos de projetos de importância cultural, social, política e econômica. Como tal, ela seria uma instituição comunitária de solidariedade social com relevância cultural e simbólica.

As instituições dedicadas à primeira infância são, amplamente, vistas como instituições que contribuem para projetos desenvolvimentais e econômicos. Problematizamos o projeto desenvolvimental porque temos uma compreensão da criança pequena, através da qual o conceito e a linguagem do desenvolvimento são problemáticos (discutimos essa questão no decorrer do livro). Aceitamos que as instituições dedicadas à primeira infância podem servir a importantes propósitos econômicos. Todavia, como fóruns localizados na sociedade civil, as instituições dedicadas à primeira infância podem dar importantes contribuições a muitos outros projetos de importância social, cultural e política, alguns dos quais consideramos no Capítulo 4 e que, embora menos reconhecidos e discutidos na literatura de pesquisa ou nas declarações de política pública, esses projetos sociais, culturais e políticos são tão importantes quanto os projetos econômicos. Além disso, entendidas assim, de maneira abrangente, as instituições dedicadas à primeira infância podem desempenhar um papel importante na constituição da sociedade civil, tornando-se o principal meio de favorecer a visibilidade, a inclusão e a participação ativa da criança pequena na sociedade civil.

Percorremos um longo caminho em nosso entendimento do problema da qualidade. Parece-nos agora, como resultado da nossa jornada, que esse problema precisa ser localizado em um contexto bem mais amplo e em relação a questões bem mais amplas. A qualidade não pode ser analisada sem que, também, se analise a primeira infância e as instituições dedicadas à primeira infância, e todas, por sua vez, precisam ser localizadas no interior de uma análise da época em que vivemos.

A ÉPOCA EM QUE VIVEMOS

> Estamos diante do final do século XX, com uma série de pronunciamentos e declarações que, considerados em separado ou em conjunto, culminam na declaração de que o mundo ocidental está passando por uma das mais profundas transformações da sua existência. (Kumar, 1995, p. 152)

> Estamos [em] um ponto crítico fundamental no pensamento social, uma mudança memorável marcada por pensar diferentemente sobre a maneira como pensamos... Parecemos estar em algum lugar no meio de um deslocamento do conceito de um mundo descoberto, "lá fora", objetivo, reconhecível, factual, em direção a um conceito de mundos construídos. (Lather, 1991, p. 9, 86)

Reconhecemos ser importante situar nossa investigação no "problema da qualidade" e em duas compreensões diferentes da primeira infância e das instituições dedicadas à primeira infância em relação à época em que vivemos e às grandes mudanças – políticas, sociais, culturais, econômicas e tecnológicas – que a caracterizam. Desde a década de 1970, vêm ocorrendo vários desenvolvimentos econômicos e políticos complexos e inter-relacionados. Temos testemunhado a dominância cada vez maior de um capitalismo global[6] desregulado e cada vez mais volátil, o qual prioriza a competição, os mercados e a lucratividade – provido por desigualdades crescentes entre vencedores e perdedores no mercado (Marquand, 1998) – e o qual busca o lucro sem considerar as fronteiras nacionais; essa mudança foi caracterizada por Harvey (1989) como uma transição de um capitalismo fordista para um capitalismo de "acumulação flexível". Ao mesmo tempo, ocorreu um enfraquecimento do estado-nação. Incapaz de controlar o movimento do capital e frágil diante de corporações transnacionais cada vez mais poderosas, ele foi levado a adotar um papel cada vez mais gerencial para atrair o capital móvel a investir, proporcionando condições lucrativas.

O capitalismo e suas formas em mudança são parte de um quadro mais amplo de transformação econômica no Mundo Minoritário. Há uma mudança da produção para o consumo como o principal enfoque da economia. Os bens ainda são manufaturados, mas o intercâmbio de serviços e de informações, juntamente com a aprendizagem por toda a vida, tornam-se atividades cada vez mais importantes. Computadores e telecomunicações são as tecnologias definidoras. A composição e a natureza do emprego estão mudando; surgem novos tipos de trabalho baseados em novas habilidades, enquanto outros desaparecem, com o profissional de informações, conhecedor da nova tecnologia, substituindo o minerador de carvão e o operário da siderúrgica; empregos para toda a vida são cada vez mais uma coisa do passado, mas um aprendizado contínuo visando a uma atualização constante. A manutenção da posição no mercado de trabalho é oferecido como o caminho do futuro; as práticas de trabalho tornam-se cada vez mais flexíveis; aumenta o número de mulheres inseridas no mercado de trabalho, enquanto o número de homens trabalhadores diminui, à medida que termina a época do homem provedor.

Alguns consideram que estas e outras mudanças relacionadas constituem um deslocamento da sociedade industrial para a pós-industrial ou para a do conhecimento, e do fordismo para o pós-fordismo, na qual a diversidade, a diferenciação e a fragmentação substituem a homogeneidade, a padronização, a economia e a organização de escala. Alguns chegaram a definir tais deslocamentos como revolucionários em sua natureza. Bell (1987) refere-se a uma terceira revolução industrial, esta baseada na informação, comparada às duas primeiras revoluções baseadas na máquina à vapor e na eletricidade, baseadas na energia. Tem sido afirmado que o conceito de pós-fordismo transcende a mudança econômica: "Assim como o fordismo representava não simplesmente uma forma de organização econômica, mas toda uma cultura... o pós-fordismo é também um atalho para um desenvolvimento social e cultural muito mais amplo e profundo... A transição, portanto, é memorável" (Hall e Jacques, 1989, p. 12). Andersson e Sylwans (1997) descreveram as atuais mudanças econômicas e tecnológicas como um processo de transformação ou "revolução logística", a quarta de uma série de revoluções desse tipo iniciadas no século XIII, cada uma definida por profundas mudanças no modo como a produção, os serviços, o capital e as informações são organizados. Eles sugerem que a revolução que estamos vivendo hoje é caracterizada por uma extrema complexidade que requer redes de relacionamentos de trabalho não-hierárquicos, novas competências e altos níveis de criatividade, todos em agudo contraste com a rotinização, a padronização, a previsibilidade e o autoritarismo que marcaram a Revolução Industrial precedente.

Qualquer análise do mundo em que vivemos também tem de levar em conta outras áreas e as mudanças que elas estão experimentando. As mudanças econômicas seguem paralelas à fragmentação das classes sociais; florescem maneiras individualistas de pensar e de se comportar, além do florescimento de uma cultura empresarial; os estilos de vida proliferam, e a vida doméstica e o lazer estão cada vez mais privatizados (Kumar, 1995). O colapso do comunismo criou problemas bastante aparentes na democracia liberal contemporânea, em particular o disseminado descomprometimento e a desilusão relativa aos políticos e às instituições políticas tradicionais, além de um crescente cinismo em relação aos representantes eleitos que povoam tais instituições. Uma resposta a isso tem sido a reforma dessas instituições, por exemplo, por meio da descentralização do poder das instituições fundamentais do estado-nação; outra resposta tem sido buscar novas instituições para a prática da democracia; outra, ainda, tem sido a ascensão de novos movimentos sociais e redes baseadas em região, raça, gênero ou questões políticas isoladas.

Nos últimos anos, a Previdência Social tornou-se um dos itens mais importantes da agenda política. Se há um amplo acordo sobre a necessidade de mudanças maiores, há muito desacordo sobre as razões para se querer mudança e as soluções propostas. Alguns querem uma redução drástica da Previdência Social, com um deslocamento fundamental da responsabilidade pelo bem-estar para o privado pelo setor público; outros querem ver uma Previdência Social forte, mas reformada, menos burocrática e mais sensível à diversidade e às circunstâncias individuais, mas ainda expressando um ideal de responsabilidade coletiva. Para alguns, a Previdência Social, ao mesmo tempo, expressa e sustenta a solidariedade social, encarada como um valor importante e como uma condição necessária para o sucesso político e econômico da sociedade. Para outros, a Previdência Social é fundamentalmente responsável por um visível aumento na dependência e na passividade entre aqueles que dependem dela, o que prejudica ambos e a sociedade como um todo.

Seguindo em paralelo e relacionando a mudanças em nossas condições políticas, sociais, econômicas e técnológicas, outra alteração profunda está ocorrendo – a mudança da modernidade para a pós-modernidade. Esta é uma mudança de extrema importância, pois ela se refere à maneira como entendemos o nosso mundo, nossas vidas e nós mesmos. Dedicamos uma atenção particular a ela no Capítulo 2, não apenas por causa de seu escopo e por sua importância, mas por este ser um tema recorrente no restante do livro.

Entendemos que a questão da mudança – sua escala e importância – é contestada. Há uma sensação disseminada de que o Mundo Minoritário, talvez o mundo todo, esteja sofrendo mudanças fundamentais, de que estamos vivendo mais que o fim cronológico de uma era e de que estamos em meio a profundas transformações. Patti Lather, na citação que inicia esta seção, capta a sensação de estarmos em um ponto crítico fundamental, assim como faz Benhabib: "os muitos 'pós-ismos', como pós-humanismo, pós-estruturalismo, pós-modernismo, pós-keynesianismo e pós-história que circulam em nossas vidas intelectuais e culturais, são, em certo nível, apenas expressões de uma sensação profundamente compartilhada de que certos aspectos do nosso universo social, simbólico e político foram profunda e talvez irremediavelmente transformados" (1992, p. 1). Outros, no entanto, questionam se estamos vivendo uma transição memorável e fundamental, argumentando que estamos experimentando variações das condições existentes, mas não, fundamentalmente, encontrado novas saídas. Sem tomar partido, é ainda possível concluir que "parece existir, de fato, algo em ação aqui, algo na experiência das sociedades modernas contemporâneas que, de forma persistente, provoca não apenas 'a sensação de fim', mas também uma sensação de novos começos" (Kumar, 1995, p. 5).

Mas, que relação isso tem com a primeira infância? Na nossa opinião, tudo. As crianças pequenas são do mundo e estão no mundo; suas vidas são construídas por meio da interação com muitas forças e por meio do relacionamento com muitas pessoas e instituições. Tentamos por todo o livro relacionar nossas análises da primeira infância a contextos sociais, políticos, econômicos e filosóficos. Por exemplo, localizamos nossa discussão das instituições dedicadas à primeira infância em relação a mudanças no capitalismo e no estado-nação, mas também a conceitos da Previdência Social e da democracia, pois enquanto perspectivas pós-modernas nos proporcionam uma estrutura teórica para entender a primeira infância e suas instituições, além do problema da qualidade. Na verdade, parece-nos que muitas discussões da primeira infância ocorrem em um vazio social, político, econômico e filosófico, como se as crianças pequenas existissem à parte do mundo, como se conceitos, como qualidade e desenvolvimento da criança, fossem a-históricos e isentos de valor e contexto, e como se as necessidades e os problemas que as instituições dedicadas à primeira infância são tão freqüentemente solicitadas a tratar (desigualdade, exclusão, deslocamento) houvessem surgido inesperadamente. Se sentimos uma necessidade de nos desculpar, não é por introduzir a questão do mundo mais amplo, mas por fracassar em fazer a devida justiça à complexidade da época em que vivemos, às mudanças que ocorrem no mundo e suas implicações para a primeira infância e para as suas instituições.

POR QUE "INSTITUIÇÕES DEDICADAS À PRIMEIRA INFÂNCIA"?

> Consideramos os relacionamentos como fundamentais na estratégia de organização do nosso sistema educacional [para crianças de 0 a 6 anos]... e consideramos os pequenos grupos o tipo mais favorável de organização de classe para uma educação baseada nos relacionamentos... A organização de um grupo de trabalho menor é muito mais que um simples instrumento funcional: é um contexto cultural que contém em si uma vitalidade e uma infinita rede de possibilidades. Nas escolas para crianças pequenas, o trabalho em grupos pequenos é muito desejado pelas crianças e encoraja processos de mudança e de desenvolvimento... A interação entre as crianças é uma experiência fundamental durante os primeiros anos de vida. A interação é uma exigência, um desejo, uma necessidade vital que cada criança carrega dentro de si. (Malaguzzi, 1993a, p. 11-12)

Em nosso livro anterior, *Valuing Quality*, falamos sobre *serviços para a primeira infância*. Nele, usamos o termo *instituições dedicadas à primeira infância*. A mudança de linguagem é proposital. Como discutimos no Capítulo 4, os termos *serviços* e *instituições* refletem entendimentos diferentes. O primeiro é a linguagem do fornecedor e do comprador, do doador e do receptor, do produtor e do consumidor. O segundo é a linguagem de fóruns públicos, praças ou arenas, os quais possuem importância cultural e simbólica e encontram-se localizados na e constituindo a sociedade civil. Além disso, usamos o termo *instituições* porque este livro se refere principalmente a ambientes de creche. Uma característica importante desses locais é que eles reúnem crianças suficientes para conseguirem envolvê-las no trabalho temático em pequenos grupos. Como Loris Malaguzzi (1993a), acreditamos na importância de uma educação que se sustenta nos relacionamentos, os quais são diversos e complexos, não apenas entre as próprias crianças e entre crianças e adultos, mas também entre os adultos. Uma característica distintiva de ambientes do tipo creche é que eles oferecem possibilidades dos membros do corpo de funcionários trabalharem juntos, como um grupo, proporcionando apoio mútuo e entrosando-se com o outro e com os outros, no processo de documentação e no diálogo mais geral. Outra característica desses ambientes de creche é que eles têm o potencial para se tornarem fóruns na sociedade civil e, como tais, contribuírem para uma democracia participante e uma cidadania ativa.

As instituições dedicadas à primeira infância surgem em várias formas e sob muitos rótulos: berçário, creche, centro de assistência à infância, *daghem, asilo nido*, maternal, jardim-de-infância, *école maternelle, scuola d'infanzia,* etc. Algumas são "integradas à idade", recebendo crianças abaixo e acima dos três anos de idade, enquanto outras recebem grupos de idade mais estreitos – por exemplo, apenas crianças com menos de três anos ou crianças dos três aos seis anos. A discussão neste livro pretende aplicar-se a todas as formas de instituição e a qualquer faixa etária da primeira infância.

Entretanto, apesar de sua extensão e variedade, reconhecemos que as instituições dedicadas à primeira infância não são as únicas formas de provisão para crianças pequenas. Por exemplo, em muitos países, a *"Family day care*"* desempenha um papel muito importante, em especial no caso de crianças com menos de três anos de idade, e isso parece refletir a preferência, entre muitos pais, por arranjos domésticos, envolvendo um único responsável pelos cuidados na primeira infância. Não é nossa intenção defender que deva haver apenas um tipo de provisão para crianças peque-

*N. de R.T. *Family day care* refere-se ao atendimento prestado à criança em uma casa, geralmente da vizinhança da família, para até 20 crianças de idades variadas. No Brasil, o mais próximo à *family day care* são as creches domésticas, onde as "mães crecheiras" atendem às crianças no próprio ambiente doméstico.

nas; tal posição estaria totalmente em desacordo com nossa abordagem como um todo, a qual reconhece a diversidade e os muitos pontos de vista. Mas argumentamos que as instituições dedicadas à primeira infância oferecem oportunidades e possibilidades muito diferentes em comparação à *Family day care*, e que essas oportunidades e possibilidades merecem, por si mesmas, uma investigação.

MEADOW LAKE, REGGIO E ESTOCOLMO: TRABALHANDO A TENSÃO ENTRE TEORIA E PRÁTICA

> Perguntamos o que impeliu as pessoas de Reggio Emilia a planejar um sistema de educação da primeira infância baseado na perspectiva da criança. Ele (Bonacci, Prefeito de Reggio Emilia na década de 60) respondeu que a experiência fascista os havia ensinado que as pessoas conformadas e obedientes eram perigosas e que, na construção de uma nova sociedade, era imperativo salvaguardar e comunicar essa lição e alimentar e manter uma visão de crianças que possam pensar e agir por si mesmas... Enquanto representação de uma visão social ampla [em Reggio Emilia], é óbvio que ela não se estruturou a partir das preocupações modernistas e de explicações universais para o progresso. Como os pensadores pós-modernos e pós-estruturalistas, os pedagogos de Reggio Emilia não aderiram às reivindicações modernistas da verdade, mas, em vez disso, tentaram se afastar do legado da modernidade com seu universalismo e com suas oposições binárias entre a ordem e a desordem, a natureza e a cultura, o racional e o irracional, o pensamento e o sentimento... [Reggio Emilia] conseguiu romper com os processos de normalização, padronização e neutralização e abrir caminho para celebrar a diversidade, a diferença e o pluralismo. (Dahlberg, 1995, p. 8, 16)

A menção da teoria pode ser um desvio, tanto para os pesquisadores como para os profissionais liberais, por razões compreensíveis. Com freqüência, a teoria pode tornar-se tão abstrata a ponto de parecer sem significado ou aparentemente irrelevante para a prática; ou pode se tornar uma camisa-de-força para o pensamento e para a prática criativos, oferecendo uma narrativa à parte de como o mundo deveria ser entendido, e também como controlar o profissional. Acreditamos, ao contrário, que a teoria pode ser de grande auxílio aos profissionais, como uma ferramenta para ajudar a construir seus entendimentos e melhorar suas práticas; os profissionais, por sua vez, podem desempenhar um papel importante no desenvolvimento da teoria.

A teoria não deve ser ignorada por outras razões. De muitas maneiras, nossas vidas são governadas por teorias, quer as reconheçamos como tal, quer não. As teorias moldam nossos entendimentos e produzem nossas práticas. Nós "incorporamos" teorias, muitas vezes, sem perceber. Em outras palavras, absorvemos a tal ponto teorias que elas passam a dirigir nossas idéias e ações, embora possamos não reconhecer o que está acontecendo – até o ponto de confundi-la com a verdade. Desse modo, essas teorias podem se tornar "tacitamente assumidas", auto-evidentes, não-questionadas e vistas como a única maneira certa de pensar e agir, em vez de serem entendidas apenas como uma maneira possível de pensar e agir. Esperamos tornar mais aparente no decorrer deste livro o modo como as teorias podem ser não apenas métodos de governo ou controle dos indivíduos, mas também instrumentos para desafiar esse governo e controle, problematizando o pensamento profundamente incorporado e tacitamente aceito. Em resumo, as teorias têm uma dupla função; por exemplo, na prática pedagógica, elas podem funcionar como um obstáculo à mudança, mas também como um instrumento de mudança.

No Capítulo 2, introduzimos e discutimos algumas perspectivas teóricas que têm sido importantes para nós. Nos Capítulos 6, 7 e 8, apresentamos de modo mais detalhado exemplos da prática que, ao que nos parece, estão trabalhando com essas perspectivas, em particular aquelas relacionadas ao que poderia ser chamado pós-modernidade. Esperamos que os exemplos ajudem o leitor a se engajar em nossas idéias teóricas e em nossos conceitos. Ao buscar exemplos da prática relacionados a teorias e a perspectivas pós-modernas, aproximamo-nos de experiências diversas, incluindo o trabalho realizado em Estocolmo (Capítulo 6) e com as Primeiras Nações, povos aborígenes do Canadá (Capítulo 8). Embora, à primeira vista, a única coisa que elas pareçam ter em comum seja a latitude e, embora haja muitas diferenças, o leitor também perceberá algumas importantes perspectivas e percepções compartilhadas. No Capítulo 7, discutimos a prática da "documentação pedagógica", a qual acreditamos ter um grande potencial para aplicar o conceito de "atribuir significado" ao trabalho pedagógico e, como tal, tornar-se uma parte importante da nossa linguagem sobre a primeira infância.

O outro exemplo importante da prática, referido em todo o livro, é a cidade italiana de Reggio Emilia e suas instituições dedicadas à primeira infância. A cidade está situada na região norte de Emilia-Romagna, 60 quilômetros a oeste de Bolonha. Desde o fim da Segunda Guerra Mundial, a comuna (autoridade local) de Reggio construiu uma ampla rede de instituições dedicadas à primeira infância para atender crianças de zero a seis anos (freqüentadas por 36% das crianças de zero a três anos e por 98% das crianças de três a seis anos), ao mesmo tempo em que trabalhava para desenvolver teoria e prática pedagógicas. Os resultados têm sido impressionantes. O trabalho pedagógico realizado nas instituições dedicadas à primeira infância em Reggio tornou-se um alvo de interesse e admiração mundial. Ele tem sido uma realização coletiva dos pais, dos políticos, dos profissionais e das crianças de Reggio, mas, se um nome deve ser destacado, é aquele de Loris Malaguzzi, primeiro chefe do serviço dedicado à primeira infância, que morreu em 1993. Sua voz pode ser ouvida em muitos locais deste livro. Malaguzzi e os outros pioneiros da primeira infância em Reggio Emilia já abriram muitos novos espaços para diferentes discussões sobre a primeira infância; estamos conscientes de estar seguindo esses espaços e encontrando neles uma fonte constante de inspiração e admiração.

Três características de Reggio devem ser apontadas aqui; outras vão se tornar aparentes mais adiante. Em primeiro lugar, sua discussão sobre a primeira infância contém pouco da linguagem com a qual iniciamos este capítulo (ela também foi realizada em italiano). Como veremos, o vocabulário de Reggio é totalmente diferente, como também são as conseqüências em termos da prática e dos relacionamentos. Em segundo lugar, Reggio é um projeto que está em prática por quase 30 anos, sem os participantes declararem que seu entendimento ou trabalho esteja completo. Ele nunca foi avaliado em relação à sua capacidade para extrair resultados ou satisfazer critérios predeterminados. Nunca declarou oferecer uma receita ou um programa para exportação (como um porta-voz de Reggio declarou em uma conferência realizada na Grã-Bretanha: "nosso trabalho é apenas uma das maneiras que encontramos para fazer as coisas... não é a implementação de um modelo, mas um trabalho conjunto para descobrir o melhor que poderíamos oferecer às nossas crianças"). No entanto, apesar disso – ou, talvez, por causa disso – as instituições dedicadas à primeira infância em Reggio oferecem um pensamento e uma prática extremamente rigorosos; por exemplo, através da prática da "documentação pedagógica" conseguiram um forte apoio público e político em sua cidade natal e ganharam o respeito e os aplausos por seu trabalho pedagógico, bem além dos limites da sua cidade.

Por fim, ainda que neste livro nos concentremos na filosofia e na prática pedagógicas, Loris Malaguzzi e seus colegas em Reggio sempre reconheceram que elas requerem uma forte organização de apoio em termos de administração, treinamento e recursos. A ação humana tem um papel vital a desempenhar através da filosofia e da prática pedagógicas, mas a estrutura nunca pode ser ignorada (para uma discussão das condições estruturais para apoiar as instituições dedicadas à primeira infância, ver a European Commission Childcare Network, 1996b): ação e estrutura são inseparáveis, cada uma sendo uma condição necessária, mas não suficiente. Não há nada em nossa perspectiva pós-moderna que justifique instituições dedicadas à primeira infância com recursos insuficientes e administrativamente fragmentadas – nem, na verdade, as terríveis desigualdades sociais e econômicas entre as crianças e suas famílias que se permitiu ocorrerem no mundo anglo-americano nos últimos anos. Sob nossa perspectiva e sob nosso modo de ver, trabalhar com o pós-modernismo não significa que qualquer coisa possa ser aceita.

MINORIAS E MAIORIAS

A psicologia do desenvolvimento que conhecemos está ligada à cultura que a produziu... Suprindo o que é anunciado como um modelo geral e universalista do desenvolvimento, a psicologia do desenvolvimento é um ingrediente vital na "globalização da infância"... Em geral, o conceito da infância oferecido é uma elaboração oci-

> dental que está sendo atualmente incorporada, como se fosse universal, nas políticas de ajuda e de desenvolvimento... A psicologia anglo-americana estende sua influência muito além dos seus próprios domínios, através da dinâmica do imperialismo. Por isso, a psicologia do desenvolvimento funciona como um instrumento do imperialismo cultural através da reprodução dos valores e modelos ocidentais nas sociedades pós-coloniais. (Burman, 1994, p. 183-185)

> É mais benéfico – e mais difícil – pensar de maneira concreta e solidária, como um contraponto, sobre os outros do que apenas sobre "nós". Mas isso também significa não tentar controlar os outros, não tentar classificá-los ou colocá-los em hierarquias, e, acima de tudo, não reiterando constantemente como "nosso" país é o número um (ou não é o número um no que diz respeito a um determinado assunto). (Said, 1993, p. 408)

> Insistir em um padrão comum e em práticas comuns do educare* (na África do Sul) é extremamente problemático, não só por razões culturais. Como vários comentaristas têm apontado, as culturas africanas indígenas diferem de modo significativo da anglo-americana em suas concepções de criação dos filhos, e a transmissão entusiástica da "prática desenvolvimentalmente adequada" e os modelos ocidentais de educação infantil ou "educare", longe de melhorar a competência das crianças pequenas, podem ser prejudiciais para aqueles que deles se utilizam. Dito de maneira mais fria, é uma forma de intimidação cultural. (Penn, 1997a, p. 106-107)

No campo da primeira infância e das instituições dedicadas à primeira infância, e, sobretudo, com referência à pesquisa, à avaliação e à discussão da qualidade, o pensamento e a prática originados nos Estados Unidos são influentes em uma escala cada vez mais global, assumindo proporções quase hegemônicas – ainda que emerja de um contexto muito particular e trate de um programa também muito particular. Dadas as condições específicas e muito problemáticas da primeira infância e das instituições dedicadas à primeira infância nos Estados Unidos, já referidas anteriormente neste capítulo e discutidas com mais detalhes no Capítulo 8, o trabalho neste campo, realizado nos Estados Unidos, seria de interesse apenas transitório para o resto do mundo (talvez de menos interesse do que, digamos, o trabalho italiano ou sueco realizado nas instituições dedicadas à primeira infância) – não fossem os Estados Unidos o país mais poderoso do mundo e uma das nações mais ricas da Terra. Eles exercem uma enorme influência, não apenas do ponto de vista econômico e militar, como também acadêmico, cultural e tecnológico. Como observa Edward Said: "raramente na história humana houve uma intervenção tão maciça de força e idéias de uma cultura para outra quanto atualmente da América para o resto do mundo" (1993, p. 387).

---

*N. de R.T. Educare (*education* + *care*) é um termo utilizado para a assistência dada às crianças pequenas, indicando que há uma relação muito próxima ou uma integração entre a "educação" e o "cuidado".

A hegemonia crescente dos Estados Unidos neste campo da primeira infância projeta compreensões e abordagens que são os produtos não só de um contexto econômico, social e político muito particular, mas também, de uma disciplina particular nos Estados Unidos. A psicologia do desenvolvimento estabeleceu uma posição dominante no campo da primeira infância na América, incluindo a busca por qualidade nas instituições dedicadas à primeira infância; muitos pesquisadores sobre qualidade nas instituições dedicadas à primeira infância têm sido psicólogos do desenvolvimento, sendo que a psicologia do desenvolvimento tem proporcionado resultados para o trabalho relacionado à qualidade, e os dois esforços têm compartilhado hipóteses, perspectivas e métodos. A dominância da disciplina é muito importante. A psicologia do desenvolvimento adota uma abordagem altamente positivista, descontextualizada e universalizadora para as crianças e para suas instituições (Kvale, 1992). Como discutimos no Capítulo 5, o questionamento de qualidade como um conceito universal e objetivo segue em paralelo ao questionamento – tanto no interior da própria psicologia como de fora dela – da disciplina da psicologia do desenvolvimento, incluindo sua hipótese de desenvolvimento como um movimento linear ao longo de uma seqüência de estágios biologicamente orientada e sua noção da criança descontextualizada universal. Ainda, a literatura americana sobre as instituições dedicadas à primeira infância, incluindo o discurso de qualidade, oferece poucos indícios de que a disciplina dominante tem sido problematizada.

Um tema fundamental deste livro é problematizar o domínio dos Estados Unidos e da psicologia do desenvolvimento no campo da primeira infância. Isto não significa ignorar ou rejeitar o trabalho dos Estados Unidos. Significa colocá-lo em perspectiva, reconhecendo sua especificidade e suas limitações, tornando visíveis suas hipóteses e concepções particulares e questionando sob que condições, se é que sob alguma, é adequado generalizar partindo da pesquisa e da experiência dos Estados Unidos e exportar "soluções" dos Estados Unidos para outras sociedades. É também importante reconhecer que, mesmo no campo da primeira infância, os Estados Unidos não falam apenas com uma voz, há outras vozes questionando a linguagem dominante, procurando reconceituar o campo da primeira infância e explorando as implicações da pós-modernidade (ver Kessler e Swadener, 1992; Lubeck, 1996; Tobin, 1995, 1997).

Como autores, estamos conscientes de que nós também escrevemos de uma perspectiva muito específica, produzida por experiências e contextos muito específicos. Há diferenças muito consideráveis e importantes entre nossos três países – Canadá, Suécia e Reino Unido. Mesmo depois de vários anos de colaboração, ainda descobrimos que negligenciamos ou não entendemos completamente as diferenças. Todavia, nossos três países compartilham sua situação de membros do Mundo Minoritário, com tudo o que isso significa em termos de pontos comuns importantes nos contextos demográfico, econômico, cultural, social, político e tecnológico. Ainda, mesmo no Mundo Minoritário, precisamos reconhecer que escrevemos de uma posição muito específica – como membros de grupos étnicos majoritários, mas em uma época de crescente diversidade étnica devido à imigração atual ou passada. Além disso, no Canadá e na Suécia, há grupos minoritários de povos indígenas: os Indians e os *Inuit**, os quais constituem os primeiros povos da nação do Canadá, e os Sammi, da Suécia.

O interesse crescente nas instituições dedicadas à primeira infância no Mundo Majoritário, e entre os grupos indígenas, juntamente com o poder econômico, cultural e tecnológico crescente do Mundo Minoritário, sobretudo os Estados Unidos, suscita muitas questões sobre os relacionamentos entre minoria e maioria no campo da primeira infância. Será possível evitar relacionamentos de dominação e sistemas totalizadores de conhecimento, nos quais a alteridade e a diversidade do outro desaparecem como parte de uma similaridade universal? Mais especificamente, será possível localizar relacionamentos entre minoria e maioria em uma estrutura pós-moderna? Se for, como seria? Será que essa estrutura, a qual coloca em primeiro plano a diversidade, a complexidade e as perspectivas múltiplas, pode produzir relacionamentos mais igualitários e dialógicos e "uma forma de conhecimento que respeite o outro sem absorvê-lo" (Young, 1990, p. 9)? Procuramos algumas respostas para essas questões no Capítulo 8, usando o caso de um relacionamento cooperativo específico entre um grupo das Primeiras Nações e uma universidade no Canadá, iniciado com o propósito de produzir um currículo para o treinamento de profissionais da primeira infância. Ao mesmo tempo, reconhecemos que tal capítulo começa apenas a revelar a superfície da questão.

O QUE PODEMOS FAZER?

Neste livro, propomos uma maneira de entender a primeira infância, e suas instituições e uma abordagem do próprio trabalho pedagógico, o qual é muito diferente daquilo que é comumente encontrado. Nossos exemplos são experiências excepcionais. Essa maneira de entender e trabalhar, com suas possibilidades e oportunidades, nos excita e nos inspira. Esperamos que ela tenha o mesmo efeito em alguns de nossos leitores. Mas o que os leitores podem questionar: e a seguir? O que podemos fazer?

Temos pensado muito sobre tais questões. Às vezes, estivemos tentados a oferecer um plano de ação, uma cópia do projeto que possa transformar somente, se for corretamente seguido. Esses planos podem ter seu tempo e lugar, por exem-

---

*N. de R.T. Inuit é um termo que se refere a povos que habitam certos territórios na costa da Groelândia, na região polar do Canadá e dos Estados Unidos (Alaska) e no nordeste da Sibéria.

plo, quando aplicados a questões tecnológicas importantes, como reformas administrativas, legislativas e financeiras. Todavia, aplicados a questões de valor e de perspectiva, parecem, ao mesmo tempo, irrealistas e perigosos. A irrealidade surge porque não se pode legislar para o entendimento das pessoas. Seja como for, não estamos nos referindo à aplicação de algum modelo acabado, universal no seu escopo e definitivo na sua natureza, mas sim na adoção de um processo de questionamento, diálogo, reflexão e construção de significado que conduza não sabemos para onde e que não tenha um ponto final óbvio: que esteja continuamente em progresso. O risco ocorre devido a uma crença hesitante quanto à possibilidade de projetos maciços de planejamento social, que buscam o progresso através da ordem e da padronização. Em um mundo de diversidade e de complexidade, tal manejo conduz ao fracasso – quando diversidade e complexidade se mostram resistentes ao controle – ou à repressão – quando essa resistência é manipulada à luz do que existe. Um trabalho original e inspirador, como o de Reggio, surge de uma mistura de estrutura e ação, mas, enquanto a estrutura pode ser legislada, a ação não pode, vindo, em vez disso, do compromisso e da luta individual e coletiva.

Isto não significa que nada possa ser feito. Como não podemos fazer tudo, como não podemos ter (e talvez não queiramos) um sistema completamente novo de pensamento ou prática, a curto prazo, isso não significa que só possamos seguir em direção a um estado resignado de inércia. Temos de aceitar as limitações temporais e espaciais – de que não há consertos rápidos, nem projetos universais. Mas há possibilidades de conhecimento e ação locais: o indivíduo interessado pode ler e refletir; o grupo interessado, por exemplo, a equipe de uma instituição dedicada à primeira infância, pode também discutir, mas, além disso, pode explorar as possibilidades de documentação pedagógica para aprofundar o seu entendimento do trabalho pedagógico e para analisar a imagem que tem da criança; enquanto isso, a comunidade interessada pode se inspirar no trabalho realizado em Reggio Emilia e Estocolmo (mas não reproduzi-lo) e apoiar os funcionários e as instituições comprometidas. Em cada caso – o indivíduo, o grupo, a comunidade – existe a possibilidade de criar, depois ampliar, um espaço para o pensamento crítico, para a construção de significado, para a realização de escolhas, para se assumir a responsabilidade, para o desenvolvimento de novos tipos de intercâmbios e de práticas.

Isto pode parecer muito modesto e pouco ambicioso; porém, para nós, parece que está longe de sê-lo. Criar tal espaço pode ajudar a iniciar uma crise no pensamento e uma luta em torno do significado. Na verdade, um dos nossos propósitos ao escrever este livro é contribuir para promover uma crise do pensamento no campo da primeira infância. Queremos problematizar o conceito de qualidade e de outras idéias dominantes, mas queremos também expor o campo à crise no pensamento no mundo atual, como o projeto da pós-modernidade questiona os princípios da modernidade. Alguns, no campo da primeira infância, podem perceber isso como uma causa de pessimismo e de desespero. Nós não o percebemos assim. Em vez de ser uma causa de cinismo e de desespero, a crise pode oferecer nova esperança e novo otimismo (um ponto que discutimos mais detalhadamente no Capítulo 6). Criar uma crise no pensamento das pessoas pode ser criativo, abrindo novas possibilidades e expectativas, investigações e soluções alternativas, oportunidades para novas compreensões e maneiras de ver, visões de futuros acessíveis que não reflitam uma saudade nostálgica do passado, nem assumam uma perspectiva pessimista. Tal atitude defende a expectativa de que nós, como seres humanos, não somos impotentes. Através da capacitação e da democracia, reconhecemos a ação, a riqueza e o poder de cada um de nós – tanto criança como adulto – e questionamos a legitimidade da autoridade.

No entanto, nada disso pode ser feito rapidamente. O trabalho em Reggio já dura mais de 30 anos, em Estocolmo mais de cinco anos, e nenhum deles está próximo de estar concluído – na verdade, *conclusão* é uma palavra que não faz parte do vocabulário deles. Vivemos em um mundo que é cada vez mais controlado pelo tempo, dirigido por novas tecnologias e por novas exigências de produtividade crescentes. Estamos saturados de informações. Exigimos e esperamos respostas instantâneas e soluções rápidas. Não conseguimos tempo para outras coisas, pelo menos, não para a reflexão, para o diálogo, para o pensamento crítico, para a elaboração das tensões entre a teoria e a prática. Talvez uma resposta a "o que podemos fazer"? seja dizer que lutaremos contra a tirania do controle do tempo; vamos arriscar uma crise, optando por trabalhar com a complexidade, descobrindo caminhos para pensar criticamente e buscando novas questões; assim fazendo, abriremos a possibilidade de novas compreensões e práticas.

Quando perguntamos, um dia, como as instituições dedicadas à primeira infância em Reggio Emilia tinham tempo para trabalhar de maneira tão rigorosa com a documentação pedagógica, Loris Malaguzzi respondeu: "Nós priorizamos". Quando uma colega de Malaguzzi foi questionada sobre o que fazia as instituições dedicadas à primeira infância em Reggio terem uma atmosfera tão reflexiva e excitante, ela respondeu: "Nós discutimos, discutimos, discutimos e discutimos." No momento, não conseguimos pensar em nenhuma resposta melhor para a pergunta "o que podemos fazer?".

Notas

1 Definimos a *primeira infância* como o período anterior ao ensino obrigatório, o qual, na maior parte dos países, compreende os primeiros seis anos de vida. Entretanto, reconhecemos que é problemático nos concentrarmos exclusivamente na primeira infância. A definição pode fazer sentido a partir do ponto de vista legal e administrativo, mas não a partir de muitas outras perspectivas. Nossa análise e nossa discussão da primeira infância e das instituições dedicadas à primeira infância poderiam ser aplicadas a crianças

mais velhas e ao ensino obrigatório; na verdade, implicam em repensar a escola e, sobretudo, a pré-escola e o relacionamento entre elas.

2 O predomínio de uma língua tem conseqüências problemáticas. O trabalho em outras línguas torna-se invisível – por exemplo, nas revisões da literatura que, com freqüência, são, na verdade, revisões da literatura em inglês. Isto, por sua vez, cria uma visão distorcida e limitada – uma *visão parcial*, em vez de uma *visão geral* – e uma impressão enganosa de uniformidade e consenso no pensamento e na prática. Mais fundamentalmente, dada a importância da língua para a expressão e para a construção de significado, há problemas envolvidos na tradução de uma língua para outra sem impor significado, na tentativa de fazer uma linguagem se adequar à outra.

3 Usamos *dominante* por todo este livro para indicar idéias e práticas, discursos e construções que carregam poder e influência particulares no controle do pensamento e da ação. Não significa concordância e aceitação unânimes.

4 Usamos o termo *Mundo Minoritário* para abranger aqueles países que são, às vezes, referidos como desenvolvidos ou como países do norte; enquanto o termo *Mundo Majoritário* refere-se aos países restantes do mundo, responsáveis pela maior parte da população e da área mundiais.

5 Em todo o livro, usamos as expressões *pedagogia* e *trabalho pedagógico*, as quais são comumente usadas nos países escandinavos para se referir ao trabalho realizado nas instituições dedicadas à primeira infância. Entendemos esses termos como uma maneira complexa de se relacionar com o mundo e com os outros seres humanos, relacionamentos esses complexos e baseados em valores, e que entende o conhecimento como produzido através da construção conjunta. "[A pedagogia] nega o professor como um transmissor neutro, o aluno como passivo e o conhecimento como um material imutável a ser compartilhado... [em vez de concentrar] a atenção no conhecimento e nos meios por meio dos quais ele é produzido" (Lather, 1991, p. 15). Escolhemos esses termos em preferência ao termo *educação*, mais comumente usado nos países anglo-americanos, porque desejamos problematizar a idéia de transmissão do conhecimento com a qual ele é, muitas vezes, associado. Do mesmo modo, preferimos *pedagogo* a outros termos amplamente usados no mundo anglo-americano para a referência aos profissionais que trabalham nas instituições dedicadas à primeira infância, como *educador, professor, enfermeira da creche*.

6 Usamos o termo capitalismo, não como um *slogan* político, mas para descrever o sistema de relacionamentos econômicos e meios de produção que domina a maior parte do mundo e provavelmente continuará a dominá-lo no futuro previsível. No entanto, dentro desse sistema mais amplo existe a possibilidade de muitas variações e muitos relacionamentos; o capitalismo é ao mesmo tempo dinâmico e diverso (cf. Harvey, 1989; Hutton, 1995).

Perspectivas Teóricas: Modernidade e Pós-Modernidade, Poder e Ética

2

O PROJETO DA MODERNIDADE

> O projeto da Modernidade veio à tona durante o século XVIII. Ele implicou em um esforço intelectual extraordinário por parte dos pensadores do Iluminismo para desenvolver uma ciência objetiva, uma moralidade, uma lei universal e uma arte autônoma... A idéia era usar o acúmulo de conhecimento gerado por muitos indivíduos que trabalham de maneira livre e criativa em busca da emancipação do ser humano e do enriquecimento da vida humana. A dominação científica da natureza prometia liberdade a partir da escassez... O desenvolvimento de formas de organização social racionais e os modos racionais de pensar prometiam libertação das irracionalidades do mito, da religião, da superstição, libertação do uso arbitrário do poder e do lado obscuro da natureza humana. Somente por meio de tal projeto, as qualidades universais, eternas e imutáveis de toda a humanidade poderiam ser reveladas... O projeto do Iluminismo assumia como axiomático a tese de que só havia uma resposta para qualquer pergunta. (Harvey, 1989, p. 12, 27)

A "modernidade" é, ao mesmo tempo, um momento histórico e um projeto que influenciaram muito aquele período. Bauman (1993) define o período histórico da modernidade como tendo se iniciado na Europa Ocidental no século XVII, com uma série de transformações sociais e intelectuais profundas. Atingiu sua maturidade como um projeto cultural no desenvolvimento do Iluminismo, no século XVIII, e como uma "forma de vida socialmente consumada" com o desenvolvimento da sociedade industrial. O que Habermas (1983) chama de *projeto* da modernidade tinha objetivos ambiciosos: progresso, linear e contínuo; verdade, como a revelação de um mundo "conhecível"; emancipação e liberdade para o indivíduo – social, política e culturalmente.

Se as ambições da Era do Iluminismo eram elevadas, isso ocorreu porque os meios pareciam estar à mão: o poder da razão humana e a aplicação de procedimentos unicamente racionais, em particular o método científico empírico objetivo, e os enormes potenciais da tecnologia e da industrialização. Foram esses meios que proporcionaram aos modernos a confiança de que poderiam progredir. Com a ajuda desses instrumentos poderosos, a modernidade procurou transcender o lugar, a cultura e a experiência histórica particular, e abstrair o indivíduo do seu contexto. A busca foi a certeza assentada nas bases das essências, universais e conhecíveis propriedades, das leis e explicações, substrato para um mundo ordenado que fosse geral, atemporal, descontextualizado e constituído como "um cânone universal de racionalidade, através do qual a natureza humana poderia ser conhecida, assim como a verdade universal incondicional" (Mouffe, 1996b, p. 245).

Fundamental à modernidade tem sido uma visão do mundo como conhecível e ordenado, e do indivíduo como um sujeito autônomo, estável e centralizado. Assim como há um mundo "real" a ser revelado, há também uma natureza humana inerente e pré-ordenada, a qual existe independentemente do contexto e dos relacionamentos, podendo ser totalmente compreendida por meio da transmissão de um corpo de conhecimento pré-constituído supostamente desprovido de valores, universal, oferecendo um relato verdadeiro do mundo e de nós mesmos. Ser totalmente realizado é ser maduro e adulto, independente e autônomo, livre e auto-suficiente, e, acima de tudo, racional, um indivíduo cujas outras qualidades servem todas à razão. Quanto mais os indivíduos se aproximam da razão, mais se aproximam de si mesmos, da sua natureza ou da essência verdadeira. Os indivíduos realizados podem refletir sobre si mesmos e sobre o mundo, chegando a um verdadeiro entendimento através da aplicação pessoal da razão, do conhecimento e da autoconsciência.

A ambição e o otimismo do Iluminismo estão expressos em uma frase famosa do livro *Esquisse d'un tableau historique des progrès de l'esprit humain*, de Jean Antoine de Condorcet, sobre o progresso humano: "Um dia, chegará o momento em que o sol só brilhará sobre seres humanos livres que não reconheçam nenhum outro mestre senão sua própria razão." No livro, Condorcet retrata como a humanidade pouco a pouco deixa para trás a ignorância e os preconceitos, voltando o seu olhar para um futuro mais brilhante, uma sociedade em que a igualdade entre os seres humanos prevalece independentemente da origem, da raça e do gênero. Esta é uma sociedade em que o conhecimento prospera e em que a ciência é o motor tanto da igualdade econômica como da consumação de uma ética que fará com que ajamos da maneira certa (Liedman, 1997).

A confiança do Iluminismo na ciência e na razão humana como uma possibilidade de libertar social, política e culturalmente os seres humanos ainda mantém uma influência poderosa. Os defensores atuais do Iluminismo (ou, de modo mais geral, do projeto da modernidade) argumentam que ele se tornou o modo de pensamento preferido das pessoas mais cultas do mundo e conferiu enorme poder econômico e político àqueles que o adotaram (Gellner, 1992). No entanto, não ficou incólume a desafios. O projeto do Iluminismo de combinar liberdade e felicidade através do progresso baseado na ciência e na tecnologia tem cada vez mais perdido credibilidade. A modernidade tem estado sob ataque, de forma crescente, desde o final do século XIX, quando o movimento do *modernismo* nas artes ofereceu uma crítica cultural, enquanto eram questionadas as suposições modernistas da teoria política e econômica de que as pessoas estavam simplesmente interessadas em si mesmas, buscavam vantagens e eram racionais. O que todas essas críticas tinham em comum era um questionamento da razão – uma das crenças fundamentais do projeto da modernidade – do método científico e da crença penetrante de que através da sua aplicação seria possível estabelecer verdades confiáveis, de valor neutro, sobre um mundo supostamente objetivo, *real*.

O século XX abalou o otimismo da modernidade (Harvey, 1989). A história terrível do século levou Theodore Adorno e Max Horkheimer (1944, p. xi), fundadores da teoria crítica e da Escola de Frankfurt, a questionar "por que a humanidade, em vez de entrar em uma condição realmente humana, está mergulhando em um novo tipo de barbarismo". Eles fizeram críticas importantes ao projeto do Iluminismo. Em *Dialectic of Enlightenment*, declararam que a lógica que está por trás da racionalidade do Iluminismo é uma lógica de dominação e de opressão, através da razão instrumental, sobre a cultura e a personalidade. Falaram da "infatigável autodestruição do Iluminismo", surgindo de uma instrumentalização irracional da ciência, através do positivismo e da racionalidade técnica:

> A caminho da ciência moderna, os homens renunciam a qualquer reivindicação ao significado. Substituem fórmulas por conceito, regra e probabilidade por causa e motivo... Para o Iluminismo, qualquer coisa que não esteja de acordo com a regra da computação e da utilidade é suspeita ... O Iluminismo reconhece como existindo e como acontecimento apenas o que pode ser apreendido na unidade: seu ideal é o sistema a partir do qual tudo e todos decorrem... Ele torna o dissimilar comparável, reduzindo-o a números abstratos. Para o Iluminismo, aquilo que não se reduz a números e, finalmente a um número torna-se ilusão... extirpa o incomensurável. Não somente qualidades são dissolvidas em pensamento, mas também homens são conduzidos a um verdadeiro conformismo... A natureza, antes e depois da teoria do *quantum*, é aquilo que deve ser compreendido de forma matemática; mesmo o que não se pode conseguir que entre em acordo, indissolubilidade e irracionalidade, é convertido através de teoremas matemáticos ... [O Iluminismo] confunde pensamento e matemática. (1994, 1997 ed.: 5, 6, 7, 12, 24-5)

No âmago desta análise, há uma crítica não somente do método científico como da ausência de reflexão e de entendimento teórico que o acompanha. O enfraquecimento da capacidade teórica moderna pavimenta o caminho para o erro, para a loucura e para que "as massas tecnicamente educadas fiquem sob controle do despotismo" (p. xiii). Segundo Adorno e Horkheimer, sem pensamento crítico, reflexivo, o Iluminismo e seu projeto de emancipação reduz-se a um conceito de razão apenas instrumental, calculador, que conduz à dominação e à exploração da natureza e da humanidade por meio do manejo social e do planejamento racionalista.

Zygmunt Bauman conclui que a modernidade determina para si mesma tarefas inatingíveis – verdade absoluta, arte pura, humanitarismo no sentido exato do termo, ordem, certeza, harmonia e o fim da história – mas tudo isso associado a essas tarefas que a *ordem* salienta. Os Estados modernos são governados pelo ideal de ordem, "nascido como uma força vigorosa, missionária, convertida, determinada a sujeitar as populações dominadas a um exame rápido e completo para transformá-las em uma sociedade ordeira, similar aos preceitos da razão" (1991, p. 20). Bauman declara que o Holocausto e outros horrores recentes não são explosões de barbarismo pré-moderno, mas produtos desta permeação do estado-nação com os ideais da modernidade:

> [As ações comandadas por Hitler e Stalin] foram produto legítimo da era moderna – daquela visão otimista de que o progresso científico e industrial por princípio removia todas as restrições à possível aplicação do planejamento, da educação e da reforma social na vida cotidiana, daquela crença de que os problemas sociais podem ser finalmente resolvidos. A visão nazista de uma sociedade harmoniosa, ordeira e livre de desvios extraiu sua legitimidade e seu atrativo daquelas visões e crenças já firmemente arraigadas na mente das pessoas durante um século e meio de história após o Iluminismo, impregnado de propaganda científica e da exibição visual da extraordinária potência da tecnologia moderna. Nem a visão nazista nem a comunista se chocaram com a confiança audaciosa e o orgulho excessivo da modernidade. (1991, p. 29)

Subjacente ao ceticismo crescente sobre a modernidade e sobre suas pretensões está uma crescente desilusão com sua incapacidade para compreender e acomodar a diversidade, a complexidade e a contingência humanas e sua reação de tentar ordená-las a partir do que existe. O projeto da modernidade de controle através do conhecimento, "a avidez por certeza", implodiu. Porém, isso não significa dizer que os sonhos da modernidade sejam injustificados: "é o que eles tornam ausente e seus resultados conflituosos e confusos que ressaltam os limites da razão e a obsolescência das categorias e instituições modernistas" (Lather, 1991, p. 88).

O PROJETO DE PÓS-MODERNIDADE

Aquilo a que a idéia inerentemente polissêmica e controversa de pós-modernidade com mais freqüência se refere (ainda que apenas de modo tácido) é, antes de tudo,

> uma aceitação da pluralidade inerradicável do mundo; pluralidade que não é uma parada temporária no caminho para a perfeição ainda não atingida... mas o elemento constitutivo da existência. Por esse motivo, a pós-modernidade significa uma emancipação resoluta da urgência caracteristicamente moderna de superar a ambivalência e promover a transparência monossêmica da similaridade. Na verdade, a pós-modernidade inverte os sinais dos valores fundamentais à modernidade, como a uniformidade e o universalismo ... Liberdade, igualdade e fraternidade eram o grito de guerra da modernidade. Liberdade, diversidade e tolerância é a fórmula de armistício da pós-modernidade. (Bauman, 1991, p. 98)

> O estágio da cultura e da sociedade ocidentais em que estamos agora entrando – quer a enxerguemos como a terceira fase da Modernidade, quer como uma nova e distinta fase "pós-moderna" – nos obriga a reapropriar valores do humanismo da Renascença, os quais foram perdidos no apogeu da Modernidade... Repensando os anos intelectualmente desafiadores entre 1650 e 1950, de uma posição de menor confiança, mas de maior modéstia, podemos apreciar por que os projetos da Modernidade continham tanta convicção. Nem o menor dos encantos era uma supersimplificação que, em retrospecto, era irrealista ... A sedução da Alta Modernidade está em sua clareza abstrata e simplicidade teórica: estas duas características cegaram os sucessores de Descartes para as complexidades inevitáveis da experiência humana concreta. (Toulmin, 1990, p. 200-201)

É neste contexto de crescente ceticismo sobre a modernidade e sobre suas conseqüências, mas também no relacionamento com outros desenvolvimentos no capitalismo e na sociedade (Harvey, 1989), que surgiu, a partir de 1960, o desafio mais persistente à modernidade e ao projeto do Iluminismo, incorporado no que tem sido chamado *projeto de pós-modernidade*. Este reconhece, e até recebe com agrado, a incerteza, a complexidade, a diversidade, a não-linearidade, a subjetividade, as perspectivas múltiplas e as especificidades temporais e espaciais. Enquanto o projeto da modernidade oferecia progresso através da aplicação técnica do conhecimento científico, o projeto da pós-modernidade oferece oportunidades para se apreciar a diversidade social e individual como uma fonte de adaptação criativa: "filosoficamente falando, a essência da argumentação pós-moderna é que os dualismos que continuam a dominar o pensamento ocidental são inadequados para se entender um mundo de causas e efeitos múltiplos que interagem de maneiras complexas e não-lineares, todas elas enraizadas em uma série ilimitada de especificidades históricas e culturais" (Lather, 1991, p. 21).

Sob uma perspectiva pós-moderna, não há conhecimento absoluto, não há realidade absoluta esperando "lá fora" para ser descoberta. Não há posição externa de certeza, não há entendimento universal que exista fora da história ou da sociedade que possa proporcionar bases para a verdade, para o conhecimento e para a ética. Em lugar disso, o mundo e o nosso conhecimento dele são vistos como *socialmente construídos*, e todos nós, como seres humanos, somos participantes ativos desse processo (Berger e Luckman, 1966), engajados em relacionamento com os outros na construção do significado, em vez de engajados na descoberta da verdade; os fatos do conhecimento são "construções textuais e sociais criados por nós em nossos esforços para entender nossas situações" (Lather, 1991, p. 99). A construção social é um processo social e, de modo algum, existente à parte do nosso próprio envolvimento no mundo – o mundo é sempre o *nosso* mundo, entendido ou construído por nós mesmos não de forma isolada, mas como parte de uma comunidade de agentes humanos, e por meio de nossa interação e participação ativas com as outras pessoas dessa comunidade. Por tais razões, o conhecimento e sua construção são sempre específicos do contexto e carregados de valor, desafiando a crença modernista nas verdades universais e na neutralidade científica.

Por isso, o mundo pós-moderno consiste de muitas "realidades em perspectiva" (Gergen, 1992), sendo o conhecimento do mundo entendido como "socialmente constituído, historicamente incorporado e baseado na avaliação" (Lather, 1991, p. 52) – e, em conseqüência disso, inevitavelmente provisório e ilimitado. Além disso, não existe um sujeito centralizado, autônomo, unificado, estável, uma natureza humana "essencial", independente do contexto, lutando para ser entendida e descrita. Na pós-modernidade, o *self* é constituído e reconstituído de maneira relacional e histórica, "descentralizado", "um *self* mutável em contraste com o *self* estático e essencializado, inerente no conceito (modernista) de indivíduos livres e autodeterminados" (Lather, 1991, p. 118). Se é dito que o sujeito está "morto" na pós-modernidade, o que morreu foi o "sujeito unificado, monolítico, reificado, essencializado, capaz de plena consciência, plena ação racional... substituído por um sujeito provisório, contingente, construído, o qual deve ser engajado nos processos de construção de significado" (1991, p. 120). Em vez de sermos indivíduos unitários – coerentes e integrados –, somos coleções de subindivíduos, influenciados por diferentes orientações e motivações, e os relacionamentos entre essas diferentes subjetividades são instáveis e jamais finalizados (Ransom, 1997).

Esta idéia do indivíduo como descentralizado, contingente, heterogêneo e fluido é captada pelo termo *singularida*de usado por Deleuze e Guattari, com sua implicação de que não há nada que possa ser presumido por antecipação para se compartilhar com outra pessoa.

> Não há subjetividades compartilhadas que os tornariam transparentes um ao outro na discussão... Em vez disso, as singularidades *negociam*, e a estrutura da singularidade é muito ímpar, já que não pode ser repetida. Por isso, uma singularidade não pode atingir uma total autoconsciência, porque, se ela se conhecesse, o *self* que ela conhecia não seria o mesmo que aquele que realizou o conhecimento ... Falar da "singularidade periférica" é insistir em que não há indivíduo ideal que possa atingir uma

> autoconsciência total ou uma relação harmoniosa e equilibrada com os outros no mundo... A vantagem de se falar em termos das singularidades é que isso nos oferece uma maneira de discutir as maneiras contraditórias e múltiplas em que as relações de desejo (de mercadorias e outras coisas), poder e conhecimento fluem entre os indivíduos sem ter de presumir a existência de uma ordem estável, natural ou lógica de tais relações, a qual perdemos e à qual devemos retornar. (citado em Readings, 1996, p. 115-116, ênfase do original)

Ou, como disse o filósofo Heráclito, a segunda vez que você pula na água, você não pula na mesma água.

Progresso Linear, Legitimação e Representação

Mesmo que o discurso pós-moderno não possa ser visto como um corpo unificado, há alguns temas que são particularmente importantes para o pensamento pós-moderno. O primeiro deles está associado aos escritos de Jean-François Lyotard, um crítico ao projeto do Iluminismo que argumentou no *The Postmodern Condition* (1984) ter chegado o momento de re-examinar a idéia "moderna" da história como aquela de progresso linear, movendo-se propositalmente rumo a uma culminação predeterminada, como um modelo universal de razão para toda a humanidade. Lyotard fala de "metanarrativas" ou "grandes narrativas", teorias históricas e filosóficas abrangentes do progresso universal e da perfectibilidade produzidas dentro do Projeto da Modernidade, como o marxismo, o liberalismo ou a ideologia do progresso, através da modernização e da industrialização. Lyotard (1984, p. xxiii) aplica o conceito de "moderno" a qualquer ciência que se legitimiza com referência a uma grande narrativa, como "a dialética do espírito, a hermenêutica do significado, a emancipação do sujeito racional ou trabalhador, ou a criação de riqueza". A todo destino humano e a todo acontecimento foi atribuído significado por meio dessas grandes narrativas – mas a pós-modernidade é caracterizada pela perda de fé nessas grandes narrativas, pela incredulidade. Segundo Lyotard, o abandono dessas grandes narrativas deixa o caminho aberto para "pequenas narrativas", formas de conhecimento local, que são internas às comunidades nas quais elas ocorrem, autolegitimadas por determinarem seus próprios critérios de competência, sensíveis à diferença e tolerantes à incomensurabilidade.

Em segundo lugar, a pós-modernidade provoca uma crise de legitimação, a qual questiona a idéia modernista do conhecimento como verdade objetiva, cuja reivindicação é legitimada ou validada devido ao fato de ser o produto de investigação científica abstrata e desinteressada – dando, na verdade, à ciência um monopólio sobre a verdade.[1] Em vez disso, de uma perspectiva pós-moderna, o conhecimento é visto como inscrito nas relações de poder, as quais determinam o que é considerado como verdade ou falsidade: em resumo, o conhecimento é o efeito do poder e não pode ser separado dele. Em um mundo socialmente construído, não pode haver posição externa de certeza, nenhum entendimento universal que esteja além da história ou da sociedade, nenhuma metanarrativa que ofereça legitimação externa. Voltaremos a este tema, o relacionamento entre conhecimento, verdade e poder, mais adiante neste capítulo, quando discutirmos as teorias de Michel Foucault.

Em terceiro lugar, o pós-modernismo cria outra crise – de representação, "uma profunda incerteza sobre o que constitui uma descrição adequada de 'realidade' social" (Lather, 1991, p. 21). A modernidade mantém-se fiel à crença de que, através da linguagem e de outros meios, é possível representar com precisão uma realidade objetiva; a questão é como melhor descrever, espelhar ou reproduzir a verdade. Por isso, o "real" torna-se algo que tem existência independente do conhecedor e do processo do conhecimento. Na verdade, essa crença pré-data o projeto da modernidade:

> A filosofia ocidental tem estado sob o encanto da "metafísica da presença", pelo menos desde Platão. A maior parte dos filósofos ocidentais considera como sendo sua tarefa a construção de um sistema filosófico em que algo Real seria e poderia ser representado através do pensamento. Esse Real é entendido como um sujeito ou uma substância externa ou universal, existindo "lá fora", independente do conhecedor. O desejo do filósofo é "espelhar", registrar, imitar ou tornar presente o Real. A verdade é entendida como uma correspondência a ele. (Flax, 1990, p. 34)

Por outro lado, se, visto sob a perspectiva pós-moderna, não há realidade isolada, apenas muitas realidades em perspectiva, então a construção substitui a representação. As reivindicações para representar podem ser entendidas como instrumentos que projetam poder, privilegiando uma construção ou perspectiva particular sobre outras, e como formas de normalização pela construção de categorias e critérios padronizados em relação aos quais as pessoas e as coisas são julgadas. Vista assim, a linguagem não copia nem representa a realidade – ela constitui a realidade. À luz da perspectiva pós-moderna, o mundo é infinitamente mais complexo que os mapas que traçamos, as descrições que fazemos e as categorias que usamos: disso se conclui que os conceitos nunca podem ser neutros ou inocentes.

Por isso, os pensadores pós-modernos assumem uma atitude céptica em relação à idéia de que o mundo pode ser conhecido objetivamente, ou seja, eles desconsideram a atividade de conhecimento do indivíduo. O homem deve ser visto como um artefato social, histórico ou lingüístico, e não como um ser transcendental capaz de se colocar fora do tempo, do lugar ou dos relacionamentos para produzir representações verdadeiras do que é real. Não há, nem pode haver, "princípio de Arquimedes – não há momento de autonomia, não há razão pura ou constituição de consciência com acesso independente, não-lingüístico ou não-histórico ao Real ou à existência do Mundo" (Flaxm, 1990, p. 32).

Nenhum destes temas do pensamento pós-moderno significa a rejeição da ciência. Na verdade, a visão pós-moderna da ciência a trata com muita seriedade, reconhecendo que a ciência e a racionalidade científica têm sido muito influentes em nossas vidas. Mas através das crises de legitimação e representação, a pós-modernidade problematiza a ciência e suas reivindicações de manter um monopólio da verdade. A ciência moderna não é totalmente rejeitada, porém não é mais entendida como a única fonte de conhecimento e como a única capaz de compreender a complexidade do mundo e a multiplicidade, a ambivalência e a incerteza da vida, que são vistas como fontes de ricas possibilidades, em vez de obstáculos a serem superados para se chegar à verdade.

O pós-modernismo, além disso, problematiza o pensamento dualista ("oposições binárias entre ordem e desordem, natureza e cultura, o racional e o irracional, pensamento e sentimento"), "ambos/e" sendo preferidos a "ou/ou". Limites reduzidos e total descontinuidade são tão suspeitos quanto o progresso linear e o desenvolvimento do pensamento. Não é uma escolha "ou/ou" entre a ciência, a qual coloca, em primeiro plano, questões e pontos de partida abstratos, atemporais, universais e fora de contexto, e as questões e os pontos de partida mais práticos, situados na pós-modernidade. O mesmo acontece com o relacionamento entre modernidade e pós-modernidade.

TANTO MODERNIDADE COMO PÓS-MODERNIDADE

> A pós-modernidade é a modernidade que admitiu a não-factibilidade do seu projeto original. A pós-modernidade é a modernidade reconciliada com sua própria impossibilidade – e determinada, seja como for, a conviver com ela. (Bauman, 1993, p. 98)

Como observa Bauman, a pós-modernidade inverte os sinais dos valores fundamentais para a modernidade: a singularidade é preferida à universalidade; o conhecimento local às metanarrativas; as perspectivas múltiplas e a complexidade à unidade e à coerência; a diversidade ao consenso; a ambivalência à certeza; a construção do significado à verdade; a possibilidade do acaso na história ao progresso natural rumo a um fim predeterminado. Ainda, apesar dessas perspectivas e desses valores muito diferentes, seria equivocado inferir uma completa oposição ou ruptura entre a modernidade e a pós-modernidade, ou enxergá-las como dois campos de guerra sem nada em comum, exigindo que o espectador indeciso faça uma escolha entre uma ou outra. A situação e o relacionamento são muito mais complexos que isso.

Para começar, alguns assumem a visão de que vivemos em um período de modernidade "tardia" ou "reflexiva", ao invés da pós-modernidade (Beck, 1992; Giddens, 1990, 1991). Apesar do seu ataque feroz ao Iluminismo, Adorno e Horkheimer (1997) declaram que a liberdade social é inseparável do pensamento iluminista e que o Iluminismo sempre teve como seu propósito libertar os seres humanos do medo e torná-los seus próprios senhores – mas, a fim de evitar sua autodestruição, sua deterioração no exercício cego do poder, o Iluminismo precisa acomodar a reflexão, a disposição de pensar criticamente sobre si mesmo.

O filósofo alemão da teoria crítica, Jürgen Habermas, também considera o Projeto da Modernidade inacabado, conservando uma crença no potencial emancipatório da razão e da ciência, mas reconstruída e reformulada (Habermas, 1983). Ele argumenta que o Iluminismo já nos proporcionou seu próprio antídoto para as críticas que Adorno e Horkheimer, e outros, fizeram a ele. Habermas declara que é possível determinar que regras sociais são certas ou erradas e, por isso, chegar às bases universais – mas não através da "razão centralizada no sujeito", aplicada autonomamente pelo indivíduo maduro e auto-suficiente à identificação de critérios isentos de valor e universais. Em vez disso, Habermas olha a comunicação entre os indivíduos por meio do discurso, produzindo "razão comunicativa": "a perspectiva do sujeito individual onisciente é subordinada ao acordo consensual que é atingido através da ação comunicativa entre iguais... nosso problema não é (como afirmam os pós-modernistas) a razão em si, mas o predomínio de uma versão particular, unilateral" (Kumar, 1995, p. 174). Sendo assim, Habermas visa à interação e à cooperação, à reflexão e ao discurso, baseados em regras de procedimento, como os meios para construir as bases. O acordo intersubjetivo é atingido por intermédio da argumentação, e o que é verdade e normativamente direito pode ser julgado através desse discurso argumentativo: "[a racionalidade comunicativa] é julgada em relação a seu grau e a sua forma de consenso. O melhor argumento não convence pela força casual, mas pelo *insight*" (Carleheden, 1996, p. 15). A ação comunicativa e o argumento são vistos por Habermas como mecanismos capazes de integrar os indivíduos na sociedade tendo por base o reconhecimento e a valorização da diversidade, construindo, assim, a identidade coletiva sem a subordinação e sem a negação da individualidade.

Assumindo uma perspectiva histórica, mas não uma visão da história como progresso linear, importantes características da pós-modernidade não parecem ser particularmente novas e originais. Spanos (1987, p. 194) sugere que "o impulso que informa a ocasião pós-moderna não é, fundamentalmente, um evento cronológico em um enredo em desenvolvimento, mas, sobretudo, um modo inerente de entendimento humano que se tornou proeminente na conjuntura histórica (descentralizada) atual". Toulmin argumenta que as origens da modernidade estão no Renascimento do século XVI, mais cedo do que é freqüentemente sugerido, e que, nesses primeiros estágios, a modernidade foi caracterizada por um respeito pela diversidade e pela complexidade, um ceticismo tolerante que tem algo em comum com o atual projeto da pós-modernidade:

> Ao escrever sobre ética e poética, Aristóteles nos aconselha a não buscar a certeza, a necessidade ou a generalidade além da "natureza do caso". Os cépticos [humanistas do século XVI] colocaram limites similares aos apelos à experiência. Não devemos nos envergonhar de limitar nossas ambições à busca da humanidade; essa modéstia nos proporciona crédito... Pode não haver maneira racional de converter, ao nosso ponto de vista, pessoas que honestamente defendem outras posições, mas não podemos escapar desses desacordos. Ao contrário, devemos conviver com eles, como uma evidência da diversidade da vida humana. No futuro, essas diferenças podem ser resolvidas por outras experiências compartilhadas, o que permitirá o surgimento de escolas diferentes. À frente dessa experiência, precisamos aceitar tal diversidade de opiniões em um espírito de tolerância. Tolerar a pluralidade, a ambigüidade ou a falta de certeza resultantes não é um erro, e muito menos um pecado. Reflexão honesta mostra que é parte do preço que inevitavelmente pagamos por sermos seres humanos, e não deuses. (Toulmin, 1990, p. 29-30)

Assim, mesmo que estejamos usando o conceito de pós-modernismo, temos algumas dúvidas sobre o seu uso. Concordamos com Jane Flax (1990, p. 188) quando ela diz que "mesmo falando de 'pós-modernisno', corro o risco de violar alguns de seus valores fundamentais – heterogeneidade, multiplicidade de regras e diferença". Readings prefere usar o conceito "pós-histórico" em vez de pós-moderno: "como o pós-moderno tem, em geral, deixado de funcionar como uma questão e tem se tornado outro álibi em nome do qual os intelectuais denunciam o mundo por deixar de corresponder às suas expectativas, prefiro deixar de usar o termo" (1996, p. 6). Por isso, somos simpatizantes de Tom Popkewitz (1998a) quando ele se refere à sua "sensibilidade pós-moderna", a qual consideramos como uma solicitação para sermos mais sensíveis à importância de nos concentrarmos nas questões.

Ainda que tivéssemos iniciado uma jornada para desconstruir o campo da pedagogia da primeira infância e suas práticas sociais, tentado estar abertos às tensões existentes nessas práticas, por sermos cépticos às categorias naturais, às oposições essencialistas e às reivindicações de representação, estaríamos plenamente conscientes de estarmos todos inseridos em discursos modernistas. Nós, como autores deste livro, fomos todos criados sob esta tradição, o que significa que ela permanece arraigada em nós. Estamos sempre inseridos nos conceitos que desejamos criticar. Ou, como diz Docker em seu livro provocativo sobre o pós-modernismo e a cultura popular:

> Estou certo de que o meu débito ao modernismo, à sua grande literatura e às suas teorias críticas, aos conceitos e métodos será maior do que eu mesmo tenho conhecimento. Desconfio também que, embora eu tenha tentado apresentar a história cultural como repleta de fragmentação heterogênea, descontinuidade, significados e valores múltiplos, conflitantes e contestadores, a história como finalmente uma textualidade indeterminável, meu argumento talvez continue reintroduzindo as próprias noções que estou tentando objetar. (1994, p. xiv)

Por isso, operar na pós-modernidade não significa recusar tudo que o projeto da modernidade e o Iluminismo pretendem, rejeitando todo o trabalho realizado nesse projeto, ignorando a possibilidade de continuidades ou preocupações compartilhadas. Os métodos de trabalho adotados no projeto da pós-modernidade podem ser tão comprometidos com o rigor, com a abertura e com a justiça quanto os métodos adotados no projeto da modernidade. Concordamos com Stephen Toulmin quando ele discute que precisamos experimentar e combinar a rigidez abstrata da filosofia e da ciência modernas com um amor prático pelos detalhes concretos da vida humana, e, assim fazendo, "reconquistar a sabedoria humana da Renascença, sem perder as vantagens que conquistamos durante os trezentos anos em que a vida intelectual foi dominada pela filosofia cartesiana e pelas ciências exatas" (1990, p. 174).

FOUCAULT, DISCIPLINA E PODER

> Talvez o alvo, hoje em dia, não seja descobrir o que somos, mas recusarmos o que somos... O problema político, ético, social e filosófico do nosso tempo não é tentar e liberar o indivíduo do Estado e das instituições do Estado, mas nos liberar tanto do Estado como do tipo de individualização que é vinculado ao Estado. Temos de promover novas formas de subjetividade recusando este tipo de individualidade que nos foi imposta. (Foucault, 1980c, p. 216)

Michel Foucault, filósofo francês, tem um papel importante no desenvolvimento do pensamento pós-moderno. Nós nos concentramos, aqui, em suas idéias sobre o poder e seus processos, que descobrimos serem muito úteis para o nosso pensamento. Foucault criticou a confiança em um conceito de poder, soberania, com seu modelo de poder como um dualismo simples de governador e governado, senhor e escravo, colonizador e colonizado, e seus debates sobre consentimento e coerção, legitimidade e aceitabilidade:

> O poder nesta paisagem é "algo" que as pessoas possuem, e essa propriedade pode ser redistribuída entre os grupos para desafiar desigualdades – daí o uso do termo

> "soberania"... O poder como soberania freqüentemente cria um mundo dicotômico em que há o opressor e o oprimido, produzindo, desse modo, um dualismo cujo efeito é definir grupos sociais particulares como entidades monolíticas. (Popkewitz e Brennan, 1998, p. 18)

Foucault argumentou que, a partir do século XVI, surgiram novas oportunidades para aqueles que exercem o poder:

> Um novo tipo de poder surgiu com novas táticas e com novos objetivos estratégicos. No âmago de tal mudança, houve um deslocamento na teoria e na prática da arte de governar, da soberania do monarca, para uma preocupação com "governo", na qual este último se refere não apenas à pessoa que está governando, mas também a uma grande variedade de esforços, tanto na esfera "pública" como na esfera "privada", *para moldar o material humano que está à disposição do governante*... O governo, como se pôde verificar, tinha menos a ver com obrigar as pessoas a fazer o que o soberano queria e mais a ver com *dirigi-las na direção desejada* sem coerção. (Ransom, 1997, p. 28-29, grifos nossos)

O poder nas sociedades modernas tornou-se, por conseguinte, bem mais diverso e penetrante. Ele é exercido tanto pelo soberano como por muitos outros, com uma ampla variedade de propósitos. Todos são não somente afetados pelo poder, como também, de certa forma, o exercem; nós somos governados, porém também governamos a nós mesmos e podemos governar outras pessoas, em maior ou menor extensão. O poder opera através de muitos dispositivos que não dependem apenas do discurso racional ou da coerção explícita. Foucault, em particular, identificou o "poder disciplinar":

> ... *ele molda os indivíduos* – com ou sem o seu consentimento. Não usa de violência. Em vez disso, os indivíduos são treinados ou moldados para servir às necessidades do poder. Além disso, esse método de treinamento – assim esperam seus criadores e praticantes – vão não somente conceder habilidades, mas o farão ao mesmo tempo em que reduzem a eficácia política dos indivíduos envolvidos. (Ransom, 1998, p. 37, grifos nossos)

O poder disciplinar não coage em um sentido direto, mas atinge seus objetivos através da imposição de uma conformidade que deve ser atingida. Em suma, ele normaliza, ou seja, molda os indivíduos na direção de uma norma particular, uma norma sendo um padão de um certo tipo. A disciplina determina o que é normal e, depois, desenvolve medidas e outras práticas para avaliar se os indivíduos são normais e para moldá-los segundo uma norma. Essa forma de poder disciplinar não é uma confrontação entre dois adversários envolvendo força direta, mas uma questão de dirigir ou guiar o sujeito para um fim desejado, de preferência sem que ele tenha consciência do que está acontecendo: "tanto com o governo como com as disciplinas, o objetivo é persuadir grupos de indivíduos a se comportarem de uma certa maneira *sem provocá-los a pensar criticamente sobre o que são solicitados a fazer*" (grifos nossos) (Ramson, 1997, p. 30-31). O poder associado às disciplinas é, em si mesmo, perigoso, porque é difícil de enxergar, ao contrário do poder no modelo soberano, que é perigoso, mas está diante de nós e é claramente visível. O poder disciplinar, muitas vezes, alcança o seu efeito fazendo com que o sujeito incorpore o poder disciplinar e, assim sendo, governe a si mesmo.

Foucault não acredita em uma natureza humana essencial a ser emancipada por meio da remoção das restrições sociais (incluindo o poder soberano opressivo). Ele acha que o sujeito é construído ou constituído por meio das relações de poder, por tecnologias específicas de poder ou por mecanismos disciplinares. "Disciplina 'faz' os indivíduos; é a técnica específica de poder que considera os indivíduos tanto como objetos quanto como instrumentos do seu exercício" (Foucault, 1977, p. 170). Os processos de autoformação envolvem processos de auto-reflexividade construídos sobre classificações científicas e práticas divisórias (Foucault, 1980a).

O poder disciplinar opera por intermédio de vários meios e tecnologias, e o conhecimento, a verdade e o discurso desempenham um papel central e relacionado. Foucault não entende a verdade e o conhecimento em termos essenciais ou básicos, mas como o que vem a ser definido ou aceito como "verdade" ou "conhecimento". A questão não é a verdade ou a falsidade essencial de uma reivindicação, quer ela esteja certa, quer esteja errada em algum sentido absoluto e objetivo; antes de tudo, a questão é como reivindicações particulares vêm a ser tratadas em um determinado tempo ou lugar *como se* fossem conhecimento verdadeiro. A verdade não é "o conjunto de verdades que devam ser descobertas", mas, sobretudo, "o conjunto de regras segundo às quais o verdadeiro e o falso são separados e efeitos específicos do poder são ligados à verdade" (Foucault, 1980a, p. 132). Portanto, os sistemas de idéias são também sistemas de ação e estão relacionados ao poder; assim como os indivíduos são constituídos pelo poder, também o são a verdade e o conhecimento.

Por isso, Foucault desafia a crença do Iluminismo de que o poder oprime os indivíduos, enquanto o conhecimento os liberta. Em vez disso, os dois estão intimamente envolvidos. O conhecimento, ou o que seja definido como conhecimento legítimo, é um produto do poder, mas depois age como um instrumento do poder, desempenhando um papel fundamental na formação e na constituição de disciplinas.

> Como se supõe que o conhecimento é inocente de poder, acreditamos que o conhecimento é desinteressado ... [No entanto] o conhecimento nunca pode ser de uma natureza absoluta ou final, mas é, em vez disso, uma escolha, dentre as muitas

> leituras e possibilidades presentes em um exemplo concreto, daquelas características e daqueles aspectos que promoverão os objetivos do indivíduo ou do grupo que realiza a escolha... Através da seleção do que enfatizar e o que apresentar positiva ou negativamente, o conhecimento molda o mundo que ele "descreve". (Ransom, 1997, p. 19)

O conhecimento não apenas molda o nosso entendimento do mundo oferecendo descrições que entendemos ser verdadeiras. Ele também proporciona técnicas de normalização, como vigilância, medição, categorização, regulação e avaliação. Na operação do poder disciplinar, o conhecimento do que compõe os indivíduos e caracteriza as populações os molda de maneiras essenciais; as ciências sociais têm desempenhado um papel particularmente importante nesse aspecto, por tornar o conhecimento objetivista como os critérios classificatórios pelos quais os indivíduos são disciplinados e auto-regulados.

Os discursos estão fortemente envolvidos na constituição da verdade:

> cada sociedade tem o seu regime da verdade, a sua "política geral" da verdade, isto é, os tipos de discurso que ela aceita e faz funcionar como verdade; os mecanismos e os exemplos que permitem que uma pessoa distinga declarações verdadeiras e falsas, os meios pelos quais cada um deles é sancionado; as técnicas e os procedimentos que conferem valor na aquisição da verdade; a situação daqueles que são encarregados de dizer o que é considerado como verdade. (Foucault, 1980a, p. 131)

Como sugere esta citação, os *discursos* transmitem e produzem poder e, como tal, são um importante instrumento do poder. A importância do discurso vem do papel decisivo da linguagem no processo de construção do mundo, e não do fato de ser um meio de representação ou de cópia da realidade. A linguagem que usamos molda e dirige a nossa maneira de ver e entender o mundo, e a maneira em que nomeamos os diferentes fenômenos e objetos torna-se uma forma de convenção. Foucault chama essas convenções – nossa maneira de nomear coisas e falar sobre elas – de *discursos*, e, na sua opinião, esses discursos que exercem uma influência decisiva em uma prática específica podem ser vistos como *regimes discursivos dominantes* ou *regimes da verdade*. Esses regimes discursivos têm uma função reguladora: eles organizam nossa experiência cotidiana do mundo. Influenciam ou governam nossas idéias, pensamentos e ações em uma direção específica. Mas também constituem limites, por meio de processos de inclusão e de exclusão, para o quê, em uma época e em uma cultura específicas, é visto como "a verdade" e "a coisa certa a fazer" (Foucault, 1980a). Eles exercem poder sobre o nosso pensamento, dirigindo ou governando o que consideramos como a "verdade" e dirigindo ou governando a maneira como construímos o mundo, portanto, nossa forma de agir e fazer; desse modo, o discurso proporciona o mecanismo para tornar a realidade acessível a certos tipos de ações (Miller e Rose, 1993). Assim sendo, também excluem maneiras alternativas de entender e interpretar o mundo.

Tais processos são captados na história *A Roupa Nova do Imperador,* de Hans Christian Anderson. O pequeno menino que comenta a nudez do rei está sozinho no questionamento do regime real da verdade que, determinando que o monarca de fato está vestindo um traje magnífico, governa a maneira como seus súditos enxergam o mundo. Somente a criança ousa pensar o impensável e, assim fazendo, conclama os outros a entender o mundo de uma maneira diferente e a adotar um "contradiscurso".

Os regimes discursivos dominantes atuam por meio dos conceitos, das convenções, das classificações e das categorias que usamos para analisar, construir e descrever a realidade; por intermédio deles, reconhecemos o que é visto como verdadeiro ou falso, normal ou anormal, certo ou errado. Por exemplo, os conceitos e as categorias que usamos para falar sobre a criança, como o desenvolvimento da criança e os estágios do desenvolvimento, tornam-se eles próprios produtivos a partir da maneira como construímos ou entendemos a criança. Desenvolvemos esse exemplo na próxima seção. Os conceitos e as classificações tornam-se uma estrutura que limita e molda o nosso pensamento, governando de modo mais ou menos inconsciente nossos pensamentos e ações – mas também nos governamos através da sua incorporação e do seu uso. Eles moldam o nosso entendimento do que é possível e do que é desejável, por exemplo, nas instituições dedicadas à primeira infância. São expressões do poder exercido pelos regimes discursivos – mas se tornam meios de exercer o poder, já que os usamos (por exemplo, os conceitos de desenvolvimento da criança) para moldar as políticas, as práticas e os relacionamentos.

Os discursos não são apenas lingüísticos, mas são expressos e produzidos em nossas ações e práticas, assim como nos ambientes que criamos. Todos envolvem significados, da mesma maneira que a linguagem. Um exemplo dado por Foucault do ambiente como discurso é a invenção da sala de aula do século XIX:

> Carteiras retangulares dispostas em um retângulo permitem a formação de "uma grande mesa única, com muitas entradas diferentes, sob o olhar escrupulosamente 'classificatório' do mestre". O "progresso, o valor, o caráter dos estudantes... a aplicação, o asseio e a fortuna dos pais" estarão todos refletidos na posição do aluno na mesa. Em conseqüência disso, uma massa de indivíduos é dispersada, individualizada e organizada. Entretanto, o objetivo não é manter uma distribuição estática. Em vez disso, é determinado um padrão de desempenho. Os indivíduos são avaliados e organizados segundo esse padrão, sendo ainda submetidos a exercícios que vão aproximá-los mais da norma. Quando os desempenhos dos alunos melhoram ou pioram, sua posição na mesa muda. (Ransom, 1997, p. 16-17)

O poder é penetrante e complexo. É também, propõe Foucault, uma força produtiva, não sendo apenas ou mesmo primariamente repressivo: "se o poder nunca fosse nada, exceto repressivo, se ele nunca tivesse feito nada, exceto dizer não, você realmente acha que alguém seria levado a obedecê-lo? O que faz com que o poder se confirme, o que o torna aceito, é simplesmente o fato de que ele avança e produz algo, induz o prazer, forma conhecimento, produz discurso" (Foucault, 1972, citado em Rabinow, 1984, p. 61.)[2] Ele ainda não considera o poder disciplinar inerentemente como mau ou imoral, reconhecendo que toda experiência envolve uma certa moldagem do indivíduo. As relações de poder são múltiplas e envolvem cada um de nós como veículos do poder, assim como efeitos do poder.

As teorias de Foucault desafiam muitas idéias de mudança, como, por exemplo, a idéia do Iluminismo de que o sujeito poderia dirigir a ação social e garantir a melhoria futura através da aplicação da razão e do conhecimento sistemático:

> ...discursos dominantes e liberais de reforma educacional tendem a organizar instrumentalmente a mudança como lógica e seqüencial... os agentes da salvação [são] o Estado e os pesquisadores educacionais, [enquanto] os agentes de mudança são os professores, como profissionais "automotivados". As tradições críticas, em especial aquelas relacionadas ao marxismo, também mantêm compromissos com o progresso através de hipóteses filosóficas sobre os agentes. Com alguma hesitação e com alguma discordância, as tradições críticas contemporâneas continuam uma visão do século XIX da redenção através da instrução. O trabalho intelectual deve proporcionar normas e direção universais para a mudança social. (Popkewitz e Brennan, 1998, p. 7)

Em contrapartida, a obra de Foucault questiona se as idéias de atores autônomos, aplicando a razão e o conhecimento para produzir o progresso, podem ser encaradas como uma teoria adequada de mudança, se o indivíduo é entendido não mais como um agente capaz de se colocar fora do poder, mas como constituído por meio das relações de poder; e, se o conhecimento é similarmente entendido não mais como um corpo de verdade objetivo e "inocente" da verdade, mas constituído na relação com o poder, e produtivo por meio da sua capacidade de nos moldar, de construir e normalizar a individualidade a ponto que "pensar sobre 'nós mesmos' por meio deles (sistemas técnicos de conhecimento) pareça natural" (Popkewitz e Brennan, 1998, p. 13). Na verdade, Foucault declara que uma característica das relações de poder é que, para serem produtivas e eficientes, elas não podem ser baseadas na coerção física permanente, sendo que as sociedades modernas têm a capacidade de moldar as experiências subjetivas que acreditamos ser unicamente nossas.

Do mesmo modo, Foucault rejeita a revolução como um paradigma crítico utilizável, reconhecendo os desapontamentos e, com freqüência, as conseqüências perversas e desastrosas que têm seguido as utopias revolucionárias dos dois últimos séculos. Ele não acredita mais em uma natureza humana essencial, que está oculta por pressões sociais, cuja remoção através da ação revolucionária vai nos deixar livres, do que na possibilidade de agentes humanos autônomos atuando fora do poder para produzir mudança e progresso. Ele reconhece algum valor nos direitos, mas acredita que eles produzem uma sensação falsa de segurança, não proporcionando defesa contra a natureza dispersa do poder disciplinar e de sua capacidade para criar e normalizar o indivíduo.

Isso levou algumas pessoas a acreditar que as teorias de Foucault não oferecem possibilidade de ação e de mudança. Mas o que ele está procurando alcançar é "tanto uma reconceituação da liberdade humana, como uma separação bem-sucedida dos meios até agora utilizados para atingi-la... ele quer desenvolver um *ethos* pós-revolucionário que não se degenere em apatia ou, de modo implícito, em um reformismo acomodado" (Ransom, 1997, p. 105).

Foucault argumenta que têm nos faltado as ferramentas conceituais para nos opormos à operação do poder pelo fato de não conseguirmos desenvolver um quadro claro de como o poder opera fora do modelo de soberania convencional. Como estamos inseridos no poder, como somos constituídos por relações de poder, não podemos desafiar o poder pelo lado de fora, fingindo que estamos atuando sobre ele. Porém, o poder pode ser contestado porque, apesar da sua natureza aparentemente penetrante e hegemônica, ele, na verdade, não é monolítico nem total, mas frágil e aberto ao desafio; além disso, falar de indivíduos construídos não é o mesmo que falar de indivíduos determinados. Há uma possibilidade de escolha e recusa nas relações de poder; os indivíduos podem aprender como não ser tão governados. E, se os indivíduos não conseguem descobrir quem são, por meio da descoberta de seus "*selves* verdadeiros", que estão esperando para serem descobertos, eles podem participar do processo de constituição da sua própria composição, incluindo a subjetividade, um processo de tornar-se maduro:

> Deve-se resistir ao poder disciplinar porque ele impede a capacidade da pessoa de se formar como um sujeito da sua própria atividade ... Foucault se queixa, de uma maneira similar a Kant, de que ainda não estamos "maduros". Para Kant, isso significava que não usávamos a razão, presente em todos nós, para ordenar nossas vidas e sociedades, mas, em vez disso, dependíamos de autoridades externas, como os padres e a realeza. Para Foucault, nossa imaturidade consiste na nossa incapacidade para moldar nossas próprias subjetividades diante do mundo silencioso e invisível das disciplinas. Na verdade, a suposição de que a subjetividade é um direito nato universal impede o *insight* de que atingir a subjetividade é, de qualquer modo, uma tarefa e, efetivamente, dá rédeas àquelas forças que, de uma maneira ou de outra, a moldariam... [Mas] entrando na atividade de moldar nossa própria subjetividade, cada um de nós pode potencialmente impedir, desafiar ou, no mínimo, questionar as maneiras como fomos feitos. (Ransom, 1997, p. 143, 152)

Foucault refere-se a esta "atividade de moldar nossa própria subjetividade" como "cuidar do *self*", o que significa não somente examinar as várias coisas que se apresentam para serem admitidas à alma ou à mente do indivíduo, mas também o indivíduo enxergar sua própria constituição, decidindo com consciência sobre o seu caráter e sobre o rumo da sua existência, na medida em que isso esteja sob o controle do indivíduo (esse conceito do "cuidar do *self*" é discutido com mais detalhes no Capítulo 7, em relação à documentação pedagógica). Os meios para se praticar o "cuidar do *self*" são "as tecnologias do *self*", e o papel do pensamento é fundamentalmente importante. O pensamento – no sentido em que Foucault deseja usar o termo – tanto possibilita criticar e liberar a nós mesmos de conceitos incorporados, como produzir novos conceitos. Visto por tal perspectiva:

> ...o pensamento... é que permite que uma pessoa recue de uma maneira de agir ou reagir, para apresentá-la a si mesma como um objeto do pensamento e questioná-la em relação ao seu significado, às suas condições e aos seus objetivos. O pensamento é liberdade em relação ao que uma pessoa faz, a noção pela qual uma pessoa se desliga dele, estabelecendo-o como um objeto, e reflete sobre ele como sendo um problema. (Ransom, 1997, p. 129)

O "pensamento", neste contexto, refere-se a uma forma de crítica que nos permite questionar, ou desconstruir, a maneira como enxergamos o mundo e a nossa relação com ele. O enfoque são os eventos e as práticas específicos, sem buscar identificar alguma ética, algum conhecimento ou algum conjunto de normas fundamentais. Esses eventos ou essas práticas específicas "podem ser refletidas nas nossas constituições. E, deles resultantes, podem ser consideradas, rejeitadas ou até afirmadas" (Ransom, 1997, p. 129).

Como parte do exercício do pensamento, os discursos dominantes e as construções e práticas que eles produzem podem ser desafiados, podendo ser criados espaços nos quais possam ser produzidos discursos e construções alternativos e criados novos limites. Pode não ser fácil nos distanciarmos das convenções e das representações sociais incorporadas nas metanarrativas e nas práticas discursivas, pois elas estabelecem limites ao nosso conhecimento e às nossas habilidades críticas, mas é possível. Para isso, como pedagogos e pesquisadores, precisamos primeiro tornar visíveis – desmascarar – e problematizar os discursos prevalentes (e, por isso, em geral, tacitamente aceitos) e as construções, as práticas e os limites que eles produzem (nas palavras de Foucault, "regimes de conhecimento") (1980c, p. 212).

> Crescemos em um estado fundamentalmente irrefletido com relação às influências que nos moldam. [Foucault] quer nos proporcionar uma experiência de um certo tipo de racionalidade que poderia ajudar a mudar nossos relacionamentos com nós mes-

> mos – nossas relações com nós mesmos vão mudar quando os poderes, que têm atuado de modo secreto, forem revelados. (Ransom, 1997, p. 57)

Este desmascaramento requer que melhoremos nossa reflexividade, que nos tornemos mais conscientes e críticos, um tema recorrente do livro.

Em sua reformulação da liberdade e dos meios para alcançá-la, ele se desvia de projetos que reivindicam ser globais e radicais, não como um recuo inevitável de soluções reais em direção a um regionalismo ineficiente, mas porque ele menospreza projetos de transformação da "sociedade" devido à sua impotência, estando convencido de que as ações locais são a melhor maneira de introduzir mudanças nas estruturas maiores de poder (o que poderia ser chamado como uma abordagem da mudança de baixo para cima, ao invés de cima para baixo). Foucault não está defendendo uma mudança superficial pouco importante diante do poder incontestável, mas um projeto de impacto político importante, pois "em uma sociedade que depende da permeabilidade não-reconhecida de estados subjetivos, a disseminação de tecnologias do *self* vai resultar em muitos pontos de resistência novos" (Ransom, 1997, p. 152). O que ele está propondo é que na "luta discursiva em prol da nossa subjetividade" podemos ser ativos, se não soberanos (Lather, 1991).

Uma direção em que o pensamento de Foucault o conduz é a identificação de locais de fato produtivos, para a criação e para a aplicação das disciplinas como ambientes locais, e dos interesses opostos que deveriam se concentrar nessas áreas estritamente definidas. Os ambientes incluem escolas e "instituições de educação formal ... tornaram-se fundamentais para 'disciplinar' na maior parte dos campos, se não em todos" (Popkewitz e Brennan, 1998, p. 22); eles também incluem muitas outras instituições locais, como clínicas e instituições dedicadas à primeira infância. Uma maneira de aplicarem disciplina, moldando as pessoas e sua subjetividade, é por meio da aplicação de conhecimento disciplinar. Passamos agora a considerar uma destas áreas de conhecimento, a qual tem sido muito produtiva no campo da primeira infância.

O Papel Poderoso da Psicologia do Desenvolvimento

> A emergência da psicologia do desenvolvimento foi induzida pelas preocupações de classificar, medir e regular ... Em geral, a psicologia do desenvolvimento é uma disciplina paradigmaticamente moderna que surge em uma época de compromisso com as narrativas da verdade, da objetividade, da ciência e da razão. (Burman, 1994, p. 18)

Desde o Iluminismo, a ciência, sobretudo o discurso científico da "busca da verdade", tem sido um *regime discursivo dominante*, com uma profunda influência no desenvolvimento das sociedades do Mundo Minoritário. Como um regime discursivo dominante, a ciência tem sido poderosa na construção de conhecimento, através da provisão de regras para separar o verdadeiro e o falso e, assim, determinar como a verdade deve ser reconhecida. No campo da primeira infância, as profissões – os especialistas – têm sido muito importantes no processo de construção do conhecimento, identificando novos problemas e construindo meios para resolvê-los, assim como proporcionando às instituições quadros de funcionários para enfrentá-los. A psicologia do desenvolvimento e os especialistas nesse campo têm desempenhado um papel bastante importante nas relações de poder através de um sistema de conceitos e classificações, as quais têm sido extremamente produtivos, como, por exemplo, na construção da criança pequena e da instituição dedicada à primeira infância.

Seguindo a análise de Foucault, os conceitos e as classificações da psicologia do desenvolvimento, os estágios universais do desenvolvimento, podem ser vistos como um tipo de linguagem que tem construído a criança no projeto da modernidade. Falamos sobre uma *criança científica*, construída principalmente por intermédio da psicologia do desenvolvimento, e discutimos tal construção com mais detalhes no próximo capítulo. Além disso, a psicologia do desenvolvimento, com suas metáforas, como os "estágios desenvolvimentais", tem gerado práticas pedagógicas. Por meio do traçado de mapas abstratos – por exemplo, usando teorias que dizem que crianças de uma determinada idade são egocêntricas e não conseguem assumir a perspectiva do outro, ou que as crianças de outra idade não conseguem se concentrar mais do que 20 minutos –, construímos classificações que começam a viver sua própria vida nos processos de normalização e, por isso, também construímos professores e crianças e suas respectivas expectativas e práticas sociais.

Como afirma Valerie Walkerdine:

> o entendimento do "real" do desenvolvimento da criança não é uma questão de revelação de um conjunto de fatos empíricos ou de verdades epistemológicas que ficam de fora das, ou são interiores às, condições de sua produção. Nesse sentido, a psicologia do desenvolvimento (como as outras) é produtiva; seus efeitos positivos estão na sua produção de práticas de ciência e de pedagogia. (1984, p. 163)

Analisada sob esta ótica, a psicologia do desenvolvimento pode ser vista como um discurso que, além de contribuir para a construção de nossas imagens das crianças e para o nosso entendimento das suas necessidades, contribui para a construção e para a constituição de toda a paisagem da infância.

Na prática pedagógica, a psicologia do desenvolvimento passou a desempenhar um papel dominante, algo que pode ser entendido em relação às nossas discussões anteriores sobre a importância dada à ciência no projeto da modernidade, tanto para legitimar a verdade e o conhecimento, como para a produção do progresso. Popkewitz (1994) escreve que se esperava que a psicologia respondesse a questões referentes à maneira como os indivíduos iriam ser auto-reguladores nos papéis determinados nas novas instituições da modernidade, referindo-se a esse processo como uma forma de estruturação social que disseminaria o raciocínio e as racionalidades da modernidade. Nesse contexto, a psicologia, desde o início do século XX, tem sido muito influente na resposta à pergunta sobre o valor da prática pedagógica.

No entanto, isto tem sido, de muitas maneiras, problemático. Tornar as questões pedagógicas científicas, principalmente no que se refere à psicologia, significou não apenas que a pedagogia, em grande parte, tornou-se sinônimo de psicologia, mas também que a pedagogia tem sido colocada à mercê de considerações societais e de valores. As teorias usadas para descrever o desenvolvimento das crianças têm uma tendência a começar a atuar como se fossem "verdadeiros" modelos da realidade, tornando-se uma espécie de mapa abstrato espalhado sobre o território real do desenvolvimento e da formação das crianças. Em vez de serem vistas como representações socialmente construídas de uma realidade complexa, uma maneira selecionada de como descrever o mundo, essas teorias parecem se tornar o próprio território. Traçando e confiando nos mapas abstratos das vidas das crianças e, assim, descontextualizando a criança, perdemos a visão delas e de suas vidas: suas experiências concretas, suas habilidades reais, suas teorias, seus sentimentos e suas esperanças.

Como conseqüência, tudo o que sabemos é até que ponto esta ou aquela criança se adapta a certas normas inscritas nos mapas que usamos. Em vez de descrições concretas e de reflexões sobre as ações e sobre o pensamento das crianças, sobre suas hipóteses e suas teorias do mundo, facilmente terminamos com simples mapeamentos das vidas das crianças, classificações gerais da criança do tipo que dizem que "as crianças de tal e tal idade são assim". Os mapas, as classificações e as categorias já prontas terminam substituindo a riqueza da vida experenciada por elas e a inevitável complexidade da experiência concreta.

Gregory Bateson (1988) adverte que vivemos com a ilusão de que o mapa é o território, ou a paisagem, e o nome é a mesma coisa que o nomeado. A citação que se segue, extraída do livro *Sylvie and Bruno Concluded*, de Lewis Carroll, sugere os perigos desse tipo de mapeamento:

> Mein Herr parecia tão completamente confuso que eu achei melhor mudar de assunto. "Como é útil um mapa de bolso!" – observei.
>
> "Essa é outra coisa que aprendemos com a *sua* Nação", disse Mein Herr, "fazer mapas. Mas levamos isso muito além do que *vocês*. Qual você considera o *maior* mapa que seria realmente útil?"

> "Cerca de seis polegadas para representar uma milha."
> "Só *seis polegadas*?" – exclamou Mein Herr. "Logo chegamos a seis *jardas* para representar uma milha. Depois tentamos *cem* jardas para uma milha. E depois surgiu a maior idéia de todas! Realmente fizemos um mapa do país, na escala de *uma milha para uma milha*!"
> "Vocês o têm usado muito?" – perguntei.
> "Ele nunca foi totalmente aberto", disse Mein Herr, "pois os fazendeiros se opuseram: disseram que ele cobriria todo o país e impediria a luz solar! Então, agora usamos o próprio país como seu próprio mapa, e lhe garanto que ele funciona quase tão bem." (Carroll, 1983, ed. 1973, p. 556-557)

Não somente, estes mapas abstratos baseados em teorias do desenvolvimento da criança nos fazem perder a visão do que realmente está acontecendo na sua vida cotidiana e na vida dos pedagogos, pois a realidade é mais complexa, contextualizada e em perspectiva, do que os mapas que traçamos, as descrições que fazemos e as categorias que usamos (daí a "crise da representação"); além disso, eles podem facilmente objetivar as crianças e nós mesmos como pedagogos e pesquisadores. A criança torna-se um objeto de normalização, através da pedagogia centrada na criança que se desenvolveu a partir da psicologia do desenvolvimento, com avaliações desenvolvimentais que atuam como uma tecnologia da normalização, determinando como as crianças devem ser. Nesses processos, o poder entra na criação de um tipo de hierarquia entre as crianças dependendo de elas terem ou não atingido um determinado estágio, e atingir a norma e evitar ou corrigir desvios da norma tomam conta da prática pedagógica. Essas práticas classificatórias podem ser vistas como uma forma de manipulação através da qual a criança recebe tanto uma identidade social, como pessoal (Popkewitz, 1993).

Elas podem ser vistas também como exemplos do que Foucault (1977) denomina práticas divisórias, métodos de manipulação que combinam a mediação de uma ciência e a prática da exclusão. As práticas divisórias e os métodos relacionados de classificação científica estão intimamente vinculados ao crescimento das ciências sociais que, assim como outras ciências, passaram a ser uma forma de linguagem que serve tanto para incluir como para excluir por meio da pretensão de medir o que é bom e o que é ruim, o que é normal e o que não é normal. Nessa mediação científica, a criança, de modo individual, é colocada dentro de sistemas de classificação normalizadores que designam e medem tanto ela como suas habilidades. Separando as crianças umas das outras, mas também separando as crianças dentro de si mesmas, as práticas divisórias distribuem, manipulam e as controlam, conduzindo a uma cultura diagnóstica, avaliadora e terapêutica, na qual os julgamentos normativos sobre a criança entram e dominam (Dahlberg e Lenz Taguchi, 1994).

A classificação das crianças em risco ou carentes são exemplos muito óbvios dessas práticas normalizadoras e das divisórias que ocupam um lugar importante em muitos países. Problematizar tais classificações não significa que, na nossa concepção, não existam crianças que possam se beneficiar de um auxílio adicional, como, por exemplo, as crianças ou que moram em bairros pobres ou sofrem abusos de adultos ou de outras crianças. Todas essas questões são importantes e necessitam ser tratadas. Entretanto, a terminologia é problemática porque não é neutra. Ela é produzida por "maneiras de raciocinar historicamente construídas que são os efeitos do poder" (Popkewitz e Brennan, 1998, p. 9). Contribui para uma construção da criança "pobre" – fraca, incompetente, dependente e isolada – e do relacionamento entre as crianças pequenas e a sociedade como anormal, legitimado somente em termos diagnósticos e terapêuticos como "compensação" e "intervenção" quando a família, o local "natural" para a criança, está, de algum modo, condenada a ter falhado em relação a ela. Dessa maneira, a classificação exerce poder sobre a nossa maneira de pensar e agir (Popkewitz, 1998a).

UMA ÉTICA DE UM ENCONTRO

> O conceito de Totalidade dominou a filosofia ocidental em sua longa história de desejo pela unidade e pelo Um. Na filosofia ocidental, quando o conhecimento ou a teoria abrange o Outro, a alteridade do último desaparece quando se torna parte do igual. (Young, 1990, p. 13)

A pós-modernidade pode duvidar do conceito das grandes narrativas com suas pretensões universais. Entretanto, isso não significa que nada progride em condições de pós-modernidade (uma questão à qual vamos retornar em relação às instituições dedicadas à primeira infância e ao trabalho pedagógico no Capítulo 5). Em seu livro sobre *Posmodern Ethics*, Bauman (1993) declara que o fim das regras universais e das verdades absolutas que foram parte integrante do projeto da modernidade tornou as responsabilidades do indivíduo maiores e mais profundas. Ética pós-moderna significa que o indivíduo tem que assumir responsabilidade por tomar decisões muito difíceis, sem ser capaz de recorrer a regras ou códigos, supostamente universais e inabalavelmente estabelecidas, que dizem que escolhas ele deve fazer. Devemos, em vez disso, repersonalizar a moralidade, nos tornar nossos próprios agentes morais, reconhecendo que assumimos a responsabilidade por fazer escolhas morais para as quais não há diretrizes perfeitamente seguras, oferecendo soluções claramente ideais. Longe de achar esta uma razão para pessimismo, Bauman (1993, p. 34) argumenta que "a responsabilidade pessoal é a última defesa e esperança da moralidade". Por isso, segundo tal opinião, arcamos com responsabilidades morais, quer as escolhamos, quer não, e enfrentamos o mundo como um problema moral e as nossas escolhas de vida como dilemas morais: "assumir a responsabilidade pela própria responsabilidade é o significado de ser moral" (1993, p. 56).

Segundo Bauman, a responsabilidade pelo Outro é a característica fundamental da moralidade pós-moderna: "assumir uma postura moral significa assumir a responsabilidade pelo Outro. Nós somos, digamos assim, inevitavel e existencialmente seres morais: ou seja, somos confrontados com o desafio do Outro, que é o desafio da responsabilidade pelo Outro" (1993, p. 1). Assumindo essa perspectiva, Bauman, como muitos filósofos e pensadores pós-modernos atuais, inspirou-se no pensador lituano Emmanuel Levinas. Levinas perturbou o logocentrismo do projeto moderno e "o horror do outro como outro" da filosofia, desconfiando dos sistemas de conhecimento que assimilaram o Outro como sendo o mesmo (Kemp, 1992). Levinas tenta mudar a relação com o outro ("alteridade") de uma apropriação pelo igual em sua totalidade, para um respeito pela heterogeneidade, uma mudança do abarcar o outro, para respeitar o outro. Para perturbar o "logos" do projeto modernista e transgredir a unidade e a homogeneidade rumo à diferença e à heterogeneidade, Levinas propõe a ética no lugar da filosofia, em particular o ético como a prescrição da responsabilidade pelo outro. Ele declara que a filosofia tem estado tão ligada ao projeto racional de buscar justiça, em termos de regimes de verdade ou de autoconhecimento, que se tornou incapaz de respeitar a existência e o significado do outro a ponto de a tradição filosófica "tornar causa comum com a opressão e o totalitarismo do igual".

Outros também têm tratado da mesma questão. A interpretação de Derrida da tradição filosófica ocidental é de que ela é marcada por uma violência fundamental que busca reduzir o Outro à situação de destinatário. Butler expressou algo similar em relação ao projeto modernista: "para fazer o todo parecer Racional, as histórias contraditórias dos outros devem ser apagadas, desvalorizadas, suprimidas. Qualquer aparência de unidade pressupõe e requer um ato anterior de violência" (Butler, 1993, p. 37).

Como estabelecer formas de conhecimento e tipos de relacionamento que não transformem simplesmente o Outro em igual? Bauman diz que assumir a responsabilidade pelo Outro significa *não* o tratar como igual a nós ou como tendo algum caráter universal ou generalizado; em vez disso, o Outro deve ser reconhecido como único e não-permutável, e o relacionamento deve ser com este "Outro concreto". Levinas defende que o que o Outro é só descobrimos no encontro com o Outro e, particularmente, diante do Outro, pois é na face que descobrimos o que o Outro é, e é o olhar atento que problematiza todas as tentativas de oprimir o Outro. Um relacionamento com o Outro através do diálogo é uma parte necessária dos encontros, como o é a arte de ouvir – ouvir o Outro, a partir da sua própria posição e experiência, não colocando o meu entendimento nele. O encontro deve ser caracterizado pela alteridade do Outro.

O relacionamento com o Outro é caracterizado ainda por uma rejeição da instrumentalidade. A ênfase é colocada na obrigação para com o Outro, sem expectativa de recompensa ou troca:

> A moralidade é o encontro com o Outro como face. A postura moral gera um relacionamento essencialmente desigual; assim, a desigualdade, a não-eqüidade, este "não-pedir-por-reciprocidade", este desinteresse pela mutualidade, esta indiferença pelo "equilíbrio" de ganhos e de recompensas – em suma, é este caráter organicamente "desequilibrado", e, portanto, não-reversível do relacionamento "eu versus o Outro", que torna o encontro um evento moral. (Bauman, 1993, p. 48-49)

Em vez de autonomia, Levinas, em seus escritos, refere-se à idéia de heteronomia, que significa uma comunidade que tem de ser entendida em termos de *dependência*, e não de emancipação. Esta *não* é a lógica da troca como ela é entendida no capitalismo, no qual as obrigações devem ter valor monetário para serem reais e para serem potencialmente o objeto de um acordo; esta idéia de possibilidade de substituição (o nexo do dinheiro) presume que todas as obrigações são finitas e expressáveis em termos financeiros, capazes de serem transformadas em valor monetário (Readings, 1996). Por outro lado, ele tem muito em comum com o relato de Lyotard de uma *comunidade dissensual*, na qual o social é o fato de uma obrigação para com os outros que não podemos, por fim, entender.

> Sentimos uma obrigação em relação a eles sem sermos capazes de dizer exatamente o porquê. Pois, se pudéssemos dizer por quê, se o vínculo social pudesse ser transformado em um objeto de cognição, não estaríamos, na realidade, lidando com uma obrigação, mas com uma razão de troca. Se soubéssemos quais eram nossas obrigações, poderíamos acomodá-las, compensá-las e nos libertar delas em troca de pagamento. (Readings, 1996, p. 227)

Esta perspectiva ética não somente contesta o universalismo, como também o consenso e, em vez disso, coloca em primeiro plano o não ter certeza, ou a possibilidade de indecisão. Mouffe (1996a) declara que sem levar rigorosamente em conta a falta de poder de decisão, é impossível pensar nos conceitos de decisão política e responsabilidade ética. Por isso, a indecisão não é um momento a ser transposto ou superado; eu nunca posso ficar satisfeito por ter feito uma boa escolha, pois uma decisão em favor de uma alternativa é sempre em detrimento de outra. A politização nunca cessa porque a falta de poder de decisão continua a habitar a decisão. Qualquer consenso surge como uma estabilização de algo essencialmente instável e caótico. O caos e a instabilidade são irredutíveis, mas, como indica Derrida, isto é, ao mesmo tempo, um risco e uma oportunidade, pois a estabilidade contínua significaria o fim da política e da ética. Mouffe (1996a) declara que isso é porque, nas palavras de Derrida, democracia sempre estará "por vir", perpassada pela impossibilidade de decisão e, para sempre, mantendo aberto o seu elemento de promessa.

A referida perspectiva ética, enfatizando o Outro e respeitando a Diversidade, tem implicações importantes para o conhecimento e para a pedagogia. Imbuído das pretensões do Iluminismo à universalidade de seus valores e às suas pretensões de verdade, o conhecimento tem sido, com freqüência, constituído por meio da compreensão e da incorporação do Outro (Young, 1990) – o que nos leva de volta à discussão anterior do íntimo relacionamento entre conhecimento e poder – por exemplo, "o vínculo entre as estruturas do conhecimento e as formas de opressão dos últimos 200 anos, um fenômeno que se tornou conhecido como "eurocentrismo", e a maneira como se dá "a apropriação do outro como uma forma de conhecimento em um sistema totalizador pode ser posta em paralelo à história do imperialismo europeu" (1990, p. 2, 4). Desconfiando de tal totalização, tanto Lyotard como Foucault estavam preocupados em trazer para o primeiro plano a singularidade em oposição à universalidade, enquanto Said defendeu a necessidade de um novo tipo de conhecimento que possa analisar os objetos plurais em si, em vez de oferecer formas de entendimento integrado que simplesmente os inclua dentro de esquemas totalizadores. As questões teóricas são como o outro pode ser articulado como tal, e como outras culturas podem ser articuladas – qual o meio de conhecer e respeitar o Outro?

Esta perspectiva problematiza a idéia da pedagogia como transmissão de conhecimento predeterminado, produzindo um sujeito autônomo libertado de obrigações. Implica, em vez disso, em um relacionamento pedagógico que impele uma obrigação relativa à existência da Diversidade, segundo Blanchot, "uma atenção infinita ao outro" (citado em Readings, 1996, p. 161). Readings (1996, p. 145) fala da "relação pedagógica como assimétrica e infinita", com as partes presas em uma "rede dialógica de obrigações para com o pensamento... (que surge como) a voz do outro". Pedagogia é "escutar o pensamento", que não é:

> gastar o tempo na produção de um sujeito autônomo em um corpo autônomo de conhecimento, [mas sim] pensar ao lado um do outro e de nós mesmos para explorar uma rede aberta de obrigação que mantém a questão do significado aberta como um *locus* de debate ... Fazer justiça ao pensamento significa tentar ouvir aquilo que não pode ser dito, mas que tenta se fazer ouvir – e este é um processo incompatível com a produção de um conhecimento estável e intercambiável. (Readings, 1996, p. 165)

Reading fala da pedagogia na universidade. Todavia, parece-nos que seus temas são importantes para as instituições dedicadas à primeira infância: a pedagogia como uma relação, uma rede de obrigação, uma forma radical de diálogo com o Outro; e as instituições para o trabalho pedagógico como locais de obrigação e *loci* para práticas éticas, cujo propósito não é transformar o Outro no igual, mas atuar ao lado do Outro em um relacionamento em que nenhum é o mestre, e cada um escuta o pensamento do Outro.

É impossível fazer justiça a teorias tão complexas e diversas, e aos debates que as cercam, em poucas páginas. Muitos livros poderiam ser, e têm sido, escritos sobre cada uma delas. Além disso, cada um dos temas a que nos referimos atrai controvérsias e contra-argumentos, os quais não temos espaço para aprofundá-los neste livro. Em vez de pedir desculpas por complicar a discussão das crianças pequenas com tanta "teoria", criticaríamos nossos próprios esforços por não oferecermos análises mais amplas e mais complexas. Parece-nos que o perigo real reside em tratar as crianças pequenas, as instituições dedicadas à primeira infância e as muitas pessoas associadas a elas como se existissem em um mundo confortável próprio, no qual cada questão pode ser reduzida a absorções técnicas isentas de valor e de produtos mensuráveis, e no qual a única pergunta é "o que funciona?"

O que temos tentado fazer, embora de modo incompleto, é apontar para várias teorias que consideramos úteis à proposta de entender a primeira infância, sua pedagogia e suas instituições, assim como o problema da qualidade. Já nos referimos a alguns exemplos de como tais teorias podem lançar luz à prática nesse campo, mas faremos outras conexões nos capítulos que se seguem. Discutiremos algumas construções diferentes da primeira infância e de suas instituições, e como essas construções produzem práticas diferentes. Vamos propor que o problema da qualidade pode ser entendido em termos da localização do "discurso da qualidade" no projeto da modernidade, e que a pós-modernidade sugere maneiras alternativas de se entender e avaliar o trabalho pedagógico que acomoda a diversidade e as perspectivas múltiplas em um "discurso de construção de significado". Vamos discutir a documentação pedagógica como um exemplo de como o pensamento crítico e a reflexão podem ser levados a sustentar o campo da primeira infância, a permitir que os discursos dominantes se tornem visíveis e problematizados, e a produzir discursos alternativos, incluindo a prática pedagógica. Vamos sugerir que a filosofia e a prática pedagógicas de Reggio podem, em muitos aspectos, ser entendidas como pós-modernas. Iremos mostrar como o Projeto Estocolmo começou a partir de condições pós-modernas e dos significados apreendidos pelas crianças pequenas e pelas instituições dedicadas à primeira infância, desenvolvendo o seu trabalho de maneira bastante explícita sob uma perspectiva construcionista pós-moderna e social. Vamos argumentar que o relacionamento cada vez mais hegemônico entre os Mundos Minoritário e Majoritário na primeira infância, dentre outros temas, foi produzido, pelo menos em parte, a partir da aspiração da modernidade a leis universais e a sistemas totalizadores. A ética de um encontro, tratando dos relacionamentos com o Outro, proporciona uma perspectiva ética para os relacionamentos em todo o campo da primeira infância, seja entre profissionais e outros adultos, crianças e adultos, entre disciplinas diferentes, grupos sociais diferentes, ou entre sociedades diferentes.

É claro que trazer a teoria à primeira infância não é, de modo algum, algo raro. O que talvez seja menos comum é trazer as teorias que trouxemos, cujos teóricos em geral ignoraram a primeira infância e suas instituições (embora, conforme já observado, Foucault acreditasse que esses locais eram muito produtivos para se analisar as teorias do poder). Além disso, problematizamos, e o faremos ainda mais, a área da teoria mais comumente referida na primeira infância: o desenvolvimento da criança.

As instituições dedicadas à primeira infância e a pedagogia são, em geral, encaradas como fenômenos neutros, sujeitos à aplicação técnica do conhecimento isento de valor, universalmente verdadeiro e produzido através do método científico. Mas, de acordo com uma perspectiva pós-moderna esboçada neste capítulo, nunca poderá haver qualquer conhecimento objetivo ou independente do contexto e do poder. A certeza absoluta baseada nas verdades universais é uma ilusão. Isto significa que, do nosso ponto de vista, o que é prática pedagógica "boa" e "ruim" nas instituições para crianças pequenas só pode ser respondida em um contexto comunicativo, no encontro e no diálogo com os outros. Além disso, as instituições dedicadas à primeira infância e o trabalho pedagógico em que elas se envolvem são arbitrários e socialmente construídos; a partir das construções alternativas possíveis, sempre temos de fazer escolhas que são, ao mesmo tempo, produzidas por construções da criança pequena e, por sua vez, produtoras dessas construções. Expandimos essas afirmações nos próximos três capítulos.

Notas

1 Young (1990) sugere que, embora a diferença entre o positivismo anglo-americano e a teoria européia do século XX tenha sido expressada em termos de modelos rivais de explicação e interpretação, outra distinção diz respeito às idéias sobre a objetividade. As suposições positivistas que persistem na teoria anglo-americana significam que a posição do investigador freqüentemente permanece inquestionada.

2 É neste sentido que usamos o termo "produtivo" em todo o livro: para indicar como o poder (e os meios de exercê-lo como conhecimento e conceitos) "produz coisas", ou seja, como ele molda, forma, constitui o mundo social e o nosso entendimento dele.

Construindo a Primeira Infância: O que Achamos que Isto Seja?

3

INTRODUÇÃO

> A vida da criança é vivida através de infâncias construídas para elas, a partir das compreensões dos adultos sobre a infância e sobre o que as crianças são e devem ser. (Mayall, 1996, p. 1)

Nas instituições dedicadas à primeira infância, muitas vezes dizemos que estamos assumindo a perspectiva da criança e que a nossa prática pedagógica é *centrada na criança*. O que queremos dizer com isso? A centralidade da criança parece ser um conceito bastante concreto e não-problemático. Mas, na prática, é muito abstrato e problemático. Pode-se considerar que a própria expressão "centrado na criança" incorpora uma compreensão modernista particular da criança como sendo um sujeito unificado, reificado e essencializado – no centro do mundo – que pode ser considerado e tratado à parte dos relacionamentos e do contexto. A perspectiva pós-moderna, ao contrário disso, *descentralizaria* a criança, considerando que ela existe através das suas relações com os outros, sempre em um contexto particular.

Além disso, o significado da expressão depende do que entendemos que a criança pequena é e pode ser – quem é a criança na qual a prática é centrada? A partir da nossa perspectiva pós-moderna, não existe algo como "a criança" ou "a infância", um ser e um estado essencial esperando para ser descoberto, definido e entendido, de forma que possamos dizer a nós mesmos e aos outros "o que as crianças são e o que a infância é". Em vez disso, há muitas crianças e muitas infâncias, cada uma construída por nossos "entendimentos da infância e do que as crianças são e devem ser". Em lugar de esperarmos que o conhecimento científico nos diga quem é a criança, temos escolhas a fazer sobre quem achamos que ela é, e essas escolhas têm uma enorme importância, pois a nossa construção da criança e da primeira infância é *produtiva*, e, por isso, queremos dizer que ela determina as instituições que proporcionamos às crianças e o trabalho pedagógico que adultos e crianças realizam nessas instituições.

Este capítulo é uma discussão ampliada de tal declaração da nossa perspectiva. Nós indagamos, de forma crítica, algumas construções inter-relacionadas sobre a criança pequena – como ela tem sido entendida e conceituada – o que acreditamos influir em muitos debates públicos sobre a primeira infância, assim como em políticas e práticas nesse campo, incluindo discussões sobre a qualidade nas instituições dedicadas à primeira infância. As construções são em si produzidas nos limites dos discursos dominantes, os quais estão localizados no projeto da modernidade, e que nós, como pais, profissionais, pesquisadores ou políticos, incorporamos. Conforme nossa perspectiva, os discursos dominantes, à medida que são incorporados, influenciam todo o "panorama da infância" – as relações entre as crianças e os pedagogos, entre elas e os pais, entre elas mesmas e a organização das instituições pedagógicas dedicadas à primeira infância. Além disso, há influências no modo como as instituições são organizadas e projetadas no tempo e no espaço e no tipo de significado que lhes atribuímos. Eles têm conseqüências para todo o sistema ecológico da pedagogia da primeira infância. Mas, como veremos mais adiante neste capítulo, estas não são as únicas construções a serem encontradas; com a inspiração de Reggio, podemos encontrar outras maneiras de entender quem é e quem pode ser a criança pequena.

A Criança como Reprodutor de Conhecimento, Identidade e Cultura

> À medida que a economia global assume as rédeas, os políticos e os líderes empresariais – que anteriormente mostravam um enorme desinteresse pelas crianças pequenas – estão expressando preocupação e demonstrando prontidão para a ação. Enfrentando um mercado econômico global cada vez mais competitivo, eles estão preocupados com a produtividade econômica... Devido a esse clima, serviços de cuidados e educação infantil de qualidade têm sido defendidos como uma abordagem de custo-benefício para manter, nos dias de hoje, uma força de trabalho estável e qualificada [por meio da provisão de cuidados para os filhos dos trabalhadores] – e preparando esta força de trabalho para o futuro...
>
> Estimulada pelas preocupações das comunidades empresariais e políticas, a reforma educacional nacional [nos Estados Unidos] inclui atualmente um enfoque nos primeiros anos de vida. O primeiro "Objetivo da Educação Nacional", de que todas as crianças iniciarão a escola prontos para aprender, que foi endossado por todos os governadores e por dois presidentes, tem destacado o importante relacionamento entre o cuidado e a educação infantil e o desempenho educacional posterior (Kagan, Cohen e Neuman, 1996, p. 12-13).

> O investimento na aprendizagem no século XXI é o equivalente ao investimento na inovação de maquinaria e técnicas que foi essencial na primeira grande revolução industrial. Em seguida, veio o capital físico; agora, é o capital humano... Sabemos que as crianças que se beneficiam da educação na creche – sobretudo aquelas de origens desfavorecidas – têm maior probabilidade de obter sucesso na escola primária. Sabemos ainda que as crianças que se beneficiam de uma boa educação primária têm maior probabilidade de obter sucesso na escola secundária.
> Nosso desejo é que todas as crianças iniciem a escola já preparadas para a alfabetização, a aritmética e o comportamento, prontas para aprender e extrair o máximo da educação primária. (Department for Education and Employment [DfEE], 1997, p. 14-16)

Na construção da criança como um *reprodutor de conhecimento, identidade e cultura*, a criança pequena é entendida como iniciando a vida sem nada e a partir de nada – como um vaso vazio ou *tábula rasa*. Pode-se dizer que esta é a *criança de Locke*. O desafio é fazer com que ela fique "pronta para aprender" e "pronta para a escola" na idade do ensino obrigatório. Por isso, durante a primeira infância, a criança pequena precisa ser equipada com os conhecimentos, com as habilidades e com os valores culturais dominantes que já estão determinados, socialmente sancionados e prontos para serem administrados – um processo de reprodução ou transmissão – tem também de ser treinada para se adaptar às demandas estabelecidas pelo ensino obrigatório.

Visto sob este ângulo, a primeira infância é a base do progresso bem-sucedido na vida posterior. É o início de uma jornada de realização, da incompletude da infância para a maturidade e para a condição humana plena da idade adulta, do potencial não-consumado para um recurso humano economicamente produtivo. A criança está no processo para se tornar um adulto e representa um capital humano em potencial, esperando a realização através do investimento; ela é aquilo que ainda vai ser, um "se tornar estruturado" (Jenks, 1982). O progresso na jornada da realização é indicado pela aquisição de habilidades adequadas, o cumprimento de estágios ou marcos sucessivos e uma autonomia crescente: a metáfora é a subida da escada. Por isso, cada fase da infância é preparação, ou prontidão, para a próxima fase mais importante, e a primeira infância é o primeiro degrau da escada e um período de preparação para a escola e para a aprendizagem que aí se inicia.

Esta construção está despertando o interesse na primeira infância entre "os líderes políticos e empresariais, que anteriormente se mostravam bastante desinteressados". Para as pessoas poderosas, a primeira infância está passando a ser vista como o primeiro estágio no processo de produção de uma força de trabalho "estável e qualificada" para o futuro e, como tal, uma base para o sucesso a longo prazo em um mercado global cada vez mais competitivo. Além de reproduzir conhecimento e habilidades, essa base envolve a reprodução dos valores dominantes do capitalismo atual, incluindo individualismo, competitividade, flexibilidade e a importância do trabalho remunerado e do consumo.

A Criança como um Inocente, nos Anos Dourados da Vida

A imagem da criança como um ser inocente e até um pouco primitivo tem intrigado há muitos séculos. Esta é uma construção que contém, ao mesmo tempo, medo do desconhecido – o caótico e o incontrolável – e uma forma de sentimentalismo, quase uma visão utópica, na qual a infância é vista como os anos dourados. Esta é a *criança de Rousseau*, refletindo a sua idéia da infância como o período inocente da vida de uma pessoa – os anos dourados – e a crença de que a capacidade de auto-regulação e o inato da criança vão buscar a Virtude, a Verdade e a Beleza; é a sociedade que corrompe a bondade com a qual todas as crianças nascem. Aprender a se conhecer – sua natureza interior e seu eu essencial – através da transparência e da introspecção tem sido uma idéia importante. A psicologia legitimou essa construção da criança pequena, em especial os especialistas dessa área que colocaram a expressão da criança na brincadeira livre e no trabalho criativo livre no centro da atividade pedagógica.

Esta imagem da criança gera nos adultos um desejo de protegê-las do mundo corrupto que as cerca – violento, opressivo, comercializado e explorador – construindo um tipo de ambiente em que a criança pequena receba proteção, coesão e segurança. De acordo com nossa experiência, no entanto, nós nos tornamos cada vez mais cientes de que, se escondermos as crianças de um mundo do qual elas já fazem parte, não apenas nos iludimos, mas não levamos as crianças a sério nem as respeitamos.

A Criança Pequena como Natureza... ou Científica com Estágios Biológicos

A terceira construção dominante, intimamente relacionada às duas anteriores, produz um entendimento da criança pequena como natureza, um ser essencial de propriedades universais e capacidades inerentes, cujo desenvolvimento é encarado como um processo inato – biologicamente determinado, seguindo leis gerais – a menos, é claro, que a criança tenha alguma anormalidade. Dizemos que essa é a maneira como elas, nessa idade, são, essa é a sua natureza, isso é o que elas podem e não podem fazer se são “normais”. Embora simplificado, seria possível dizer que esta é a *criança de Piaget*, já que a teoria dos estágios de Piaget tem sido, com certeza, muito influente para tal construção, ainda que o próprio Piaget nunca tenha colocado demasiada ênfase nos estágios (Dahlberg, 1985).

Esta construção produz uma criança pequena que é mais natural do que social, fenômeno abstraído e descontextualizado, essencializado e normalizado, definido por meio de noções abstratas de maturidade (Gesell e Ilg, 1946) ou por meio de estágios de desenvolvimento. A influência da cultura e da atividade das crianças são igualmente descontadas, deixando "o individual, que se desenvolve por meio de processos naturais e autônomos descontextualizado", (Vadeboncoeur, 1997, p. 33-34). Nessa construção, "as classificações psicológicas atribuídas às crianças não têm um contínuo particular de tempo ou espaço – a auto-estima, a competência e a criatividade parecem existir fora da história e dos contextos sociais" (Popkewitz, 1997, p. 33).

O enfoque está na criança individual que, independentemente do contexto, segue uma seqüência padrão de estágios biológicos que constituem um caminho para a plena realização ou para uma progressão "tipo escada" para a maturidade. Ainda que usemos a expressão "a criança como natureza", podemos também falar sobre a *criança científica*, pois esta é uma construção de base biológica favorecida pela medicina e, conforme a discussão do último capítulo, pela psicologia do desenvolvimento: "a abordagem desenvolvimental dominante da infância, proporcionada pela psicologia, é baseada na idéia do crescimento natural... por isso, a infância é um estágio biologicamente determinado no caminho para a condição humana plena" (Prout e James, 1990, p. 10). Apesar de freqüentes discursos sobre uma perspectiva holística, na referida construção a criança é, em geral, reduzida a categorias separadas e mensuráveis, como desenvolvimento social, desenvolvimento intelectual, desenvolvimento motor. Por conseguinte, processos que são muito complexos e inter-relacionados na vida cotidiana são isolados um do outro e encarados de maneira dicotômica, em vez de serem considerados funções intrinsecamente inter-relacionadas que trabalham todas juntas na produção de mudança.

A Criança como Fator de Suprimento do Mercado de Trabalho

No decorrer do século XX, uma construção da maternidade tornou-se cada vez mais influente no Mundo Minoritário: a mãe, do mesmo modo que a criança, como natureza. A criança pequena é biologicamente determinada a necessitar de cuidado materno exclusivo, certamente nos primeiros anos (até cerca dos três anos de idade), com uma introdução gradual, daí em diante, para a companhia de outras crianças e de outros adultos. A mãe é biologicamente determinada para proporcionar esse cuidado. Não receber ou não oferecer tal cuidado exclusivo é algo não-natural e prejudicial, debilitando a ligação de apego da criança pequena com sua mãe e a expondo a relacionamentos com outros adultos e crianças para os quais ela ainda não está pronta (Bowlby, 1969).

Uma grande pesquisa realizada na União Européia em 1993 relatou que mais de três quartos de todos os entrevistados achavam que as mães deviam ficar em casa quando as crianças são pequenas, embora a proporção tenha sido menor na Dinamarca, o único país escandinavo incluído (Malpas e Lambert, 1993). Em uma pesquisa britânica realizada em 1994 sobre as atitudes sociais, 62% dos entrevistados que manifestaram uma opinião acharam que as mulheres com um filho abaixo da idade escolar devia ficar em casa. Daqueles que acharam que as mulheres deviam trabalhar, a grande maioria (31%) disse que elas só deviam trabalhar em tempo parcial, e não integral (7%) – em comparação com 88% que acharam que as mulheres casadas que ainda não tinham tido filhos deveriam trabalhar em tempo integral – (Jowell et al., 1995).

Na verdade, a evidência empírica não fortalece esta opinião. Não há evidência convincente de que as crianças pequenas necessariamente sofram prejuízos ou que o seu relacionamento com sua mãe seja, de modo inevitável, debilitado caso o cuidado seja compartilhado (McGurk et al., 1993; Mooney e Munton, 1997). Isto raramente surpreende, pois o cuidado materno exclusivo é incomum, quando vistos tanto cultural como historicamente (Weisner e Gallimore, 1977); é uma construção da maternidade produzida em determinadas sociedades em um determinado estágio de suas histórias. Mas, apesar da evidência, essa construção permanece penetrante e influente, com todas as suas implicações para a construção da primeira infância.

Entretanto, os tempos mudam. Desde a década de 60, o mercado de trabalho nos países do Mundo Minoritário tem necessitado *crescentemente* da mão-de-obra das mulheres, assim como dos homens, em seus principais anos de trabalho, e, em geral, tanto as mulheres como os homens desejam vender sua mão-de-obra nessa fase (durante o mesmo período, o capitalismo tem tido uma necessidade *decrescente* da mão-de-obra de outros grupos, como pessoas com menos de 25 anos e homens acima de 50 anos; para uma discussão de tais tendências na Europa Ocidental, ver Deven et al., 1998). Como conseqüência disso, números crescentes de mães estão se juntando aos pais no mercado de trabalho. O número de famílias "tradicionais" com pai e mãe, nas quais a mãe cuida dos filhos em casa enquanto o pai atua como provedor, está diminuindo. Números cada vez maiores de filhos pequenos, abaixo ou acima dos três anos de idade, não são cuidados exclusivamente por suas mães.

Nestas circunstâncias, as crianças pequenas adquirem uma outra construção: como um *fator de suprimento do mercado de trabalho*, que deve ser tratado para garantir um suprimento adequado de mão-de-obra e o uso eficiente dos recursos humanos. Um cuidado alternativo, não-materno, deve ser proporcionado às crianças pequenas para que suas mães possam ser empregáveis (não, deve ser notado, para seus "pais" serem empregáveis, pois o discurso dominante sobre gênero determina idéias sobre os papéis e sobre os relacionamentos, produzindo uma suposição tacitamente aceita de que os pais saem para trabalhar, e as mães são primariamente responsáveis por garantir o cuidado da criança). Na Grã-Bretanha e nos Estados Unidos, o governo, os grupos de defesa e outros falam abertamente sobre essa circunstância empresarial, para os empregadores investirem no cuidado à infância, como uma abordagem de custo-benefício para manter, hoje em dia, uma força de trabalho estável e qualificada". A isto corresponde um envolvimento crescente e diverso – de provisão direta do "cuidado à criança" ao financiamento de serviços de informações sobre e de encaminhamento para cuidado da criança – de empregadores individuais e de agências econômicas nas instituições dedicadas à primeira infância e em outras formas de cuidado da criança, juntamente com uma série de outros benefícios ocupacionais, todos destinados a atrair e a manter a mão-de-obra – até que possa chegar o momento em que a mão-de-obra não seja mais necessária.

A Criança como um Co-Construtor de Conhecimento, Identidade e Cultura

> Nossa imagem das crianças não as considera mais como isoladas e egocêntricas, não as vê apenas engajadas em ação com objetos, não enfatiza apenas os aspectos cognitivos, não deprecia os sentimentos ou o que não seja lógico e não considera de maneira ambígua o papel do domínio afetivo. Em vez disso, nossa imagem da criança é como rica em potencial, forte, poderosa, competente e, mais que tudo, conectada aos adultos e às outras crianças. (Loris Malaguzzi, 1993a, p. 10)

As construções da criança pequena que consideramos até agora têm em comum o fato de poderem ser entendidas como produzidas no projeto da modernidade, compartilhando a crença da modernidade no sujeito autônomo, estável, centrado, cuja natureza humana inerente e pré-ordenada é revelada por meio de processos de desenvolvimento e maturidade, a qual pode ser descrita em termos de conceitos e de classificações científicas. Essas construções também têm algo mais em comum. Elas produzem uma criança "pobre", fraca e passiva, incapaz e subdesenvolvida, dependente e isolada.

Porém, novas construções produtivas de uma criança muito diferente têm emergido como resultado de vários desenvolvimentos inter-relacionados (Mayal, 1996): perspectivas construcionistas e pós-modernistas na filosofia, na sociologia e na psicologia; a problematização da psicologia do desenvolvimento e a influência crescente do movimento comparativo dentro da psicologia; e o trabalho de pesquisadores individuais, e de vários projetos específicos, especialmente a "Infância como um Projeto de Fenômeno Social", iniciado em 1987, sob os auspícios do Centro Europeu em Viena (Qvortrup et al., 1994), e o Projeto BASUN (Infância, Sociedade e Desenvolvimento), realizado no final da década de 80 para o Conselho Nórdico como um estudo das vidas cotidianas de crianças pequenas (Dencik, 1989). O processo de repensar as crianças e a infância[1] tem ocorrido principalmente na Europa, mais que nos Estados Unidos, com a liderança assumida em muitos aspectos pela Escandinávia. Uma razão desse repensar pode ser o fato de que as vidas cotidianas das crianças naquela parte do norte europeu têm sido transformadas nas últimas décadas, devido a mudanças tanto sociais como econômicas e às iniciativas políticas do governo que têm conduzido, *inter alia*, a uma extensa rede de instituições públicas destinadas à primeira infância:

> A maior parte das crianças passa agora várias horas por dia no cuidado de grupo... A dramática experiência escandinava de mudar a infância das crianças tem promovido um repensar sobre os inter-relacionamentos entre o triângulo formado pelos pais, pelas crianças e pelo Estado. As formulações tradicionais pensaram principalmente as crianças em relação aos pais, sendo o Estado uma retaguarda; mas a política escandinava agora tem um enfoque alterado: as crianças são uma responsabilidade compartilhada do Estado e dos pais. Nessas circunstâncias, convém pensar nos próprios relacionamentos diretos das crianças com o Estado, com suas políticas e com seus objetivos. Além disso, a preocupação com a justiça social e com os direitos dos indivíduos nestes países tem conduzido a um movimento para encarar as crianças e os pais como sujeitos independentes com situação legal separada. Assim, foi determinado o palco para a retirada das crianças do jugo da família – conceitualmente – e para se pensar nelas, não apenas como indivíduos, mas também, de maneira mais abrangente, como um grupo social. (Mayall, 1996, p. 56)

Nesta passagem, podemos observar algumas das principais características de um novo entendimento da infância e das crianças, também referido como um "novo paradigma da sociologia da infância" (Prout e James, 1990). As crianças são parte da família, mas também são separadas dela, com seus próprios interesses que podem nem sempre coincidir com os dos pais e com os de outros adultos. As crianças têm um lugar reconhecido e independente na sociedade, com seus próprios direitos como seres humanos individuais e membros plenos da sociedade. Elas são consideradas um grupo social: "a individualização das crianças dá lugar à consideração sociológica de como, fazendo parte de um grupo, sua vida é afetada por fatores socioeconômicos de grande escala" (Mayall, 1996, p. 61). A infância é entendida não como um estágio preparatório ou marginal, mas como um componente da estrutura da sociedade – uma instituição social – importante em seu próprio direito como um estágio do curso da vida, nem mais nem menos importante do que outros estágios.

Outras características deste novo paradigma incluem o reconhecimento de que:

- a infância é uma construção social, elaborada para e pelas crianças, em um conjunto ativamente negociado de relações sociais. Embora a infância seja um fato biológico, a maneira como ela é entendida é determinada socialmente;
- a infância, como construção social, é sempre contextualizada em relação ao tempo, ao local e à cultura, variando segundo a classe, o gênero e outras condições socioeconômicas, Por isso, não há uma infância natural nem universal, e nem uma criança natural ou universal, mas muitas infâncias e crianças;
- as crianças são atores sociais, participando da construção e determinando suas próprias vidas, mas também a vida daqueles que as cercam e das sociedades em que vivem, contribuindo para a aprendizagem como agentes que constroem sobre o conhecimento experimental. Em resumo, elas têm atividade e função;
- os relacionamentos sociais e as culturas das crianças são dignos de estudo por direito;
- as crianças têm uma voz própria e devem ser ouvidas de modo a serem consideradas com seriedade, envolvendo-as no diálogo e na tomada de decisões democráticos, e para se entender a infância;
- as crianças contribuem para os recursos e para a produção sociais, não sendo elas simplesmente um custo e uma carga;
- os relacionamentos entre os adultos e as crianças envolvem o exercício de poder (assim como a expressão do amor). É necessário considerar a maneira como o poder do adulto é mantido e usado, assim como a elasticidade e a resistência das crianças a esse poder.

Nesta estrutura, é produzida uma construção da primeira infância e da criança pequena muito diferente das construções modernistas descritas anteriormente. A criança pequena emerge como *co-construtor*, desde o início da vida, do conhecimento, da cultura, da sua própria identidade. Em vez de um objeto que pode ser reduzido a categorias separadas e mensuráveis (por exemplo, desenvolvimento social, desenvolvimento cognitivo, desenvolvimento motor, etc.), por meio do isolamento de processos, os quais são complexos e inter-relacionados, a criança pequena é entendida como um sujeito único, complexo e individual. Tal construção produz uma criança que, nas palavras de Malaguzzi, é "rica em potencial, forte, poderosa, competente".

Em Reggio Emilia, eles sempre dizem que têm ousado assumir, como ponto de partida para sua prática pedagógica, a idéia da "criança rica", e que "todas as crianças são inteligentes". Tendo uma perspectiva construcionista social, na qual a linguagem é vista como produtiva, estão conscientes de que esta é uma escolha que eles fizeram – é a *sua* construção. A criança rica produz outras riquezas. Eles argumentam que "se você tem uma criança rica à sua frente, você se torna um pedagogo rico e tem pais ricos", mas se, ao contrário disso, tiver uma criança pobre, "você se torna um pedagogo pobre e tem pais pobres".

Nesta construção da criança "rica", a aprendizagem não é um ato cognitivo individual realizado quase em isolamento na cabeça da criança. A aprendizagem é uma atividade cooperativa e comunicativa, na qual as crianças constroem conhecimento, dão significado ao mundo, junto com os adultos e, igualmente importante, com outras crianças: por isso, enfatizamos que a criança pequena, como aprendiz, é um *co*-construtor ativo. A aprendizagem não é a transmissão de conhecimento que conduz a criança a resultados pré-ordenados, nem a criança é um receptor e reprodutor passivo, uma criança "pobre" que aguarda esperançosa a receita de conhecimento e enriquecimento do adulto. O que as crianças aprendem, todo o seu conhecimento, "emerge no processo de construção social e do *self* (pois) as crianças não passam, de modo passivo, por sua experiência, mas se tornam agentes ativos em sua socialização, co-construída com seus pares" (Rinaldi, 1993, p. 105).

Em vez de um vaso vazio esperando enriquecimento, desde o início da vida, a criança pequena é uma "rica" criança, ativamente engajada com o mundo; ela nasceu equipada para aprender e não pede nem necessita da permissão do adulto para começar a aprender. Na verdade, a criança pequena corre o risco de tornar-se pobre nas mãos dos adultos e, em vez de se "desenvolver", perder suas habilidades com o passar do tempo. Segundo Loris Malaguzzi, "uma criança recebe uma centena de linguagens e nasce com muitas possibilidades e com muitas expressões e potencialidades que estimulam uma à outra – mas das quais são facilmente privadas através do sistema educacional" (citado em Wallin, Maechel e Barsotti, 1981). Por isso, a criança pequena deve ser levada a sério. Ativa e competente, ela tem idéias e teorias que não apenas valem a pena serem ouvidas, mas também merecem escrutínio e, quando for o caso, questionamento e desafio.

Por fim, mas nem por isso menos importante, a criança pequena é entendida e reconhecida como sendo parte da sociedade, um membro da sociedade. Ela não existe apenas no lar da família, mas também no mundo mais amplo. Isto significa ser um cidadão, com os direitos de cidadão e, quando ela for capaz de assumi-los, com responsabilidades de cidadão. Além disso, significa que a criança pequena não somente está incluída, mas também em relacionamento ativo com essa sociedade e com esse mundo. Ela não é um inocente, separado do mundo, a ser abrigado em alguma representação nostálgica do passado reproduzido por adultos. Ao contrário disso, a criança pequena está no mundo como ele é hoje, incorpora esse mundo, é influenciada por ele – mas também o influencia e constrói significados a partir dele.

Este envolvimento ativo das crianças pequenas com o mundo, e a necessidade de os adultos levarem a sério esse envolvimento, é ilustrado a partir de um relato de um pedagogo sueco sobre uma visita a uma instituição de primeira infância em Reggio Emilia.

> Eu gostaria de compartilhar com vocês uma experiência que tive certa vez em Reggio Emilia. Um dia, quando visitei a pré-escola Diana [uma instituição para a primeira infância] em Reggio Emilia e entrei em uma sala bem grande da pré-escola, fiquei muito surpreso. Toda a sala estava vazia e, no chão, estavam espalhados muitos brinquedos comercializados, como bonecos do He-Man, "My Little Ponies" e outros personagens similares. Como pedagoga sueca e como mãe de dois filhos, fiquei muito confusa. O que estava acontecendo aqui? Como eles poderiam permitir tais utensílios? Pois meus olhos, naquele momento, viam os brinquedos de madeira característicos, desenvolvidos pedagogicamente, usados nas pré-escolas suecas.
>
> Perguntei aos pedagogos italianos com o que eles estavam trabalhando, e eles responderam que era um projeto de trabalho baseado em personagens de histórias de fadas modernas. Mais uma vez me surpreendi. As figuras de plástico e de colorido lúgubre eram personagens de histórias de fadas modernas? Os pedagogos continuaram a me contar que, com freqüência, observavam as crianças conversando sobre os personagens e sobre as histórias que viam na TV, e como eles, como pedagogos, sabiam pouco sobre os personagens e sobre as histórias mencionadas pelas crianças. Também descobriram como prestavam pouca atenção quando elas falavam sobre essas figuras. Muitas vezes, diziam às crianças "não falamos sobre isso aqui" ou "vamos falar sobre isso outra hora". Pensaram que seria interessante para as crianças trabalharem com um projeto sobre os personagens das histórias de fadas modernas, e, como é comum em Reggio, os pedagogos começaram o projeto eles próprios adquirindo mais conhecimento, assistindo aos programas a que as crianças também estavam assistindo. Entrevistaram ainda as crianças sobre seu conhecimento e sobre suas idéias. Para sua surpresa, descobriram que um menino conseguia citar mais de 25 personagens destes programas, não apenas seus nomes, mas também o tipo de papel que muitos deles representavam. Como um ponto de partida para o projeto, as crianças foram solicitadas a trazer para a pré-escola todos os tipos de personagens das histórias de fadas modernas, e o projeto partiu das experiências, histórias e idéias das crianças.
>
> Quando voltava para casa, retornando de Reggio, refleti sobre esta experiência e como nós, nas instituições para a primeira infância na Suécia, sempre proibimos brinquedos como estes. Também me lembrei de como brigava com meu filho de manhã, quando ele queria levar seus bonecos de *He-Man* para a creche. Ele freqüentemente os escondia em seus bolsos, e eu me sentia envergonhada diante da equipe. No início da década de 80, também tivemos uma discussão em revistas educacionais, na qual a mensagem era que as crianças deviam ter permissão para levar para a pré-escola seus objetos mais preciosos, pois estas eram vistas, a partir de uma perspectiva psicanalítica, como objetos transicionais. Em conseqüência disso, crianças de muitas pré-escolas tinham permissão de levar seus bonecos com elas – contanto que os deixassem no saguão de entrada.

> Além disso, lembrei-me da freqüência com que, quando eu ia às compras com meu filho, tentei evitar passar pelas vitrinas das lojas de brinquedo. Certo dia, estávamos diante da vitrina de uma loja de brinquedos, e ele me disse em tom sério: "Mamãe, agora eu realmente tenho de ter um boneco do *He-Man*." Eu respondi, séria: "Eu já não lhe disse que você não vai ter outro?" Então, ele me olhou mais sério ainda e disse: "Mamãe, você não entendeu nada." Então, perguntei: "O que eu não entendi?" "Você ainda não entendeu que o *He-Man* é bom."
>
> Mais tarde, pensei que uma oportunidade, como um adulto, de levar a sério as teorias, as hipóteses, os sonhos e as fantasias das crianças, em vez de parecer não ter ouvido nada ou dizer às crianças que elas não devem falar sobre isso. As crianças incorporam o mundo, corrupto ou não, como nós, adultos, e como adultos precisamos assumir a responsabilidade de ouvi-las, ao mesmo tempo em que também temos de lhes dar contra-imagens, mas não de uma maneira simples. (Dahlberg, 1997)

Esta construção da criança pequena tem implicações profundas para a construção da maternidade. As mães, juntamente com os pais, continuam a ter a principal responsabilidade por seus filhos, e o lar e a família proporcionam ambiente e relacionamentos de importância vital e única para a criança pequena. Mas ela não requer cuidado materno (ou paterno) exclusivo em casa. Na verdade, o cuidado exclusivo dos pais limita as oportunidades da criança pequena de inclusão na sociedade, do exercício da cidadania e da satisfação advinda da interação com outras crianças e com outros adultos, interação que tem um papel vital a desempenhar na co-construção ativa da criança de conhecimento, identidade e cultura.

Entendendo a criança pequena como um co-construtor e um participante ativo, desejando e reagindo a uma série ampla de relacionamentos, em casa e fora dela, com outras crianças e com outros adultos, podemos nos afastar do pensamento restritivo e dualista, pelo qual a crença no cuidado materno exclusivo emergiu: *ou* o cuidado materno, que é bom, *ou* o cuidado não-materno, que é ruim ou, pelo menos, um substituto inferior. Em vez disso, podemos abrir a possibilidade de uma infância de muitos relacionamentos e de muitas oportunidades, e neles *tanto* o lar *como* a instituição dedicada à primeira infância têm papéis importantes, complementares, mas diferentes a representar. Essa possibilidade tem sido reconhecida pelas crianças em Reggio Emilia,

> que entenderam, mais cedo que o esperado, que suas aventuras na vida podem fluir entre dois lugares. [Através das instituições de primeira infância], podem expressar seu desejo anteriormente negligenciado de estar com seus pares e encontrar neles pontos de referência, entendimento, surpresas, laços afetivos e alegria que podem dissipar sombras e inquietações. Para as crianças e para suas famílias, abriu-se agora a possibilidade de um período bastante longo e contínuo de crianças vivendo juntas [uma com a outra] cinco ou seis anos de confiança e trabalho recíprocos. (Malaguzzi, 1993b, p. 55)

A INFÂNCIA E A PEDAGOGIA NAS CONDIÇÕES DA MODERNIDADE

Temos defendido que as construções da infância e das crianças são *produtos* da prática; em outras palavras, o trabalho pedagógico é o produto de quem pensamos que a criança pequena seja. A construção da criança pequena como um vaso vazio ou como um reprodutor dá origem a uma idéia da pedagogia ou da educação como um meio de transmitir à criança, ou depositar nela, um corpo predeterminado e inquestionável de conhecimento, com um significado pré-fabricado. A pedagogia é a administração de conhecimento, um conceito construído em que "o conhecimento é um presente conferido por aqueles que se consideram informados sobre aqueles que eles consideram não saber nada" (Freire, 1985, p. 46).

Encaramos este conceito de pedagogia como localizado nas condições da modernidade, e produzido por elas, porque é parte de uma narrativa do Iluminismo que considera a educação um local de transmissão de conhecimento científico para produzir sujeitos autônomos que supostamente são libertados pela informação que recebem. Essa narrativa tem entendido não apenas a educação de uma maneira particular – a transmissão de conhecimento pré-constituído a vasos vazios –, como também a liberdade – o indivíduo transformado pelo conhecimento em um sujeito autônomo, auto-suficiente e independente de deveres – o Homem no centro. Essa narrativa trata ainda a educação como um processo linear que "transforma as crianças que são, por definição, dependentes dos adultos, em seres independentes, cidadãos livres" (Readings, 1996. p. 158). Por isso, essa narrativa valoriza as crianças sobretudo pelo que elas vão se tornar, pois a tarefa da educação é transformar a criança "pobre" e dependente em um adulto "rico", autônomo e maduro. A educação infantil é entendida em termos básicos, equipando as crianças pequenas para o que virá, a ser julgado em termos de resultados de longo prazo. Nessa abordagem direcionada para o resultado, "os eventos e as experiências só adquirem importância se nossas narrativas de educação e desenvolvimento infantil nomeá-los como pontos de partida nos caminhos para resultados desenvolvimentais positivos ou negativos... [e nós] valorizamos as atividades que acreditamos ter uma recompensa a longo prazo, à custa de atividades que pareçam frívolas ou inócuas porque não estão relacionadas ao sucesso posterior na vida" (Tobin, 1997, p. 13-14).

Nesta pedagogia, o pedagogo tem uma voz privilegiada de autoridade, e o compromisso com os ideais de autonomia e verdade põe fim ao questionamento real. Em vez disso, uma prática pedagógica típica é o padrão de *pergunta-resposta* em que o pedagogo faz perguntas às crianças – mas perguntas que realmente não são perguntas reais, pois o pedagogo já sabe as respostas "verdadeiras" e só escuta tais respostas. Esse método de trabalho é freqüentemente associado à tradição nas escolas, mas não nas instituições dedicadas à primeira infância. No entanto, os estudos mostram que ele aparece na prática dessas instituições, em especial durante momentos de orientação mais pedagógica, como as "sessões matinais" ou a "hora do círculo" (Haug, 1992; Hedenqvist, 1987; Rubenstein Reich, 1993). O episódio que se segue, extraído de uma sessão matinal em uma instituição sueca de primeira infância, ilustra vivamente o poder do padrão de pergunta-resposta (Hedenqvist, 1987). Siv, que é a pedagoga, senta-se com as crianças, incluindo Bosse e Alvar, em um círculo no chão.

Siv: Há coisas que não existem no ar no inverno. Elas estão no ar agora. Alguns passarinhos podem comê-las... coisas que voam no ar... sobre as quais conversamos semana passada e as quais retomamos agora...
Bosse: O quê?
Siv: Sim, o que está voando no ar agora ... muitos deles ...
Bosse: Passarinhos! Abelhas! Zangões!
Siv: Sim, estou pensando em um inseto bem pequeno. Você disse um...
Bosse: Um zangão.
Siv: Sim, (hesitando) e que outros tipos de insetos pequenos estão lá?
Bosse: Abelhas!
Siv: Hum, há mais alguns insetos... aqueles que vêm e picam a gente. Você sabe quais são eles, Alvar? Aqueles que nos mordem no verão e depois dá coceira?
Alvar: Uma abelha?
Siv: Sim, mas ... (imitando um som de zumbido).
Bosse: Uma vespa!
Siv: Estou pensando em mosquitos.
Bosse: O que ...
Siv: Mosquitos.

Este pequeno trecho mostra as crianças ocupadas com a tentativa de desvendar o código do que a professora espera delas em um jogo que poderíamos chamar "Adivinha no que eu estou pensando?" Ele mostra como o padrão pergunta-resposta está incorporado no pedagogo e nas crianças. Mostra como, nesse tipo de conversa, a criança parece muito pobre e desamparada, uma criança vista como um objeto sem seus próprios recursos e potenciais, uma criança a ser preenchida com conhecimento, mas não desafiada.

A INFÂNCIA E A PEDAGOGIA NAS CONDIÇÕES PÓS-MODERNAS

O potencial da criança é impedido quando o objetivo final da sua aprendizagem é previamente formulado. (Rinaldi, 1993, p. 104)

> A força transgressiva do ensino não se baseia tanto em questões de conteúdo mas na maneira como a pedagogia pode manter aberta a temporalidade do questionamento, resistindo a ser caracterizada como uma transação que pode ser concluída, quer com a atribuição de notas, quer com a concessão de diplomas. (Readings, 1996, p. 19)

Temos declarado que estamos vivendo em um período de grande mudança, no qual estão emergindo o que poderia ser denominado de condições pós-modernas. Se encaramos a infância como um fenômeno social localizado em um contexto particular, parece-nos que a criança como *co-construtor*, em vez de como reprodutor, *de conhecimento, identidade e cultura*, pode ser entendida como vivendo uma infância pós-moderna. O que isto significa? O que caracteriza uma infância pós-moderna? Quais são as implicações para a função e para a construção da pedagogia da primeira infância?

Viver em uma sociedade que é caracterizada por condições pós-modernas significa que as crianças individuais têm de se ajustar a um alto grau de complexidade e diversidade, assim como a contínuas mudanças. Em uma sociedade mais estável, a biografia e o conhecimento das crianças eram quase predeterminadas (Asplund, 1983), quase da mesma maneira que os de seus pais. Nessas condições, a função da pedagogia da primeira infância pode ser entendida como permitindo às crianças assumir sua verdadeira identidade, sua identidade essencial, e a reprodução de conhecimento e de valores culturais, anteriormente predeterminados pela religião e, posteriormente, pela ciência objetiva e pela razão, supostamente desprovidas de valor.

Porém, em uma sociedade de mudanças rápidas, as demandas e as exigências que o futuro reservará às crianças podem ser difíceis de antecipar. Se o passado não mais proporciona garantias para o futuro, se os pontos de referência tradicionais, como a igreja, o partido político e a classe, enfraquecem, então a vida se torna cada vez mais um projeto que nós mesmos temos de construir. Como Melucci (1989) e outros observaram, uma sociedade pós-industrial é caracterizada por um alto grau de reflexividade.

Entretanto, mais fundamental ainda, viver em condições pós-modernas requer uma nova maneira de entender o conhecimento, o que requer que nós, antes de tudo,

> abandonemos a "grande narrativa" de uma unidade teórica de conhecimento e nos contentemos com objetivos mais locais e práticos. Isto significa abandonar uma das suposições (e esperanças) mais profundas do pensamento iluminista: que aquilo que está "de fato" disponível para ser percebido "lá fora" é um mundo ordeiro e sistemático, (potencialmente) o mesmo para todos nós – de tal forma que, se persistirmos muito em nossas investigações e discussões, conseguiremos, por fim, um acordo universal sobre a sua natureza. (Shotter, 1992, p. 69)

Por isso, a perspectiva pós-moderna questiona a idéia e a esperança do Iluminismo de que haja conhecimento objetivo, ou inocente, cuja acumulação podemos chegar mais perto da verdade que nos dirá como o mundo é, quem somos e como devemos agir no mundo de maneiras universais e verdadeiras. Em vez disso, oferece um entendimento totalmente diferente: o conhecimento como ambíguo e dependente de perspectivas, contextualizado e localizado, incompleto e paradoxal, e produzido de maneiras diferentes: "há uma mudança na ênfase da confrontação com a natureza para uma conversa entre as pessoas, da correspondência com uma realidade objetiva para a negociação do significado" (Kvale, 1992, p. 51).

Há muita discussão sobre o ensino "construtivista" e o "socioconstrutivista", e as diferentes abordagens e os diferentes conceitos envolvidos por esses termos (cf. Richardson, 1997). Segundo nossa perspectiva, são os entendimentos diferentes do conhecimento que distinguem nossa perspectiva *construcionista social* pós-moderna do movimento *construtivista* que tem tido um reflorescimento nas reformas educacionais nos últimos anos. Ambos encaram a criança como ativa e flexível e esperam que o pedagogo parta do entendimento do cotidiano da criança e da construção do mundo que a cerca. Porém, segundo a perspectiva construtivista, o conhecimento parece ser visto como algo absoluto e imutável, como fatos a serem transmitidos à criança e, por isso, como separados delas, independente da experiência e da existência em um vazio cultural, institucional e histórico. O construtivismo evita a natureza socialmente construída do conhecimento, e suas regras de razão arrolam um mundo fixado de sujeitos da escola que as crianças internalizam através de estratégias flexíveis de resolução de problemas (Popkewitz, 1993).

Em contraste a isso, um pedagogo que trabalha com uma perspectiva construcionista social daria à criança a possibilidade de produzir construções alternativas antes de encontrar construções cientificamente aceitas. A criança pode então situar as construções em relação às construções científicas e fazer escolhas e construir significados (Lenz Taguchi, 1997). Isto é entendido como um processo de aprendizagem, não apenas para a criança, mas também para o pedagogo, se ele for capaz de deparar-se com as idéias, teorias e hipóteses da criança com respeito, curiosidade e admiração.

Assim, as duas perspectivas enxergam uma criança ativa e capaz de resolver problemas. Ao contrário da perspectiva construcionista social, a perspectiva construtivista enxerga essa criança existindo em um contexto de conceitos padronizados, estáveis e objetivos. Popkewitz (1993), por exemplo, argumentou que as reformas educacionais que foram influenciadas pelo reflorescimento construtivista concentraram-se na maneira como a aprendizagem ocorre na interação em sala de aula para que as crianças adquiram uma posição de sujeito. A conseqüência disso é uma valorização dos pensamentos e dos valores das crianças como certos ou errados, de acordo com o que os pedagogos aceitem como uma definição predeterminada de conhecimento, e como uma pedagogia que nunca proporciona às crianças a oportunidade de elas explorarem suas próprias teorias.

Assumir uma perspectiva pós-moderna significa que não podemos mais ceder ao conhecimento como universal, imutável e absoluto, mas que devemos assumir a responsabilidade por nossa própria aprendizagem e pela construção de significado. O mesmo se aplica à realização de escolhas morais. Devemos assumir a responsabilidade por realizar escolhas morais, não mais sendo capazes de abandonar essa responsabilidade em favor da conformidade a regras universais e verdades absolutas, reproduzidas nas crianças através de processos de transmissão cultural. A ética pós-moderna pretende que cada um de nós, desde a infância, assuma a responsabilidade de tomar decisões difíceis. Somos nossos próprios agentes morais, assumindo a responsabilidade de realizar – construir – escolhas morais: não há verdade "cujo nome possa ser invocado para nos salvar da responsabilidade por nossas ações" (Readings, 1996, p. 168).

Isto impõe exigências cada vez maiores às crianças de formarem e moldarem seu próprio entendimento do mundo, do conhecimento, assim como da identidade e do estilo de vida. O processo de individualização significa ter um alto grau de autocontrole ou autonomia com relação às suas próprias escolhas e ações, individual e coletivamente. Isso requer uma confiança na própria capacidade para realizar escolhas e defender seus pontos de vista. Além disso, significa que as crianças adquirem uma maior responsabilidade em relação a si mesmas e à percepção de suas próprias possibilidades.

Estas mudanças são, com freqüência, analisadas negativamente, como ameaça à segurança e como fonte de alienação. No entanto, podem ser entendidas como abrindo enormes possibilidades – que nem sempre são desejáveis, mas podem ser. A percepção dessas possibilidades requer habilidades altamente desenvolvidas para a aprendizagem, a auto-reflexão e a comunicação e para os relacionamentos abertos e questionadores. Pressupõe o que Ziehe (1989) denominou "processos extraordinários de aprendizagem", processos que não são lineares, nem isolados, e que proporcionam às crianças oportunidades de usar sua curiosidade e criatividade para experimentar e assumir responsabilidade, realizar escolhas com relação à sua vida e ao seu futuro.

Por isso, viver nas condições pós-modernas exige muito do processo da pedagogia. O desafio é proporcionar um espaço em que novas possibilidades possam ser exploradas e entendidas por meio da ampliação de modos de conhecimento reflexivos e críticos, por intermédio da construção ao invés da reprodução de conhecimento, capacitando as crianças para trabalhar com criatividade a fim de perceber as possibilidades e lidar com a ansiedade. Pode contribuir para a emergência de uma colcha de retalhos pluralista de coexistentes visões de mundo e experiências de vida.

Porém, não se trata apenas de as crianças construírem conhecimento em tempos de mudanças. Elas também constroem identidade. O projeto da modernidade, acreditando em um mundo conhecível de verdades e propriedades universais, tem buscado uma natureza humana universal e uma identidade do sujeito que seja coerente e unificada, estável e conhecível, a ser assumida ou percebida. Assim fazendo, ele tem ameaçado reduzir a diferença na identidade, substituindo a complexidade e a contradição por unidade e coerência. Como discutimos no capítulo anterior, pensadores pós-modernos (como Derrida e Foucault), e muitas feministas têm questionado a idéia de um sujeito unificado e estável, uma entidade ou essência fixada do indivíduo, um *self* interior que o indivíduo pode descobrir e conhecer realmente através da introspecção, da transparência e da consciência. A identidade, tanto entre os grupos como no interior dos indivíduos, é entendida como complexa e múltipla, fragmentada e ambígua, contraditória e contextualizada:

> somos vistos como vivendo em teias de representações múltiplas de classe, raça, gênero, língua e relações sociais; os significados variam até mesmo em relação a um indivíduo. A auto-identidade é constituída e reconstituída relacionalmente, e seus limites, repetidas vezes, são remapeados e renegociados... As identidades são deslocadas, substituídas de modo contínuo. O sujeito não é unificado nem fixado. (Lather, 1992, p. 101)

Neste contexto, a questão de levar a sério a diferença, tratando-a mais como uma oportunidade do que como uma ameaça e encontrando maneiras de relacioná-la aos outros, sem torná-los iguais, assume grande importância.

Se o Homem estava no centro da Era do Iluminismo, em uma era pós-moderna, o homem e a mulher são *des*centralizados, e o sujeito individual "é dissolvido em estruturas lingüísticas e conjuntos de relações (Gergen, 1992, p. 40). Inerente ao conceito modernista do indivíduo livre e autodeterminado está um *self* estático e essencializado. Mas o enfoque da pós-modernidade na natureza fundamentalmente relacional da identidade resulta no *self* constituído e mutável de modo histórico (Lather, 1992).

Por isso, a identidade não é mais entendida, na perspectiva pós-moderna, como assumindo formas predeterminadas, rígidas e universais por meio de processos de socialização e reprodução. Em vez disso, como um conceito relacional e relativo, as identidades são construídas e reconstruídas em contextos específicos – contextos que estão sempre abertos à mudança e nos quais o significado do que as crianças são, podem ser e devem ser, não pode ser estabelecido de maneira definitiva. As crianças pós-modernas estão inseridas em identidades múltiplas e justapostas, de cuja construção elas são participantes ativos. É possível ver como as crianças e as pessoas jovens co-constroem essas identidades múltiplas e justapostas de maneira dinâmica e fluida através do exemplo de números cada vez maiores de crianças e jovens que têm ou o pai ou a mãe sendo um "branco", e o outro, "negro". Há uma longa história da construção da chamada "origem mista" como sendo, necessariamente, problemática, em parte, devido à aceitação de que há "raças" bem-diferenciadas que são, em sua essência, necessariamente polarizadas. As pessoas com ou o pai ou a mãe sendo branco, e o outro, negro, têm, em geral, sido classificadas como negras, mas também têm sido identificadas como separadas das pessoas negras e das pessoas brancas e classificadas com termos que tendem a patologizá-las por não se adequarem a uma oposição binária racializada – por exemplo, "meia casta", "raça mista", "birracial", "pardo" e "mulato". Dessa maneira, uma divisão arbitrária é construída entre aqueles com pais de raça mista e os outros, ainda que as populações do mundo sejam, na realidade, misturadas (Phoenix e Owen, 1996).

Na diversidade das sociedades atuais, há um movimento de afastamento da idéia de que a identidade racial é proporcionada ou reproduzida em direção à idéia de que "as pessoas originadas de pais de raças diferentes devem poder afirmar suas identidades raciais do modo que considerarem mais adequado ... [e] conceituando as identidades como 'tanto/quanto'" (Phoenix e Owen, 1996, p. 129-30). Um estudo britânico das identidades sociais mostra como isso acontece na prática, com jovens de pais de raças diferentes mostrando-se ativos na resistência às pressões externas e construindo suas próprias identidades móveis, múltiplas e contextualizadas.

> Não era incomum os jovens explicarem como se descreviam de maneiras diferentes em diferentes épocas e em diferentes contextos. Nisso eles pareciam ter uma série de meios em que poderiam individualmente expressar suas identidades raciais, que poderiam ser chamadas congruentes, com as noções pós-modernas de pluralidade e flexibilidade. Ao expressar essas identidades, alguns parecem aceitar, e outros rejeitar, o dualismo inerente ao tratamento de "negro" e "branco" como categorias opostas... A maior parte dos jovens tinha clareza de que eles tomaram suas próprias decisões sobre se deviam aceitar ou rejeitar as construções que seus pais, professores e amigos tentavam convencê-los a usar. (Phoenix e Owen, 1996, p. 131-132)

Há um movimento similar de afastamento do entendimento da cultura como algo determinado, uma herança tradicional a ser transmitida e assumida de geração para geração. Em vez disso, a cultura é também cada vez mais entendida como complexa, fluida e contextualizada, co-construída pelos indivíduos nas relações com os outros.

> A apropriação da tradição cultural torna-se mais dependente da hermenêutica criativa dos intérpretes contemporâneos. A tradição no mundo moderno perde sua legiti-

> midade de apenas ser válida por ser o jeito do passado. A legitimidade da tradição apóia-se agora em apropriações desenvoltas e criativas, em vista dos problemas de significado no presente... O esforço reflexivo e a contribuição dos indivíduos tornam-se fundamentais. (Benhabib, 1992, p. 104)

As condições pós-modernas proporcionam processos de individualização, mas também colocam os relacionamentos em primeiro plano. Conhecimento, identidade e cultura são constituídos e reconstituídos em relação aos outros – eles são *co*-construídos. Existe uma abundância de conceitos relacionais: diálogo, conversa, negociação, encontro, confrontação, conflito. Se o conhecimento não é mais considerado como uma acumulação e reprodução de fatos, mas como ilimitado e sempre de diferentes perspectivas, então o conhecimento pode ser encarado como uma conversa aberta que não privilegia nenhuma parte e não busca nem consenso, nem uma verdade final. Construir a identidade não em termos essencialistas, mas em termos pluralistas, implica que uma criança está conectada a muitos grupos diferentes de caráter étnico, religioso, cultural e social mutável. Por essa razão, assim como a importância ligada à ética de um encontro, a pedagogia para as condições pós-modernas baseia-se em relacionamentos, encontros e diálogo com outros co-construtores, tanto adultos como crianças.

Esta "pedagogia de relacionamentos", na qual as crianças são entendidas como ativamente envolvidas na co-construção do conhecimento e das identidades próprias e dos outros, foi descrita por Loris Malaguzzi em um texto sobre Reggio Emilia:

> As crianças aprendem interagindo com seu ambiente e transformando ativamente seus relacionamentos com o mundo dos adultos, das coisas, dos eventos e, de maneiras originais, com seus pares. Em certo sentido, as crianças participam da construção da sua identidade e da identidade dos outros. A interação entre elas é uma experiência fundamental durante os primeiros anos de vida. A interação é uma necessidade, um desejo, uma necessidade vital que cada criança carrega dentro de si... A auto-aprendizagem e a co-aprendizagem (construção de conhecimento pelo *self* e co-construção de conhecimento com os outros) das crianças, apoiada por experiências interativas construídas com a ajuda de adultos, determina a seleção e a organização de processos e estratégias que são parte de – e coerentes com – os objetivos gerais da educação da primeira infância... Os conflitos construtivos [resultantes do intercâmbio de ações, expectativas e idéias diferentes] transformam a experiência cognitiva do indivíduo e promovem aprendizagem e desenvolvimento. Colocar as crianças em pequenos grupos facilita este processo porque, entre elas, não há relacionamentos fortes de autoridade ou dependência; por isso, esses conflitos são mais atrativos e proveitosos... Se aceitamos que todo problema produz conflitos cognitivos, então acreditamos que conflitos cognitivos iniciam um processo de co-construção e cooperação. (Malaguzzi, 1993a, p. 11-12)

Os relacionamentos são tão importantes para o pensamento e para o trabalho em Reggio que eles não falam sobre serem "centrados na criança", com sua implicação da criança como um ser autônomo, isolado e descontextualizado. Em vez disso, diriam que os relacionamentos – entre crianças, pais, pedagogos e sociedade – estão no centro de tudo o que eles fazem, encarando a instituição da primeira infância como "um organismo de vida integral, um local de vidas compartilhadas e relacionamentos entre muitos adultos e muitas e muitas crianças" (Malaguzzi, 1993b, p. 56), pois nada nem ninguém existe fora do contexto e dos relacionamentos.

A idéia da pedagogia dos relacionamentos também não está confinada à primeira infância. Em sua discussão da universidade – como ela foi, é e pode ser – Readings defende veementemente esse entendimento da pedagogia: "Quero insistir que a pedagogia é uma relação, uma rede de obrigações ... (em que) a condição da prática pedagógica é uma atenção infinita ao outro" (1996, p. 158).

Quando o encontro humano – os relacionamentos – é a base da pedagogia, a comunicação é vista como a chave para a aprendizagem das crianças. Em Reggio, eles consideram a criança desde o início, desde o primeiro momento de vida, como um indivíduo comunicativo. Eles querem ter uma criança que seja um interagente ativo, e não um receptor passivo. A pedagogia e o meio pedagógico têm de estimular a própria atividade das crianças e suas possibilidades de comunicar suas próprias experiências; querem encontrar muitas maneiras para as crianças se comunicarem, usarem "as centenas de linguagens da infância". Por meio da comunicação, elas podem estabelecer o sentimento de pertencer ao grupo e a capacidade de participação, estabelecendo a base para assumir perspectivas diferentes; elas podem lidar com suas próprias experiências à luz das experiências dos outros; poder discutir, fazer escolhas, defender as próprias escolhas – lutar por elas e lidar com situações novas. Citando mais uma vez Loris Malaguzzi:

> Quando as crianças nascem, elas são banhadas por um oceano de palavras, por signos, aprendendo a própria arte de falar, a arte de escutar, a arte de ler e a de dar significado aos signos. Quero dizer com isso que a criação implica encontrar uma solução para uma competência cada vez maior no que se refere à comunicação. Na verdade, na comunicação está contida toda a vida da criança, toda a vida do homem: as ferramentas lógicas do pensamento, a comunicação como uma base para a socialização, e os sentimentos e as emoções transmitidos pela comunicação. Aprender a falar e aprender como alguém pode falar e ouvir são algumas das grandes questões da vida. (Malaguzzi, 1993b, p. 57)

Colocar os relacionamentos e a comunicação em primeiro plano produz também uma "pedagogia do ouvir", uma "abordagem baseada mais no ouvir do que no falar" (Rinaldi, 1993, p. 104). Isto significa ouvir as idéias, as perguntas e as respostas das crianças, lutando para dar significado ao que é dito, sem idéias preconcebidas do que é correto ou válido. A "boa" escuta distingue o diálogo entre os seres humanos, o qual expressa e constitui um relacionamento com um Outro concreto, do monólogo, que busca transmitir um corpo de conhecimento e, assim fazendo, transforma o Outro no igual. Retomando o mesmo tema, mas em relação às universidades, Readings (1996) defende ainda a importância de se "ouvir o pensamento" no trabalho pedagógico, já que ele se distingue da produção de um sujeito autônomo ou de um corpo autônomo de conhecimento:

> É, antes de tudo, pensar além um do outro e de nós mesmos para explorar uma rede de obrigações aberta que mantenha aberta a questão do significado como um *locus* para o debate... Fazer justiça ao pensamento significa tentar ouvir o que não pode ser dito, mas que tenta se fazer ouvido – e este é um processo incompatível com a produção até mesmo de um conhecimento relativamente estável e permutável. (1996, p. 165)

Deve ser mencionada aqui uma outra característica do trabalho pedagógico de Reggio Emilia: uma recusa a ser dirigido pelo tempo. A maior parte das crianças freqüenta as instituições dedicadas à primeira infância por, pelo menos, todo um dia letivo, durante, pelo menos, três anos, e, muitas vezes, mais tempo. O tempo não é organizado pelo relógio, mas segundo o próprio senso de tempo das crianças, seus ritmos pessoais e o que necessitam para os projetos nos quais estão trabalhando. Tudo isso dá às crianças tempo para se envolverem, tempo para não terem de se apressar, tempo para fazerem as coisas com satisfação. Isto questiona, por exemplo, o controle rígido de tempo da "educação em creche" britânica, onde o tempo de permanência da criança é, em geral, limitado a uma curta sessão matutina ou vespertina, baseada no fato de que este é todo o tempo em que as crianças pequenas conseguem trabalhar ou de que nenhum resultado melhor pode ser alcançado com um tempo de permanência mais longo. Em geral, tal postura questiona uma redução da educação ao que Readings chama "uma lógica de contabilidade", a qual está cada vez mais preocupada com a rapidez do progresso, com a rapidez da aquisição e com um adequado custo-benefício de um corpo de conhecimento predeterminado.

No nosso entender, e este é um tema que vamos retomar no Capítulo 6, pode-se dizer que o trabalho pedagógico realizado em Reggio Emilia antecipa vários temas da pós-modernidade. Ele rejeitou a idéia modernista da unidade e reconheceu o enorme poder das forças que insistem no sistema, na estrutura, na centralização, na hierarquia, na coerência e na normalização. Voltou-se para a idéia pós-moderna da complexidade e da contradição, reconhecendo as grandes oportunidades que surgem do reconhecimento da diferença, da pluralidade, da diversidade e da imprevisibilidade. Durante vários anos, Reggio tem lutado para encontrar uma prática pedagógica de linguagens múltiplas e de co-construção, de relacionamentos e diálogo, rica em paradoxos e ironia, valorizando tanto a cooperação como a confrontação, recebendo com agrado tanto a dúvida e a perplexidade como o questionamento científico. Trabalhando com instrumentos pedagógicos como a documentação, tem-se buscado uma cultura de aprendizagem caracterizada pela participação, reflexão, solidariedade, prazer e assombro. O que possibilitou isso não foi apenas o estabelecimento e o apoio de uma rede de instituições dedicadas à primeira infância, mas uma construção delas como fóruns na sociedade civil, onde crianças e adultos podem se envolver juntos em projetos de importância social, cultural, econômica e política. No próximo capítulo, ponderamos sobre esta construção da instituição dedicada à primeira infância.

Nota

1 A "infância" é um estágio da vida e um fenômeno permanente na sociedade. As crianças vivem através da infância.

Construindo a Instituição Dedicada à Primeira Infância: Para que Serve?

4

INTRODUÇÃO

> Na perspectiva construcionista, [as instituições dedicadas à primeira infância], assim como nossas imagens do que uma criança é, pode ser e deve ser, devem ser vistas como a construção social de uma comunidade de agentes humanos, originada da nossa interação ativa com outras pessoas e com a sociedade ... As instituições [dedicadas à primeira infância] e as práticas pedagógicas para as crianças são constituídas pelos discursos dominantes na nossa sociedade e nas quais incorporam pensamentos, concepções e éticas que prevalecem em um dado momento em uma dada sociedade. (Dahlberg, 1997)

As instituições dedicadas à primeira infância são socialmente construídas. Elas não têm características inerentes, qualidades essenciais, nem propósitos necessários. Para que elas servem, a questão do seu papel e do seu propósito, não são auto-evidentes. Elas são o que nós, "como uma comunidade de agentes humanos", fazemos delas. Este capítulo é uma exploração de algumas das muitas construções diferentes da instituição dedicada à primeira infância; não é de modo algum completo. Essas construções são constituídas por – e, por sua vez, constituem – construções da criança pequena, vinculando-se à nossa discussão da primeira infância no capítulo anterior. São também produtivas da prática pedagógica. O que pensamos serem essas instituições determina o que fazemos e o que acontece dentro delas.

O capítulo divide-se em duas partes principais. A primeira parte examina algumas construções da instituição dedicada à primeira infância que são dominantes atualmente em muitas partes do Mundo Minoritário – a instituição dedicada à primeira infância como produtor de resultados da criança, como um lar substituto ou como um negócio. Na segunda parte, examinamos uma construção alternativa e menos comum da instituição dedicada à primeira infância – como um fórum na sociedade civil, na qual crianças e adultos se envolvem em projetos de importância social, cultural, política e econômica.

CONSTRUÇÕES DOMINANTES DA INSTITUIÇÃO DEDICADA À PRIMEIRA INFÂNCIA

Produtor e Negócio

> Parece-me que os programas dedicados à primeira infância estão correndo um risco crescente de se tornarem moldados no modelo corporativo/industrial ou fabril tão penetrante nos níveis da educação primária e secundária... as fábricas destinam-se a transformar matéria-prima em produtos pré-especificados, tratando-a em uma seqüência de processos de padronização pré-especificados. (Katz, 1993, p. 33-34)

> Três propósitos principais e freqüentemente conflitantes do cuidado à criança criam o dilema deste cuidado que nós [os Estados Unidos], como sociedade, enfrentamos hoje. Em primeiro lugar, o cuidado à criança dá o apoio ao emprego materno... Em segundo lugar, o cuidado à criança serve ao desenvolvimento dela, o qual pode ser melhorado por programas de alta qualidade para a primeira infância, estejam ou não suas mães empregadas. Em terceiro lugar, o cuidado à criança tem sido usado, durante todo o século XX, para intervir com crianças economicamente menos favorecidas e pertencentes às minorias étnicas, para socializá-las com a cultura dominante. (Scarr, 1998, p. 98)

> *The Key Note Market Report on Childcare** (no Reino Unido), observou que as companhias ricas estão se tornando cada vez mais atraídas para o mercado do cuidado à criança ... [*A Nord-Anglia Education*, segunda maior empresa] surgiu no mercado de ações no ano passado. Ela abriu deliberadamente quatro creches, gerenciando unidades de berçarios em cada uma de suas 20 escolas independentes e comprou no início deste ano a Escola de *Pagens*** *Princess Charlotte*. (Relatório intitulado "Grandes empresas buscam lucro no cuidado à criança", publicada em *Nursery World*, 27 de agosto de 1998).

A imagem dominante sobre a instituição dedicada à primeira infância é a de um produtor de cuidado e de resultados padronizados e predeterminados. Ligadas às construções modernistas da criança pequena, discutidas no Capítulo 3, em particular como reprodutoras de conhecimento, identidade e cultura, a tarefa ampla e cada vez mais importante destas instituições como produtoras é encher o vaso vazio como, em geral, a criança pequena tem sido entendida. Essa tarefa deve ser atingida sobretudo por intermédio da educação, hoje reconhecida como um assunto de grande importância, não apenas na educação em berçários, como também no cuidado à criança em creches: "devido à ênfase [na política americana

---

*N. de R.T. *The Key Note Market Report on Childcare* é o nome da companhia que preparou o relatório do Mercado, o qual trata da situação das instituições dedicadas à primeira infância.

**N. de R.T. Escola de pagens (*mammy college*) refere-se a instituições de formação especializada no treino de babás, que cuidam de crianças a domicílio.

sobre o relacionamento entre a primeira infância e o desempenho educacional posterior], cada vez mais americanos estão percebendo que *todos* os programas para crianças pequenas dizem respeito à educação" (Kagan et al., 1996, p. 13).

Alguns dos resultados mais específicos que se espera que a instituição dedicada à primeira infância produza estão, hoje em dia, amplamente reconhecidos na política e na literatura dedicadas à primeira infância, particularmente melhorando o desenvolvimento e a preparação das crianças para o ensino obrigatório, o que inclui iniciar a escola "pronto para aprender". Outros resultados são mais implícitos, embora sejam reais, em particular a reprodução da cultura, incluindo os valores. Por exemplo, as instituições dedicadas à primeira infância ajudam a reproduzir valores culturais relacionados ao gênero; a natureza da força de trabalho amplamente composta por pessoas do sexo feminino nas instituições dedicadas à primeira infância e a ausência de consciência de gênero na maior parte do trabalho pedagógico produz um discurso poderoso para as crianças e mesmo para os adultos sobre os papéis e relacionamentos adequados ao gênero (Jensen, 1996).

À proporção que aumenta o emprego dos pais, uma importância crescente é dada às instituições dedicadas à primeira infância que produzem o cuidado da criança para os pais e para os empregadores. Em uma tentativa de resolver a contradição entre uma ainda dominante construção da maternidade, a qual declara que o cuidado materno exclusivo é a melhor maneira de criar as crianças bem pequenas (discutido com mais detalhes no capítulo anterior), e uma realidade econômica em que um número crescente de mães é incapaz ou não está disposta a proporcionar tal cuidado exclusivo, o objetivo é, em geral, aprender um conceito muito particular de cuidado e, desta forma, proporcionar um lar *substituto* que reproduza, da maneira mais próxima possível, o modelo do cuidado materno. Isto é buscado por meio de formas de cuidado individualizado (por exemplo, empregadas domésticas ou babás); ou por meio da organização de instituições dedicadas à primeira infância e da estruturação de relacionamentos entre as crianças e os profissionais de tais instituições, com uma importância dada a proporções elevadas de profissionais envolvidos com as crianças e à necessidade de relacionamentos próximos e íntimos entre os profissionais e as crianças. Essa idéia – de que o cuidado materno é necessário para o desenvolvimento seguro e que, na sua ausência, o cuidado não-materno precisa ser modelado a partir do relatório diádico entre mãe e filho – foi denominado por Singer (1993) de "vínculo pedagógico", que declara que este tem tido uma influência poderosa sobre a criação das crianças, tanto em casa como nas instituições.

A abordagem individualista usada para se trabalhar com crianças em muitas instituições dedicadas à infância na Grã-Bretanha e nos Estados Unidos pode ser explicada, em parte, pela construção dessas instituições como lares substitutos. Uma comparação entre berçários na Grã-Bretanha, na Espanha e na Itália ilustra como a estrutura dos profissionais nos berçários britânicos encoraja os profissionais a se enxergarem mais como indivíduos do que, conforme ocorre na Espanha e na Itália, como parte de um grupo, compartilhando e trabalhando para atingir objetivos comuns (Penn, 1997b). Isto refletiu-se na maneira de os profissionais perceberem as crianças e trabalharem com elas.

> Havia pouca percepção das crianças como um grupo capaz de influenciar ou ajudar uma à outra, e, em geral, o formato organizacional dos berçários dificultaria esse objetivo, ainda que ele fosse considerado como importante de ser alcançado. Em vez disso, o objetivo geral era a vigilância e o controle das crianças individuais para se certificar de que elas não se machucassem... Na medida em que quaisquer hipóteses teóricas apoiavam a abordagem das crianças nos berçários no Reino Unido, havia, por exemplo, aquela de Bowlby... [que] defende que a segurança emocional, e, consequentemente, a aprendizagem, só acontece em um relacionamento individual entre adulto e criança, e todas as outras situações são irrelevantes. A contribuição do grupo de pares é totalmente negligenciada. (1997b, p. 52-53)

Esta construção da instituição dedicada à primeira infância como produtora de uma forma particular de cuidado doméstico tem sido talvez mais marcante na Grã-Bretanha e nos Estados Unidos, com seu forte compromisso ideológico com o cuidado materno, com sua alta valorização da individualidade e com sua ambivalência referente a relacionamentos e a maneiras de trabalhar mais coletivas (New, 1993). Mas tem sido fecunda também em outros países. O desenvolvimento de um sistema abrangente de instituições dedicadas à primeira infância na Suécia, a partir da década de 30, foi fortemente influenciado por um discurso do lar; os centros para crianças até os sete anos de idade eram representados como "lares profissionais", chamados *daghem* ("casas diurnas") e organizados em *syskongrupper* ("grupos de irmãos"). O discurso da instituição dedicada à primeira infância como lar pode, por sua vez, estar relacionada a uma construção da sociedade sueca como uma grande comunidade, representada pela metáfora do Folkhemmet (o "Lar do Povo"). Porém, foi também um meio de moldar o encontro entre o privado e o público, o indivíduo e o Estado: "pode ser visto como uma incorporação ativa e como uma mistura de discursos que conecta a família e o privado com discursos relacionados ao social e ao público... Unir os símbolos e as representações das pessoas, os interesses da nação e o lar era uma técnica que tornava o mundo, por um lado, inteligível e, por outro, administrável como um objeto de intervenção" (Dahlberg, 1998, p. 5).

Mais recentemente, a Suécia entrou em um período de incerteza sobre o papel do Estado e da intervenção pública. A metáfora do *Folkhemmet*, para descrever o relacionamento entre o Estado e o indivíduo, foi problematizada e enfraquecida. No entanto, a construção de instituições dedicadas à primeira infância como produtoras de cuidado doméstico substituto conquistou mais legitimação. Desenvolveram-se preocupações sobre o caráter impessoal e burocrático tanto das escolas como das instituições dedicadas à primeira infância, e sobre a necessidade de proteger as instituições dedicadas à primeira infância de se tornarem mais parecidas com a escola. Uma reação a essas preocupações foi uma nova ênfase às instituições dedicadas à primeira infância como lares substitutos, através da privatização das instituições públicas e do encorajamento de uma maior proximidade entre crianças e adultos em um relacionamento quase como de pais e filhos.

A história recente das instituições dedicadas à primeira infância na Suécia é também um lembrete de que os resultados que essas instituições devem produzir não estão limitados ao desenvolvimento ou às condições individuais para o sucesso econômico; elas podem ser estruturadas em termos de progresso social, com resultados de benefício à sociedade como um todo. Durante todo o século XX, a expansão das instituições dedicadas à primeira infância na Suécia tem sido motivada por uma série de resultados sociais, conectados por "visões e revisões modernistas da construção de uma sociedade progressivamente melhor, uma raça humana melhorada e indivíduos mais livres" (Dahlberg, 1998, p. 1). Por isso, o movimento dos jardins-de-infância, do início do século XX, encarava as instituições dedicadas à primeira infância como um meio tanto para libertar as crianças das restrições da tradição, como para restabelecer a ordem moral (transformando a família pobre na família moral) e o espírito de comunidade, muito desorganizados pela industrialização e pela urbanização (Hultqvist, 1990). O discurso de uma pedagogia inclusiva da primeira infância, o qual se iniciou na década de 30, no contexto do desenvolvimento de uma Previdência Social ampla, levou adiante a idéia das instituições dedicadas à primeira infância, contribuindo para a produção de um espírito de comunidade, acrescentando outros resultados sociais – liberdade, emancipação, igualdade entre os gêneros e solidariedade entre os diferentes grupos sociais.

A produção de resultados sociais, mas com objetivos mais variados, também constitui um dos propósitos das instituições dedicadas à primeira infância na Grã-Bretanha e nos Estados Unidos: o controle social através dos processos de normalização. No contexto americano, Sandra Scarr refere-se a um resultado, o da coesão social por meio da "socialização" de crianças economicamente desfavorecidas e pertencentes às minorias étnicas dentro da cultura dominante. Nos dois países, um motivo forte para o aumento do investimento público nas instituições dedicadas à primeira infância é o seu papel em programas de "assistência social ao trabalho", destinados a reduzir os pagamentos da Previdência Social e a reverter o percebido dano social e moral causado pela dependência prolongada desses pagamentos, através do estabelecimento da participação no mercado de trabalho como uma expectativa normativa de todos os adultos. Um terceiro resultado é a prevenção ou redução de problemas ou desordens posteriores no ensino, no emprego e na vida adulta, e os custos elevados que eles impõem à sociedade. O exemplo mais citado é o High/Scope Perry Pre-school Project, uma intervenção com 123 crianças negras pobres em uma cidade do Estado de Michigan, nos Estados Unidos, que concluiu que, para cada dólar de recursos públicos investidos, sete dólares eram posteriormente economizados, em especial, com a redução da criminalidade (Schweinhart, Barnes e Weikart, 1993).

Em todos estes exemplos, a instituição dedicada à primeira infância é entendida como um meio de intervenção social, capaz de proteger a sociedade dos efeitos da pobreza, da desigualdade, da insegurança e da marginalização. Ela oferece um tratamento quase médico, uma forma de imunização social ou medicação que vai reduzir os males sociais atuais ou proteger contra futura infecção. Em todos os casos, a instituição dedicada à primeira infância está incorporada em uma construção da criança pequena como fraca, dependente e "carente", "a criança pobre – a criança deficiente ou em risco, com capacidades limitadas, necessitando de proteção" (Dahlberg, 1995, p. 14), mas também potencialmente ameaçadora e anti-social.

Seja qual for o resultado e sejam quais forem os beneficiários imaginados das instituições dedicadas à primeira infância, a construção das instituições como produtores tem um tema comum. Como a maior parte das outras instituições para crianças, as instituições dedicadas à primeira infância são produzidas principalmente para servir os interesses dos adultos (Mayall, 1996) ou proteger as crianças deles. Elas constituem locais onde as crianças são influenciadas para produzir resultados predeterminados e desejados, locais onde as crianças são desenvolvidas, educadas, cuidadas, socializadas e compensadas. Se as instituições são propostas dentro dos interesses das crianças e da infância, como locais *para* as crianças e para a infância, em vez de locais onde as crianças são influenciadas, os adultos (ou, pelo menos, aqueles com o poder de tomar decisões) permanecem, como observam Sharon Kagan et al., "bastante desinteressados".

Esta construção da instituição dedicada à primeira infância como produtor de resultados traz à mente, como observa Lilian Katz na citação no início desta seção, a metáfora da fábrica, um local onde as crianças pequenas ("a matéria-prima") são processadas para reproduzir um corpo de conhecimento e valores culturais dominantes ("produtos pré-especificados") que vão equipá-las para se tornarem adultos adaptados às necessidades econômicas e sociais da sociedade, e/ou para proteger a sociedade das conseqüências de disfunção social, familiar e individual. Assim como a fábrica busca adotar métodos padronizados para a produção eficiente em qualquer lugar, também as instituições dedicadas à primeira infância buscam métodos de processamento eficazes que possam ser exportados e reproduzidos em qualquer lugar, independentemente do contexto, e expressos na linguagem de "modelos" ou "programas" e na pergunta "o que funciona?"

Há outra construção da instituição dedicada à primeira infância que está cada vez mais proeminente: como um negócio. As instituições dedicadas à primeira infância ainda são entendidas como produtoras, mas são também entendidas como negócios que competem em um mercado para vender seu(s) produto(s) – por exemplo, resultados desenvolvimentais, prontidão para a escola, cuidado em um lar substituto, prevenção de delinqüência posterior – para clientes ou consumidores, invariavelmente adultos, nunca crianças (que não dispõem dos meios para serem consumidores), com mais freqüência pais, mas também empregadores ou agências públicas.

Este desenvolvimento é novamente mais aparente na Grã-Bretanha e nos Estados Unidos. Nós últimos anos, esses países testemunharam uma enorme expansão dos mercados privados nos "serviços de cuidado à criança" (berçários, creches domiciliares, babás, etc.), competindo pelo interesse de um número crescente de pais que desejam cuidado e educação para seus filhos e de um número crescente de empregadores que desejam oferecer apoio ao "cuidado à criança" como parte do seu pacote de benefícios para o empregado. No entanto, o conceito também se firmou nos serviços públicos – por exemplo, nas instituições dedicadas à primeira infância na Suécia, no contexto de um deslocamento em direção a um sistema de Previdência Social mais orientado para o mercado, "o trabalho realizado nos centros de cuidado à criança é, em geral, comparado ao trabalho realizado nas empresas privadas" (Dahlberg e Åsén, 1994, p. 161).

Essas construções da instituição dedicada à primeira infância produzem construções correspondentes do profissional que trabalha com a primeira infância. Em primeiro lugar, ela é uma *técnica*, cuja tarefa é garantir a produção eficiente dos resultados da instituição, qualquer que seja sua estrutura como, por exemplo, transmitindo um corpo de conhecimentos predeterminado para a criança, ou dando suporte ao desenvolvimento da criança para garantir que cada marco seja atingido na idade certa. A tecnologia que ela administra incorpora uma série de normas ou padrões: onde a criança deve estar em seu atual estágio de desenvolvimento e o objetivo alcançável; que atividades são adequadas ao estágio de desenvolvimento da criança; quais são as respostas das perguntas que ela faz à criança, e assim por diante. Os resultados são conhecidos e prescritos, ainda que a criança possa ter alguma escolha e liberdade na maneira como os atinge. Sob a perspectiva foucaultiana, ela é o efeito do poder disciplinar, mas também exerce poder em seu trabalho com as crianças e com os pais, incorporando o discurso da psicologia do desenvolvimento que produz entendimentos da criança e molda a prática com ela.

Em segundo lugar, é uma *mãe substituta*, proporcionando um relacionamento próximo e íntimo com as crianças que estão a seu cargo. "Ela" é importante.

Devido à natureza feminina dos cuidados parentais, com as mães ainda encaradas como primariamente responsáveis pelo cuidado real, espera-se que ela seja uma mãe substituta. Isso, por sua vez, contribui para a produção de uma força de trabalho altamente feminina.

Por fim, ela é uma *empresária*. Deve comercializar e vender com sucesso o seu produto. Deve administrar a instituição para garantir alta produtividade e conformidade com os padrões, tendo, assim, um processo de produção eficiente.

A Instituição Dedicada à Primeira Infância, o Estado-Nação e o Capitalismo

Vistas à luz da perspectiva do projeto da modernidade, as instituições dedicadas à primeira infância têm sido cada vez mais consideradas uma tecnologia necessária para o progresso. Muitas construções da instituição dedicada à primeira infância, como, na verdade, de outras instituições para as crianças, como as escolas, incorporam uma idéia de redenção social através da aplicação da ciência às crianças, um ideal que tem influenciado fortemente a vida moderna (Popkewitz, 1998b). Essas instituições passaram a ser vistas não apenas como locais para a transmissão de conhecimento, mas também como locais onde problemas sociais e psicológicos podem ser solucionados com a aplicação cuidadosa das ciências comportamentais e sociais.

> Esta confiança emergente na ciência e na tecnologia, associada a uma visão romântica da pureza e da perfeição da criança, conduziu à percepção de que as crianças são os veículos adequados para a resolução dos problemas na sociedade. A idéia era a de que, se pudermos, de algum modo, intervir na vida das crianças, então a pobreza, o racismo, o crime, o abuso de drogas e quaisquer males sociais podem ser erradicados. As crianças tornaram-se instrumentos da necessidade da sociedade aperfeiçoar-se, e a infância tornou-se uma época em que os problemas sociais ou são resolvidos, ou são determinados como sendo insolúveis. (Hatch, 1995, p. 118-119)

Este tema redentor percorre a história das instituições dedicadas à primeira infância até os dias atuais. No entanto, podemos também perceber mudanças nas influências que moldam as instituições dedicadas à primeira infância e a seus propósitos. Readings (1996) declara que, diante das mudanças relatadas no capitalismo e do poder do Estado-nação discutidos no Capítulo 1, as universidades estão se transformando de um braço ideológico do Estado-nação, lutando para reconhecer a idéia de uma cultura e identidade nacionais, em corporações burocraticamente organizadas e relativamente orientadas para o consumidor, a serviço do capitalismo transnacional.

> A fusão global e a divisão nacional seguem e trabalham juntas para eliminar o vínculo do Estado-nação com a vida simbólica que tem constituído a idéia da "cultura nacional" desde o século XVIII. Atualmente é inútil buscar o destino da universidade em sua capacidade de compreender a essência de um Estado-nação e de seu povo... Os alunos contemporâneos são mais consumidores do que sujeitos nacionais... O consumismo é um sinal de que o indivíduo não é mais uma entidade política, não está submetido ao Estado-nação. (1996, p. 51,53)

Apesar de isso não estar tão claro quanto está em relação à universidade, podemos ainda ver como estas mudanças econômicas e políticas afetaram as instituições dedicadas à primeira infância. Já comentamos como o desenvolvimento das instituições dedicadas à primeira infância na Suécia estava intimamente relacionado ao desenvolvimento de uma visão da sociedade sueca e à formação de um Estado-nação moderno, industrializado. De modo equivalente, na França, as *écoles maternelles*, ou berçários, estavam intimamente ligadas ao Estado-nação, sendo encaradas como um meio de introduzir a criança pequena francesa à cidadania e aos valores cívicos. Como outro exemplo, o governo britânico expandiu com rapidez a provisão de berçários durante a Segunda Guerra Mundial, dentro dos interesses do Estado-nação, visando a garantir um suprimento de mão-de-obra feminina para as indústrias de guerra (depois reduziu essa provisão quando a guerra terminou e foi decidido que a prioridade nacional era o emprego para os homens desmobilizados das forças armadas).

Todavia, o crescimento mais recente das instituições dedicadas à primeira infância, mais ou menos nas três últimas décadas, pode ser visto como relacionado ao enfraquecimento do Estado-nação e ao crescimento do capitalismo global desregulado discutido no Capítulo 1. Em um mundo em que o econômico não está mais subjugado ao político, e o capitalismo "engoliu" o conceito de Estado-nação, estados-nação cada vez mais impotentes tornam-se cada vez mais administrativos (Readings, 1996), procurando atrair as corporações transnacionais, proporcionando condições para investimentos lucrativos. Entre as condições está a garantia de um suprimento imediato de mão-de-obra competitiva, o que significa números suficientes de mulheres e de homens em seus "principais anos de trabalho" (isto é, entre 25 e 50 anos de idade), com as habilidades requeridas no local de trabalho moderno e com o preparo para trabalhar de maneira "flexível" e intensa.

Neste cenário, as instituições dedicadas à primeira infância são um meio necessário para garantir suprimento de mão-de-obra, oferecendo cuidado aos filhos da força de trabalho atual e, é afirmado, melhorando o desempenho da futura força de trabalho. Enquanto a predominância do econômico sobre o político, do capitalismo transnacional sobre o Estado-nação, está mais refletida na linguagem dos negócios, na administração e no consumismo que cada vez mais permeiam as instituições dedicadas à primeira infância, seus propósitos e sua prática. Nesse contexto, como já foi observado, as instituições dedicadas à primeira infância estão sendo cada vez mais encaradas como empresas, quer operando como "prestadores de serviço" autônomos visando ao lucro em um mercado privado, como em grande parte do mundo de língua inglesa, quer operando em um sistema financiado e administrado publicamente, como na Suécia.

Entretanto, as coisas não são assim tão simples quanto este esboço pode sugerir. Muitos discursos diferentes estão interagindo, como podemos ver se considerarmos o caso da Suécia. Em tempos recentes, as instituições dedicadas à primeira infância na Suécia foram integradas ao sistema educacional *nacional* (anteriormente pertenciam ao sistema da Previdência Social) e conseguiram seu primeiro currículo *nacional*, o que pode sugerir uma associação ainda mais próxima com o Estado-nação. Ao mesmo tempo, no entanto, podemos observar como as autoridades locais, que estão, de fato, a cargo destas instituições, estão abandonando a justificativa dessas instituições como veículos para a cultura e para os objetivos nacionais. Na verdade, foi iniciado um processo de redefinição em que as instituições dedicadas à primeira infância, mesmo que ainda financiadas pelo Estado, estão mudando de uma relação ideológica muito próxima com o Estado para uma organização mais burocrática, relativamente autônoma e orientada para o consumidor; a mesma transformação está ocorrendo entre as próprias autoridades locais, as quais se comportam cada vez mais como organizações autônomas orientadas para o consumidor, em vez de centros políticos e culturais relacionados ao Estado-nação. Antes relacionadas ao bem comum, tanto as instituições como as autoridades estão cada vez mais se transformando em empresas comerciais (Dahlberg, 1998; Dahlberg e Åsén, 1994).

Neste processo, pais e filhos serão construídos e pensados em si mesmos cada vez menos como membros de uma comunidade e cada vez mais como consumidores de serviços, algo que também é óbvio na retórica. Mesmo que o lucro ainda não esteja na agenda, a linguagem do gerenciamento econômico e da livre escolha está introduzida, e palavras como *pais* estão sendo trocadas por palavras como *consumidores*. Essa mudança na linguagem simboliza um deslocamento em que as instituições dedicadas à primeira infância não são mais vistas como essencialmente ideológicas e ligadas a auto-reprodução do Estado-nação. Elas se tornaram um recurso humano para o mercado, em vez de um meio para o desenvolvimento de uma cultura nacional. Nesse processo, em que o sistema dedicado à primeira infância deixa de ser uma instituição conectada ao Estado-nação e passa a ser uma organização empresarial a serviço das necessidades dos negócios, o conhecimento em si passou a ser comercializado como informação e como um bem que pode ser vendido em um mercado (Bernstein, 1990; Dahlberg, 1998).

Em uma situação como esta, é fácil se tornar nostálgico ou entrar em desespero cínico quando a missão perdida da educação liberal se torna visível. É assim também que podemos entender a luta que podemos ver hoje no sentido de voltar ao projeto do Iluminismo e ao relacionamento que ele estabelece entre as instituições e o Estado-nação, a cultura nacional e a identidade nacional. Mas dada a complexidade do espaço em que as instituições dedicadas à primeira infância estão presentemente localizadas, não consideramos mais proveitoso fazer isso.

Olhando para trás, não queremos abandonar a esperança de que estas instituições ainda possam ser conectadas às tarefas sociais, políticas e culturais mais amplas do Estado-nação. Entretanto, trabalhando mais de perto com a crítica pós-moderna do projeto modernista, estamos agora mais conscientes das dificuldades ligadas à concretização de tal esperança. Não podemos mais situar as instituições dedicadas à primeira infância apelando para valores da razão como o objetivo predeterminado a ser buscado, nem para valores como autonomia e cultura. Esses valores foram constituídos através das metanarrativas da modernidade e, por isso, têm funcionado como um meio de unificação, normalização e totalização. De que modo, então assumir uma posição contra o consumismo antes que o cuidado e a educação à primeira infância iniciem irrevogavelmente o caminho da sua transformação em negócios burocráticos dedicados ao serviço do capitalismo global?

A CONSTRUÇÃO DA INSTITUIÇÃO DEDICADA À PRIMEIRA INFÂNCIA COMO UM FÓRUM NA SOCIEDADE CIVIL

Sociedade Civil

> A palavra "sociedade civil" dá nome ao espaço da associação humana não-coagida e ao conjunto de redes relacionais – formadas em prol da família, da fé, do interesse e da ideologia – que preenchem esse espaço. (Walzer, 1992, p. 92)

> A participação não é vista como uma atividade que existe apenas e o mais verdadeiramente possível em um reino político estritamente definido, mas como uma atividade que pode ser realizada nas esferas sociais e culturais... Essa concepção da participação, a qual enfatiza a determinação de normas de ação através do debate prático de todos afetados por elas, tem a vantagem característica de articular uma visão da verdade política com as realidades das sociedades modernas complexas. (Benhabib, 1992, p. 104-105)

Os números crescentes de instituições dedicadas à primeira infância na maioria dos países do Mundo Minoritário são parte de um deslocamento recente da "reprodução", incluindo o cuidado e a educação de crianças pequenas, para fora do domínio privado do lar e da família ampliada (embora esses permaneçam muito importantes). No entanto, quando isto acontece, para onde a "reprodução" se desloca? No caso das instituições dedicadas à primeira infância, há escolhas. O local onde elas estão localizadas tem implicações para a construção social da instituição dedicada à primeira infância: o que pensamos que elas são, como entendemos seus propósitos. Em muitos casos, as instituições dedicadas à primeira infância têm se situado sob o domínio do Estado (isto é, são proporcionadas pelo governo central ou local) ou sob o domínio econômico (isto é, são proporcionadas pelo local de trabalho ou são empresas operando em um mercado privado). Mas as instituições dedicadas à primeira infância podem ser situadas em um domínio diferente – a sociedade civil.

A sociedade civil tem vários significados contraditórios. Por exemplo, a teoria liberal da democracia, cujas origens estão no desenvolvimento da teoria de Hobbes de Locke, considerava a sociedade como constituída por duas esferas: o Estado e a sociedade civil, esta última considerada como uma sociedade de indivíduos integrados apenas através de suas relações econômicas. O Estado é diferenciado da vida social e deve restringir sua intervenção na sociedade civil a fim de proteger os direitos individuais, em particular o direito à propriedade. Em contraste a isso, a teoria republicana, remontando à sociedade grega, distingue o Estado da família e encara o Estado como a única forma de esfera pública e a única possibilidade de vida social; não há distinção entre a sociedade política e a sociedade civil. Como na teoria liberal, o Estado não lida com questões econômicas; ao contrário da teoria liberal, deve estar envolvido com a realização da vida boa.

Nosso entendimento da sociedade civil é também um pouco diferente. Ela tem muito em comum com a definição da sociedade civil "como uma esfera de interação social entre a economia e o Estado, composta, acima de tudo, pela esfera íntima (especialmente a família), pela esfera das associações (especialmente as associações voluntárias), pelos movimentos sociais e pelas formas de comunicação pública" (Cohen e Arato, 1992, p. ix). Entretanto, encararíamos a "esfera íntima" como uma distinta e quarta área, separada, mas relacionada com o Estado, com a economia e com a sociedade civil. Por isso, a sociedade civil pode ser vista como estando entre e em relacionamento com essas outras três áreas e com suas instituições (por exemplo, o governo em diferentes níveis: o mercado, as organizações de trabalho e os sindicatos; os lares e as famílias). A sociedade civil é "o espaço de associação humana não-coagida", onde os indivíduos podem se unir para se envolverem em atividades de interesse comum, as quais podem ser de muitos tipos – cultural, social, econômico e político.

Entre as características definidoras da sociedade civil, Cohen e Arato referem-se aos *movimentos sociais* e às *associações*. Desde a década de 60, tem havido uma forte emergência do que Melucci (1989) chama movimentos sociais novos. Eles têm sido analisados em relação à mudança econômica e à evolução continuada do capitalismo, ganhando terreno em oposição a movimentos políticos mais antigos, como os partidos políticos populares e os sindicatos, os quais foram construídos em torno de identidades de classe homogêneas e estáveis produzidas durante o período do "capitalismo organizado" e do industrialismo. Os movimentos sociais novos refletem o enfraquecimento e a fragmentação dessas identidades em sociedades pós-industriais cada vez mais complexas e uma nova fase do que tem sido denominado de "capitalismo desorganizado". Eles também têm sido analisados sob uma perspectiva pós-moderna, incorporando a "morte das metanarrativas" e uma nova "política da diferença", que chama atenção para as particularidades do grupo, do local, da comunidade e da história (Kumar, 1995).

Por isso, os movimentos sociais novos podem ser vistos como uma expressão do que tem sido denominado democracia radical e plural, que reage à complexidade, à fluidez e à ambigüidade da identidade, e na qual a "diferença é construída como a condição da possibilidade do ser" (Mouffe, 1996b, p. 246). Ao invés de um conceito essencialista de grupos com interesses e identidades determinados, estáveis e coerentes, os movimentos sociais novos podem ser vistos como abrindo possibilidades para formas de alianças deslocadas que reconhecem interesses e identidades múltiplos. Sendo assim, o consenso é uma utopia perigosa, ameaçando absorver a diversidade em uma singularidade e harmonia sufocantes e opressivas, enquanto que "o reconhecimento da impossibilidade de decidir é a condição de existência da política democrática" (Mouffe, 1996b, p. 254). O conflito e a confrontação, longe de serem sinais de imperfeição, indicam uma democracia que é viva e habitada pelo pluralismo: "por isso, nas palavras de Derrida, a democracia estará sempre 'por vir', atravessada pela impossibilidade de decidir e para sempre mantendo em aberto o seu elemento de promessa" (Mouffe, 1996a, p. 11).

De particular importância para o nosso tema, Melucci enxerga os movimentos sociais como construções sociais, nas quais uma identidade coletiva é construída por um processo interacional. São sistemas de ação, redes complexas conectando muitos elementos diferentes que, através da comunicação, da negociação e da confrontação entre os atores envolvidos produzem significado, decisões e ação coletiva. Segundo Melucci, sem os desafios que esses novos movimentos colocam, as sociedades complexas não seriam capazes de colocar questões sobre o significado e não poderiam desafiar a sabedoria aceita ou o discurso dominante.

Alguns cientistas sociais da atualidade, incluindo muitas feministas, consideram que rejeitar uma perspectiva universal e essencialista coloca em risco o ideal democrático do Iluminismo. Entretanto, parece-nos que isso abre a possibilidade de um novo entendimento da democracia nos tempos pós-modernos, o qual pretende evitar a opressão de reduzir a nossa identidade a uma posição isolada e constante – seja ela a classe, a raça, o gênero, seja o que for. Esse novo entendimento da democracia requer novas formas de ação coletiva e a proliferação de espaços ou fóruns públicos em que essa ação tenha lugar. Melucci encontra nos movimentos sociais novos um potencial para novas formas societárias de ação coletiva e, assim, uma ampliação da democracia em sociedades complexas. A ação coletiva não precisa mais ser canalizada apenas por meio do Estado estabelecido e das instituições econômicas (parlamento, sindicatos, etc.), mas pode também ser expressa por meio de instituições democráticas situadas na estrutura da sociedade civil; não é uma questão de "ou/ou", mas de "e/também".

Cohen e Arato também enfatizam o potencial democrático da sociedade civil por meio de

> uma noção de movimentos democratizantes autolimitados que buscam expandir e proteger os espaços tanto para a liberdade negativa quanto para a liberdade positiva...* Os direitos à comunicação, reunião e associação, entre outros, constituem as esferas pública e associacional da sociedade civil, como esferas de *liberdade positiva* nas quais os agentes podem debater coletivamente questões de interesse comum, agir de comum acordo e exercer influência sobre a sociedade política (e potencialmente econômica). (1992, p. 17, 23, ênfase original)

A associação é uma característica importante da sociedade civil. Em seu estudo do governo regional italiano, o cientista político americano Robert Putnam (1993) descreve as associações civis como redes de envolvimento cívico que "representam uma intensa interação horizontal", citando como exemplos "associações de bairro, sociedades musicais, cooperativas, clubes esportivos, partidos políticos populares e coisas do tipo". Ele argumenta que as associações civis dão uma contribuição importante para a eficácia da vida econômica e do governo democrático, demonstrando que as regiões italianas com economias bem-sucedidas e governos regionais (em particular, a região de Emilia Romagna, onde está localizada Reggio Emilia) também têm o maior número de associações civis. O fundamental para entender este relacionamento é o que Putnam chama "capital social" – confiança, reciprocidade, respeito e outras características de organização social que são uma importante condição para o sucesso

---

*N. de T. No texto original, *negative liberty and positive freedom*. Em inglês, os termos *freedom* e *liberty* têm significados um pouco diferentes. *Freedom* tem um amplo escopo de uso, significando desde a total ausência de restrições até apenas uma sensação de não se estar indevidamente constrangido ou frustrado, o "estado" de não se estar restringido para agir ou sentir. *Liberty* sugere a libertação de alguma restrição ou controle anteriores, ou previamente estabelecidos, o "direito" ou privilégio concedido por uma autoridade. Como em português só possuímos uma palavra correspondente a ambas, optamos por utilizar *liberdade* para a tradução de *freedom* e *Liberdade* para traduzir *liberty*.

econômico e político de uma sociedade. Redes de associações civis constituem "uma forma essencial de capital social", instilando em seus membros hábitos de cooperação, solidariedade e vitalidade pública: "quanto mais densas essas redes em uma comunidade, maior a probabilidade de seus cidadãos serem capazes de cooperar para o benefício mútuo" (1993, p. 173).

Fóruns na Sociedade Civil

As instituições dedicadas à primeira infância podem ser entendidas como *fóruns públicos situados na sociedade civil em que crianças e adultos participam juntos em projetos de importância social, cultural, política e econômica*. Antes de considerar tais projetos com mais detalhes, precisamos examinar o conceito de um "fórum".

Os fóruns são uma característica importante da sociedade civil. Se a sociedade civil é o local onde os indivíduos – crianças, jovens e adultos – podem se unir para participar e se envolver em atividades ou projetos de interesse comum e ação coletiva, os fóruns são locais onde acontece essa reunião, esse encontro. Eles têm muito em comum com o conceito de "associação civil" de Putnam e com o conceito de "espaço público" descrito abaixo por Henri Giroux (1989, p. 201) em relação à escola:

> A escola é melhor entendida como uma comunidade organizada, um *locus* para a cidadania... Para aproximar mais as escolas do conceito de comunidade organizada, é necessário defini-las como espaços públicos que buscam retomar a idéia de democracia crítica e comunidade ... Por "espaço público" eu entendo, como também o entendia Hannah Arendt, um conjunto concreto de condições de aprendizagem onde as pessoas se reúnem para falar, para se envolver em diálogo, para compartilhar suas histórias e para lutar juntas através de relações sociais que fortaleçam, em vez de enfraquecer, as possibilidades de uma cidadania ativa.

Os fóruns proporcionam um *locus* para a cidadania ativa através da participação na ação coletiva e na prática da democracia. Uma sociedade civil forte e vibrante requer tal tipo de envolvimento por parte de cidadãos ativos em fóruns – e dessa atividade podem advir movimentos sociais novos. Por isso, os fóruns podem ser entendidos como instituições democráticas, operando além de "um reino político estreitamente definido" nas "esferas sociais e culturais". Mas isso não significa que eles sejam substitutos para as instituições políticas. Eles são complementares, representando uma nova arena política autônoma ao lado de arenas mais institucionalizadas (como o Estado e o mercado), oferecendo uma esfera ampliada para a operação da política. As instituições políticas podem apoiar a idéia e promover a disponibilidade de fóruns, enquanto os fóruns proporcionam oportunidades no âmbito da sociedade civil para os políticos (como representantes das instituições políticas do Estado) e para outras pessoas se reunirem buscando envolver-se em questões de interesse comum. Realizar efetivamente tal tarefa – para os fóruns envolverem políticos e outras pessoas no diálogo – requer *descentralização* da autoridade política para o nível mais local possível para os sujeitos do envolvimento, como a pedagogia para as crianças menores e maiores (em idade escolar) e para os serviços sociais pessoais.

A operação do fórum como um *locus* de participação e diálogo, permitindo que os políticos e outras pessoas se envolvam ativa e produtivamente, aprofundem seu entendimento, também requer procedimentos e condições que dêem suporte a essa função. Alguns procedimentos têm sido desenvolvidos, especificamente nas instituições dedicadas à primeira infância, e podem ter uma aplicabilidade mais ampla. Eles incluem a *documentação*, a qual, em Reggio, tem sido considerada como "um processo democrático para informar o público sobre os conteúdos das [instituições dedicadas à primeira infância]" (Rinaldi, 1993, p. 122); e a participação dos "ajudantes sábios", como o *pedagogista* ou os conselheiros pedagógicos e filósofos, outra característica de Reggio. Ambos são discutidos em maiores detalhes nos Capítulos 6 e 7.

Eles também requerem "as condições de *respeito moral universal* e *reciprocidade igualitária*" (Benhabib, 1992, p. 105). O princípio do respeito moral universal diz respeito ao "direito de todos os seres capazes de falar e agir participarem da conversação moral", o que implica na participação de crianças. Já o princípio da reciprocidade igualitária requer que cada participante tenha os mesmos direitos "a vários atos de fala, a introduzir novos tópicos, a buscar reflexão sobre os pressupostos da conversa". O cultivo de habilidades morais e cognitivas é também importante, como, por exemplo, a capacidade "para reverter perspectivas, ou seja, a disposição para raciocinar segundo o ponto de vista dos Outros, a sensibilidade para ouvir a sua voz" e a capacidade para enxergar o Outro como igual, mas diferente. Esses procedimentos e essas condições contribuem não só para a participação democrática e para a prática em fóruns, mas também para a ética de um encontro.

Entretanto, é importante reconhecer que a aplicação inclusiva e perfeita desses procedimentos e dessas condições é improvável. Eles são extremamente exigentes e podem nem sempre obter um acordo universal. O consenso pode não ser requerido nem desejado, e o conflito ou a confrontação pode ser considerado um elemento saudável do diálogo, mas o desacordo pode se tornar destrutivo. Há questões de poder que podem reduzir possibilidades de participação e diálogo. De muitas maneiras, estamos oferecendo uma construção ideal, como gostaríamos que as coisas fossem, mas, na prática, as coisas são imprevisíveis, não podemos ter certeza do caminho que irão seguir. O fórum na sociedade civil é uma possibilidade digna de luta, não uma certeza garantida de sucesso pelo simples fato de se seguir as instruções.

A Instituição Dedicada à Primeira Infância como um Fórum na Sociedade Civil

Parece-nos que as instituições dedicadas à primeira infância têm a possibilidade de ser fóruns na sociedade civil. Mas esta é uma escolha a ser feita e uma aspiração a ser trabalhada; não o são assim inerentemente. Para serem fóruns, as instituições dedicadas à primeira infância devem optar por se entender como tal e assumir ativamente a tarefa. Devem situar-se na sociedade civil, e não no Estado ou na economia, relacionando-se com essas duas esferas, mas permanecendo separadas delas.

As instituições dedicadas à primeira infância que desejam ser fóruns na sociedade civil precisam estar abertas a *todas* as famílias com crianças pequenas – tanto às crianças como aos adultos – e ao mundo. O acesso não deve ser restrito pelo custo ou pelos critérios de admissão, como, por exemplo, a situação de emprego dos pais. As instituições dedicadas à primeira infância que operam apenas como negócios no mercado privado ou para os funcionários de determinados empregadores estão situadas na esfera econômica; também não podem ser fóruns na sociedade civil. Para isso, as instituições dedicadas à primeira infância devem ser quase ou totalmente financiadas por recursos públicos (mas não, de modo necessário, com uma administração pública) e disponíveis como um direito para todas as crianças do lugar, e como tal não devem ser apenas fóruns, mas também instituições comunitárias. Para isso, os empregadores podem dar uma contribuição importante, pagando uma parte eqüitativa de taxas a partir das quais as instituições dedicadas à primeira infância, abertas a todas as crianças, possam ser adequadamente providas de recursos. Eles podem também contribuir envolvendo-se nos fóruns constituídos pela instituição dedicada à primeira infância, junto a outros adultos e a outras crianças.

De alguns anos para cá tem havido um declínio disseminado na vitalidade da vida pública, fato marcado por índices de participação decrescentes em várias atividades e por um notável retorno à vida e às atividades privadas (Kumar, 1995; Putnam, 1995). Muitos tipos de associação civil ou fórum, que floresceram na sociedade industrial, estão em declínio há longo tempo, como, por exemplo, as orquestras de mineiros ou os clubes operários em certas comunidades inglesas, onde sua importância reduziu-se com o retraimento das minas de carvão e da indústria metalúrgica. As instituições dedicadas à primeira infância estão cada vez mais por todos os lugares. Elas oferecem a possibilidade de fazer parte de uma nova geração de fóruns e de associações cívicas, incorporados e ligados ao mundo em que vivemos hoje, o que poderia revitalizar a esfera pública através de uma rica variedade de projetos.

Não se trata de fé naquilo que se quer que seja verdade. As instituições dedicadas à primeira infância em Reggio Emilia podem ser vistas como exemplos vivos das instituições dedicadas à primeira infância como fóruns na sociedade civil. Influenciadas pela teoria dos sistemas, elas se consideram sistemas de relacionamentos e comunicações localizados no interior dentro do sistema mais amplo da sociedade, e intrincadamente parte dele, ligadas de modo estreito à sua comunidade local, incluindo as famílias e o governo local. Reggio também não está sozinha: há muitos exemplos, de muitos países, de instituições dedicadas à primeira infância começando a assumir esse papel e começando também a explorar as oportunidades que ele proporciona.

Os Projetos da Instituição Dedicada à Primeira Infância

Se as instituições dedicadas à primeira infância podem constituir fóruns na sociedade civil, em que crianças e adultos podem participar juntos em projetos de importância social, cultural, política e econômica, *quais são esses projetos*? Não pode haver uma agenda final, definitiva. A determinação de quais são eles – a resposta à pergunta básica "para que servem as instituições dedicadas à primeira infância?" – é um dos projetos políticos da instituição como fórum, assim como da sociedade mais ampla; esta é uma questão de contínuo diálogo entre crianças e adultos, incluindo políticos locais e nacionais. A única generalização que pode ser feita é que a instituição dedicada à primeira infância, vista como um fórum na sociedade civil, é um local *para* as crianças viverem suas infâncias. É uma característica permanente da comunidade que oferece muitas oportunidades e possibilidades, nem sempre reconhecíveis desde o início, e não uma intervenção de duração determinada, com propósitos conhecidos e resultados predeterminados.

Apesar de não saber com certeza o que os projetos das instituições dedicadas à primeira infância devem ser ou serão, podemos sugerir quatro possibilidades à guisa de ilustração. Antes de tudo está *o projeto do trabalho pedagógico ou aprendizagem*. Argumentamos no Capítulo 3, à luz de uma perspectiva pós-moderna, que o conhecimento e a identidade são construídos e que a construção ocorre não devido às crianças pequenas terem sido ensinadas, mas devido ao que as próprias crianças fazem, como uma conseqüência de suas atividades, relacionamentos e dos recursos a elas disponíveis – por estarem em relação e diálogo com o mundo. Quando o encontro humano é a base da pedagogia e dos relacionamentos éticos, então, facilitar e realizar esses encontros torna-se o "verdadeiro" papel das instituições dedicadas à primeira infância. Encarada assim, a instituição dedicada à primeira infância proporciona um espaço para atividades e relacionamentos, permitindo a co-construção de conhecimento e identidade. Uma idéia similar para criar espaços públicos para a aprendizagem dialógica inspirou o trabalho de Paulo Freire no Brasil, nesse caso, em projetos para a educação de adultos:

> [Os centros culturais] eram grandes espaços que abrigavam círculos culturais, bibliotecas volantes, apresentações teatrais, atividades recreativas e eventos esportivos. Os círculos culturais eram espaços onde o ensino e a aprendizagem ocorriam de uma maneira dialógica. Eram espaços para o conhecimento, para o saber, e não para a transferência de conhecimento; locais onde o conhecimento era produzido, e não apenas apresentado ou imposto ao aprendiz. Eram espaços onde eram criadas novas hipóteses para a interpretação do mundo. (Freire, 1996, p. 121)

Mais especificamente, as instituições dedicadas à primeira infância proporcionam às crianças ferramentas e recursos para explorar e resolver problemas, negociar e construir significado. Isso inclui o trabalho de projeto temático baseado na experiência do cotidiano, oferecendo às crianças a possibilidade de se expressarem em muitas linguagens; o apoio e a inspiração de profissionais que refletem; oportunidades para pequenos grupos de crianças trabalharem juntos na exploração e na interpretação do mundo que os cerca e, sendo assim, assumindo a responsabilidade por sua própria aprendizagem ou pela construção de conhecimento. A instituição dedicada à primeira infância oferece uma pedagogia baseada nos relacionamentos, no diálogo e na ética de um encontro. Tal pedagogia reconhece que a criança está co-construindo conhecimento, e não sendo ensinada por um corpo portador de conhecimento; e que a produção de conhecimento e a construção de significado são realizados no relacionamento com outros co-construtores, tanto adultos como crianças, que devem não apenas levar a sério as idéias e as teorias da criança pequena, mas estar prontos para confrontá-las e desafiá-las.

Este projeto pedagógico das instituições dedicadas à primeira infância, no qual as crianças são entendidas como estando ativamente envolvidas na co-construção do seu próprio conhecimento e do conhecimento dos outros, foi descrito por Loris Malaguzzi, referindo-se ao trabalho pedagógico em Reggio Emilia:

> Quanto mais ampla a extensão de possibilidades que oferecemos às crianças, mais intensas serão suas motivações e mais ricas as suas experiências... Todas as pessoas terminam descobrindo as surpreendentes e extraordinárias forças e aptidões das crianças, ligadas a uma necessidade inesgotável de expressão. As crianças são autonomamente capazes de construir significado a partir das experiências – o papel dos adultos é ativar as competências de construção de significado das crianças ...Entre a aprendizagem e o ensino, nós [em Reggio Emilia] exaltamos a primeira; o objetivo do ensino é proporcionar condições para a aprendizagem. (Malaguzzi, 1993b, p. 72-73, 77)

Como já discutimos no capítulo anterior, este ideal de trabalho pedagógico pressupõe as instituições dedicadas à primeira infância que são permeadas pela participação ativa e por uma cultura reflexiva, estando abertas a, e envolvidas no diálogo com o mundo circundante. Ele assume um interesse ativo no tempo em que vivemos, como as questões que dizem respeito ao nosso ambiente, à paz, à justiça, à coexistência humana e a novos debates e a novas realizações na ciência e na filosofia. Kirsti Hakkola, pedagoga finlandesa, expressou essa idéia de uma maneira muito evocativa em relação à sua instituição dedicada à primeira infância em Helsinki: "Quero que a nossa pré-escola seja uma pré-escola sem muros, situada em uma praça pública."

O segundo projeto importante, já introduzido na discussão precedente dos fóruns, é *promover uma democracia local, informada, participativa e crítica*. As instituições dedicadas à primeira infância têm o potencial de ser lugares onde os pais, os políticos e outros (incluindo empregadores, sindicatos e os cidadãos em geral) podem se unir aos pedagogos e às crianças para se envolverem no diálogo sobre uma série de temas. Não há uma agenda fechada e definida de temas, mas vários temas podem ser sugeridos.

Antes de tudo, as instituições dedicadas à primeira infância como fóruns na sociedade civil proporcionam uma oportunidade para *a construção de um novo discurso público sobre a primeira infância* em si, uma parte importante do que poderia ser denominado uma "política da infância". Sendo assim, as instituições dedicadas à primeira infância são um local óbvio para a discussão pública de questões, como o trabalho pedagógico, e de indagações, como: De que maneira entendemos a primeira infância? O que é a nossa construção da criança pequena? Qual é o relacionamento entre as crianças pequenas e a sociedade? Como discutiremos mais detalhadamente no Capítulo 7, que diz respeito à documentação pedagógica, isso requer primeiramente que problematizemos os regimes discursivos dominantes na prática pedagógica e nas ciências sociais e comportamentais, incluindo as construções da criança, das instituições dedicadas à primeira infância e do trabalho dessas instituições que elas produzem. Desse modo, o caminho está aberto para a reconstrução de imagens alternativas da criança, das instituições dedicadas à primeira infância e da pedagogia da primeira infância.

Entendido assim, o trabalho com os pais não significa os pedagogos proporcionando aos pais informações não-contextualizadas e não-problematizadas sobre o que eles (os pedagogos) estão fazendo, nem "educar" os pais na "boa" prática, transmitindo-lhes uma versão simplificada de uma tecnologia do desenvolvimento e da educação da criança. Ao contrário, significa que tanto os pais como os pedagogos (e outras pessoas) devem entrar em um relacionamento reflexivo e analítico envolvendo o aprofundamento do entendimento e a possibilidade de realizar julgamentos sobre o trabalho pedagógico (dentro do "discurso da construção de significado" discutido no Capítulo 5), no qual a documentação pedagógica (discutida no Capítulo 7) desempenha um papel importante. A "participação dos pais" nesse contexto é mais uma descrição da prática democrática do que um meio de controle social ou de transferência tecnológica.

Outro tema para uma política da infância pode ser chamado *questões da "vida boa"*. No caso das instituições dedicadas à primeira infância, as questões da "vida boa" podem incluir "o que queremos para nossos filhos?" e "o que é uma boa infância?". O fato de usarmos a expressão *vida boa* não significa que supomos que haja uma verdadeira vida boa a ser descoberta e vivida, uma concepção da boa vida que se mostre igualmente aceitável para todos. Podem haver muitas concepções em uma democracia plural. No entanto, a questão é que a instituição dedicada à primeira infância, como um fórum, proporciona oportunidades para se entrar no diálogo com outras pessoas sobre questões da vida boa e a possibilidade de buscar alguma medida de acordo sem qualquer garantia, ou necessidade, de se chegar a um acordo.

> Pode muito bem ser que os discursos não produzam concepções da vida boa igualmente aceitáveis para todos... [Mas] é crucial que encaremos nossas concepções da vida boa como questões em relação às quais o debate intersubjetivo é possível, ainda que o consenso intersubjetivo, deixadas de lado a legislação, nessas áreas, permaneça indesejável. Entretanto, somente por meio desses processos argumentativos poderemos... tornar nossa concepção da vida boa acessível à reflexão moral e à transformação moral. (Benhabib, 1990, p. 349-350)

Uma terceira área temática possível diz respeito ao *relacionamento entre o emprego e o cuidado das crianças*. Ao mesmo tempo em que proporcionam cuidado e permitem aos pais participar do mercado de trabalho, as instituições dedicadas à primeira infância podem também proporcionar oportunidades para que o relacionamento entre o emprego e o cuidado dos filhos seja problematizado e debatido, com as crianças e com os adultos – incluindo os pais, políticos, empregadores e sindicalistas – envolvendo-se em um diálogo crítico baseado na prática e na experiência real. Dessa maneira, a instituição dedicada à primeira infância pode evitar um conluio acrítico com as demandas do mercado de trabalho, por mais antipáticas que elas possam ser aos cuidados dos pais, e resistir ao papel mecanicista de simplesmente garantir um suprimento de mão-de-obra adequado (desse modo, sendo reduzida a ter a mesma função que um estacionamento de uma empresa ou uma cantina para os funcionários). Em vez disso, ela pode se tornar um espaço para o debate democrático e para o aprofundamento do entendimento sobre a questão importante do relacionamento entre a produção e a reprodução e, de modo mais geral, entre o capitalismo e a sociedade, conduzindo, por sua vez, à possibilidade de diálogo e de ação.

O projeto democrático da instituição dedicada à primeira infância pode também ser incorporado no próprio trabalho pedagógico, como tem acontecido na Escandinávia, onde as idéias de bem comum e democracia têm sido sempre influentes. Por exemplo, o sistema dinamarquês de instituições dedicadas à primeira infância presta muita atenção aos valores democráticos, nas diretrizes do governo que enfatizam que as crianças devem ser ouvidas, no treinamento de pedagogos e na vida cotidiana das próprias instituições. É entendido que a democracia envolve "o direito da criança de desempenhar um papel ativo e criativo na sua própria vida – desde os primeiros anos de vida"; a experiência da democracia nas instituições dedicadas à primeira infância que "vai conduzir a [a obtenção da criança de] um entendimento e a uma percepção da democracia moderna" (Lauridsen, 1995, p. 3).

Esta visão de um projeto democrático para a instituição dedicada à primeira infância pode estar relacionada à nossa discussão anterior de novas formas societárias de democracia situadas na sociedade civil. As instituições dedicadas à primeira infância, operando como fóruns em que há uma prática democrática ativa tratando de questões importantes – e entendemos que a primeira infância e o trabalho pedagógico são questões muito importantes –, têm o potencial de contribuir para a ampliação da democracia em sociedades pós-industriais complexas. De modo mais específico, elas podem fazer parte de uma reconstrução da democracia no âmbito local, baseada em novos relacionamentos entre os representantes eleitos de instituições políticas estabelecidas (autoridades locais, municipalidades, comunas*, governos regionais) e novos fóruns democráticos. Podemos também observar no trabalho pedagógico realizado em Reggio Emilia e na maneira como ele tem inspirado o trabalho pedagógico em muitos outros lugares (o tema do Capítulo 6) que as instituições dedicadas à primeira infância têm o potencial de gerar novos movimentos sociais.

Os projetos precedentes – o trabalho pedagógico como co-construção de conhecimento e identidade e como abertura a novas possibilidades para a democracia – podem ser encarados como uma contribuição para *o exercício da liberdade*, entendido em um sentido foucaultiano como ser capaz de pensar criticamente – pensar a oposição, promover a "indocilidade reflexiva" – e, desse modo, obter maior controle das nossas vidas, questionando a maneira como enxergamos o mundo e aumentando a nossa capacidade para moldar nossa própria subjetividade. Pensar de modo crítico nos possibilita desmascarar e nos libertar dos discursos, dos conceitos e das construções existentes e, ainda, nos mover no sentido de produzir discursos, conceitos e construções diferentes. É

> uma questão de pôr para fora... o pensamento e tentar mudá-lo: mostrar que as coisas não são tão auto-evidentes quanto se acreditava, enxergar que o que é aceito como auto-evidente não será mais aceito como tal. Praticar o criticismo é uma questão de tornar difíceis fáceis atitudes... Quando se deixa de pensar as coisas como anteriormente se pensava, a transformação torna-se muito urgente, muito difícil e absolutamente possível. (Foucault, 1988, p. 155)

---

*N. de R.T. "Comunas" é a denominação dada a uma forma de subdivisão territorial da França, da Bélgica e de vários outros países europeus.

Entendido desta maneira, o exercício da liberdade não é uma atividade revolucionária. É, sim, a "arte de não se ser tão governado" pelo poder (Foucault, 1990). É uma "prática para desalojar os princípios reguladores" e para tornar "as formas de raciocínio e as regras de 'falar a verdade' potencialmente contingentes, históricas e suscetíveis à crítica"; desse modo, criar uma série mais ampla de possibilidades para o sujeito agir (Popkewitz, 1998b).

Exercer a liberdade não significa ou requer ausência de dúvida, por meio do estabelecimento de algum corpo de fatos não-desafiáveis, o qual nos possibilita dizer que agora conhecemos o mundo. Em seu livro *Fear of Freedom*, o psicanalista Erich Fromm (1942) contrasta essa "busca compulsiva pela certeza" com o que ele chama "liberdade positiva", a liberdade de agir espontaneamente e pensar por si mesmo, uma liberdade que, no entanto, não elimina o que ele chama "dúvida racional". Desse modo, a pessoa, adulto ou criança, que experimenta a liberdade positiva não somente está livre para questionar, mas também recebe bem a incerteza. Por isso, liberdade significa se sentir livre para "não saber" e resistir às pressões para se fechar tomando posições definitivas.

O terceiro projeto da instituição dedicada à primeira infância surge do seu potencial para o *estabelecimento e fortalecimento das redes sociais de relacionamentos*, entre crianças, entre adultos (tanto pais como outros adultos envolvidos na instituição) e entre crianças e adultos. A instituição dedicada à primeira infância como "um local de vidas e relacionamentos compartilhados, entre muitos adultos e muito mais crianças" (Malaguzzi, 1993b, p. 56), pode ajudar a contrapor a "solidão, a indiferença e a violência, que cada vez mais caracterizam a vida moderna" (Malaguzzi, 1993a, p. 10), e a proporcionar fontes de apoio social. Elas podem contribuir para a coesão das comunidades locais e, em geral, da sociedade civil. Podem proporcionar oportunidades para o que Putnam (1993) chama "interação horizontal intensa" e para o aumento do "capital social", estimulando a reciprocidade e a confiança, a cooperação e a solidariedade.

Um quarto projeto possível das instituições dedicadas à primeira infância, e o último que discutimos detalhadamente aqui, diz respeito ao *cuidado que elas proporcionam às crianças, o qual permite aos pais participarem do mercado de trabalho*. Essa tarefa de cuidado da criança defende a igualdade de gênero no mercado de trabalho e os pais empregados em sua luta para administrar o relacionamento entre o emprego e a vida familiar. É também de importância econômica, realizando uma contribuição importante para um uso eficiente da mão-de-obra e para o bom desempenho dos setores privado e público da economia. É auto-evidente que, nas sociedades em que a maior parte dos pais estão empregados, deve-se tomar providências para garantir o cuidado dos filhos enquanto os pais estão no trabalho. Na nossa opinião, no entanto, o cuidado da criança nunca deve ser o único propósito ou o propósito dominante das instituições dedicadas à primeira infância como fóruns na sociedade civil;

na verdade, tal enfoque é incompatível com essa construção da instituição dedicada à primeira infância. Como já declaramos, as instituições dedicadas à primeira infância, como fóruns, devem estar abertas a todas as crianças, estejam ou não seus pais empregados, e devem também alojar vários projetos, incluindo o trabalho pedagógico que é importante para todas as crianças, independentemente da situação de emprego de seus pais. O cuidado da criança torna-se uma preocupação importante, muitas vezes dominante, em sociedades que têm negligenciado na provisão adequada dessa exigência (como na Grã-Bretanha, onde, confrontado pelo emprego crescente dos pais e pela indiferença política passada, o Governo Trabalhista eleito em 1996 deu alta prioridade ao que ele chamou uma "estratégia nacional para o cuidado da criança"). Onde é proporcionada uma provisão adequada, como nas instituições dedicadas à primeira infância de Reggio Emilia ou de Estocolmo, o "cuidado à criança" não precisa mais ser uma preocupação dominante, e a atenção pode se concentrar em uma série de outros projetos, como o trabalho pedagógico.

A instituição dedicada à primeira infância, operando como um fórum na sociedade civil e realizando o tipo de projetos antes esboçado, tem uma importante contribuição a dar, não apenas à reconstrução da democracia local, mas também a uma reconstrução de um governo que proporciona o bem-estar dos cidadãos. Como já sugerimos, a instituição dedicada à primeira infância é uma de uma série de *instituições comunitárias de solidariedade social*, novas ou transformadas, que têm o potencial de estimular e apoiar novos relacionamentos de cooperação e solidariedade em sociedades em mudança, distinguidas por diversidade, complexidade e individualismo crescentes. Como tal, podem ajudar a dar significado à "comunidade". Essas instituições de um Estado reconstruído estão abertas a todos – crianças e adultos, inseridos ou não no mercado de trabalho, independentemente da renda ou da classe. Elas estão comprometidas com a igualdade – mas com uma igualdade que reconheça o Outro como diferente – e com uma prática democrática que substitua as instituições anteriores do Estado localizadas em sistemas amplos, com uma burocracia de cima para baixo, comprometida com a igualdade e com a uniformidade. Refletindo os objetivos amplos de um Estado reconstruído, as instituições dedicadas à primeira infância, como fóruns, podem servir a múltiplos propósitos: como um meio de *inclusão*, para crianças e adultos, na sociedade civil; criando oportunidades para *o exercício da democracia e da liberdade*, através da aprendizagem, do diálogo e do pensamento crítico; oferecendo formas abrangentes e flexíveis de *apoio social* para os pais, tanto dentro quanto fora do mercado de trabalho; proporcionando um mecanismo de *redistribuição* de recursos para as crianças como um grupo social.

Para nós, a questão tem sido como reexaminar as instituições dedicadas à primeira infância e à pedagogia, contrariando as idéias iniciais que se tinha delas como fundamentalmente um aparato ideológico do Estado-nação ou como organizações burocráticas comprometidas com o consumismo e com o capitalismo transnacional. Isto não significa dizer que elas podem ser inteiramente divorciadas de um ou de outro; seria enganoso fingir que as instituições dedicadas à primeira infância não participam do Estado-nação e do sistema capitalista. O que está em jogo é como elas participam deles e contribuem para ambos, e *se* e *como* elas podem encontrar outros propósitos em outras esferas.

Tentamos explorar uma possibilidade, as instituições dedicadas à primeira infância como fóruns na sociedade civil. Nós as temos visto contribuindo para a pedagogia, para a prosperidade e para a comunidade, conceituando-as como instituições comunitárias para a promoção de aprendizagem, democracia, solidariedade social e bem-estar econômico, mas também com muitas outras possibilidades. Mais que locais para encontrar a verdade através da transmissão de um corpo de conhecimento autônomo, para priorizar o estabelecimento de consenso e unidade, para formar uma identidade unificada ou para aplicar técnicas de normalização, enxergamos os fóruns como locais que estão sempre abertos à discussão e ao questionamento. Nosso ideal das instituições dedicadas à primeira infância como fóruns é que elas sejam locais que encorajem a "indocilidade" e a confrontação, mantenham em aberto as questões de significado, valorizem a escuta do pensamento: em suma, que sirvam como "*loci* de debate e de discordância", mas também como "locais de obrigação, *loci* de práticas éticas" (Readings, 1996, p. 154). Em vez de considerarmos as instituições dedicadas à primeira infância como comunidades ideais, com crianças, pais e pedagogos ideais, nós as enxergamos mais como locais onde *a questão de estar junto é colocada*, onde é reconhecido que a comunicação não é transparente nem baseada e reforçada por uma identidade cultural comum.

Fóruns, não Lares Substitutos

Ficará claro, a partir da nossa construção da instituição dedicada à primeira infância como um fórum na sociedade civil, que não a imaginamos como uma parte do Estado ou da economia. Na verdade, também não a consideramos parte do domínio da família. Ela *não* deve ser entendida como um lar substituto. As crianças pequenas – tanto com menos ou com mais de três anos de idade – são consideradas capazes de lidar e, de fato, de desejar e cultivar relacionamentos com pequenos grupos de outras crianças e adultos, sem que isso coloque em risco seu próprio bem-estar ou seu relacionamento com seus pais. Não somente não há necessidade de tentar de alguma maneira proporcionar um lar substituto, mas o benefício de freqüentar uma instituição dedicada à primeira infância vem do fato de ele *não* ser um lar. Ela oferece alguma coisa bem diferente, mas bastante complementar, de tal forma que a criança obtenha, por assim dizer, o melhor dos dois ambientes.

Se abordarmos as instituições dedicadas à primeira infância como fóruns na sociedade civil, o conceito de proximidade e de intimidade torna-se problemático.

Ele pode tornar privadas as situações e as instituições públicas. Como tal, não apenas cria uma "falsa proximidade" mas arrisca tentar duplicar, sem sucesso, os importantes processos de aprendizagem que ocorrem fora da instituição. Também impede a capacidade de a instituição entender sua própria vida social e seus relacionamentos, desvalorizando ou trivializando a idéia de um espaço público.

Deixar de lado as idéias de intimidade, proximidade e aconchego não leva à indiferença, à insensibilidade e à frieza. Não significa ser descuidado. Em vez disso, Ziehe (1989) oferece um conceito que contrasta com a proximidade, o de *intensidade dos relacionamentos*, que implica uma teia ou rede complexa e densa de conexão de pessoas, ambientes e atividades que abre muitas oportunidades para a criança pequena dentro de uma visão da criança rica e de uma pedagogia co-construtora. Isto está de acordo com o trabalho pedagógico realizado em Reggio Emilia, que constantemente desafia o pensamento da criança e "tem encorajado linguagens múltiplas, confrontação, ambivalência e ambigüidade ... todo o meio fala de uma aventura coletiva ... pode-se quase dizer que Reggio criou uma nova universidade" (Dahlberg, 1995, p. 17).

Se a instituição dedicada à primeira infância não é entendida como um lar substituto, o profissional que trabalha com a primeira infância também não deve ser entendido, de modo algum, como um pai ou uma mãe substituta. Qual é, então, o papel do pedagogo, do profissional que trabalha com a primeira infância, nessa construção pós-moderna da instituição dedicada à primeira infância? Antes de tudo, ele é um co-construtor de conhecimento e cultura, tanto das crianças como de si mesmo, em uma pedagogia que "nega o professor como transmissor neutro, o aluno como passivo e o conhecimento como um material imutável a ser comunicado" (Lather, 1991, p. 15). O profissional que trabalha com a primeira infância mobiliza as competências de construção de significado das crianças, oferecendo-se como um recurso ao qual elas podem e querem recorrer, organizando o espaço, os materiais e as situações para proporcionar novas oportunidades e escolhas para a aprendizagem, ajudando as crianças a explorar as muitas linguagens diferentes que estão a elas disponíveis, ouvindo e observando as crianças, levando a sério suas idéias e teorias, mas também preparando para desafiar, tanto sob a forma de novas questões, informações e discussões como sob a forma de novos materiais e novas técnicas.

O papel também requer que o pedagogo seja visto como pesquisador e pensador, um profissional reflexivo que procura aprofundar seu entendimento sobre o que está acontecendo e da maneira como as crianças aprendem, através da documentação, do diálogo, da reflexão crítica e da desconstrução (Malaguzzi, 1993b; Rinaldi, 1993).

QUAL É O LOCAL PARA O FUTURO E PARA AS INTERVENÇÕES?

Nossa discussão da instituição da primeira infância como um fórum na sociedade civil tem nos afastado do início deste capítulo, quando apresentamos uma construção alternativa, cuja preocupação parece, muitas vezes, ser menor com a infância e com o quê as crianças pequenas estão vivendo e maior com as crianças em idade escolar e com os adultos que elas vão tornar-se, encarando as instituições como fábricas que produzem resultados específicos ou tecnologias de intervenção que previnem ou tratam males sociais. Será que essas construções diferentes são totalmente incompatíveis?

Nossa construção do que a instituição dedicada à primeira infância pode ser coloca a primeira infância em primeiro plano e, por direito, como um importante estágio da vida, e as instituições dedicadas à primeira infância como um local para a criança pequena e para a vida que ela vive, *aqui e agora*. Mas será que ela pode ser também um local para o futuro, para a criança mais velha, para o jovem e para o adulto que a criança pequena vai se tornar? Uma hesitação inicial em responder surge do desejo de evitar qualquer implicação de que a consideração do futuro deva depender do presente, de que devemos escolher entre ser e nos tornar. Mas se pudermos confiar em nossas construções da criança e das instituições dedicadas à primeira infância, parece-nos que a resposta deve ser sim, que essas instituições podem estar preocupadas tanto com o presente como com o futuro, pois permitem às crianças se relacionar com – e participar de – uma sociedade mais ampla em que vivem hoje e viverão amanhã – na escola, na faculdade, no trabalho, nas famílias. No entanto, as questão são que tipo de sociedade e que tipo de relacionamento?

Discutimos no Capítulo 3 como a pedagogia da instituição dedicada à primeira infância pode se tornar importante para a vida nas condições pós-modernas. A instituição dedicada à primeira infância sobre à qual temos discutido também presume uma informação e uma sociedade de aprendizagem ao longo da vida, assim como uma sociedade democrática e preocupada com o bem-estar social. Entendendo as crianças pequenas como co-construtores ativos do seu próprio conhecimento, como pensadores críticos e imaginativos e como possuidores de muitas linguagens, a instituição dedicada à primeira infância dá condições às crianças pequenas de adquirir uma série de habilidades complexas que a participação ativa nessas sociedades requerem delas e vão equipá-las para a uma aprendizagem posterior, para o emprego futuro e para a cidadania continuada: para se adaptar a novas situações; para assumir uma postura crítica; para fazer escolhas; para integrar experiências diferentes em um entendimento comum; para olhar pela perspectiva dos outros; para articular sua própria posição e se comunicar eficientemente; para tomar iniciativas e se tornar autoconfiantes (Denzik, 1997).

A linguagem aqui é particularmente difícil. O conceito da educação da primeira infância, como uma *base* para a aprendizagem ao longo da vida ou para a visão de que a instituição dedicada a essa fase da vida contribui para as crianças estarem *prontas para aprender*, quando iniciam a escola, produz uma criança "pobre", necessitada de preparação antes que se possa esperar que ela aprenda, e não uma criança "rica", capaz de aprender desde o nascimento, cuja aprendizagem durante a primeira infância é uma parte de um processo contínuo de aprendizagem ao longo da vida, não mais nem menos válida e importante que as outras partes. Conforme nossa perspectiva, a linguagem da *prontidão para a escola* também é problemática. Em vez de tornar a criança pronta para a escola, parece-nos que a questão é se a escola está preparada para a criança que estava no meio questionador e co-construtivo da instituição dedicada à primeira infância construída e operada da maneira como esboçamos anteriormente.

Na verdade, nossa discussão da primeira infância e das instituições que dela se ocupam suscita, de modo inevitável, questões importantes e desafiadoras sobre o ensino e sobre o emprego. Qual é o propósito da educação? As escolas são apenas reprodutores de conhecimento, instituições onde se supõe que o indivíduo adquira um corpo de conhecimento específico sancionado pela sociedade, ou são instituições onde as crianças constroem conhecimento e o seu entendimento do mundo? As escolas também devem ser construídas como fóruns na sociedade civil, e, se esse for o caso, quais são seus projetos – econômicos, sociais, culturais e políticos? Elas "buscam captar a idéia de democracia e comunidade críticas"? As escolas são melhor entendidas, como Giroux declara, que devam ser, "como um *locus* para a cidadania... onde alunos e professores podem se envolver em um processo de deliberação e discussão que visa ao progresso do bem-estar social de acordo com julgamentos e princípios morais fundamentais" (1989, p. 201)? As escolas são, nas palavras de Paulo Freire, "um instrumento usado para facilitar a integração da geração mais jovem na lógica do sistema atual e produzir uma conformidade com ele ou com a prática da liberdade, os meios pelos quais homens e mulheres lidam crítica e criativamente com a realidade, descobrindo como participar da transformação do mundo?" (1985, p. 14).

Repetimos que consideraríamos nossas construções da criança pequena e da instituição dedicada à primeira infância compatíveis e de suporte para as crianças em idade escolar e para os trabalhadores que estão sintonizados com a aprendizagem e com o trabalho, vivendo em um mundo pós-moderno e em uma sociedade de aprendizagem, democracia e preocupação social ao longo de toda a vida. Todavia, parece-nos que essa perspectiva de longo prazo não é o principal projeto da instituição dedicada à primeira infância; nem devemos esperar que a instituição dedicada a ela proporcione um percurso fácil para as escolas e para o mercado de trabalho que se seguem. Na realidade, encorajando o pensamento crítico entre as crianças pequenas e proporcionando um fórum para a discussão sobre questões como o relacionamento entre o emprego e o cuidado das crianças, as instituições dedicadas à primeira infância devem desafiar práticas conformistas e relacionamentos opressivos.

Será que a nossa construção das instituições dedicadas à primeira infância como fóruns na sociedade civil acomoda os entendimentos estreitos e mais instrumentais delas como produtores de resultados? Isto é difícil, porque perspectivas muito diferentes estão envolvidas. O que temos chamado construção dominante da instituição dedicada à primeira infância, pelo menos nos Estados Unidos e na Grã-Bretanha, assume que a criança pequena está situada no domínio privado da família. As instituições dedicadas a essa fase da vida entram em cena quando a família é entendida como sendo incapaz de lidar com o ideal, considerando-se este um tipo de arranjo deficiente: quando os pais trabalham e o cuidado substituto é necessário; quando os professores podem educar melhor as crianças com mais de três anos de idade; quando as crianças estão condenadas a ficar em risco ou quando as famílias necessitam de intervenção. Não somente essa abordagem constrói a criança "pobre", mas introduz práticas divisórias que classificam as crianças segundo determinados critérios e até, em muitos casos, alocam as crianças em diferentes tipos de instituição segundo esses critérios (na Grã-Bretanha, por exemplo, as crianças classificadas como carentes de cuidado são encaminhadas a berçários privados, muitas crianças identificadas pelos assistentes sociais como carentes são encaminhadas aos chamados centros de família, enquanto as crianças que necessitam de educação vão, sobretudo, para as classes das escolas primárias).

No entanto, enxergamos as crianças situadas seja na sociedade civil, seja no lar, tanto como um cidadão, como um membro da família, requerendo relacionamentos com outras crianças e com adultos para fazer um uso pleno de suas enormes aptidões para aprender e para viver uma boa infância. Enxergamos a instituição dedicada à primeira infância como um direito de cidadania, um meio de inclusão na sociedade civil, uma oportunidade pedagógica, mas também como parte da infra-estrutura necessária para uma sociedade civil, para uma democracia e para Estado fortes. A instituição dedicada à primeira infância, como um fórum, abre muitas oportunidades e possibilidades, e muitas coisas podem acontecer e acontecem nesse espaço.

Neste contexto, as crianças não estão freqüentando uma instituição dedicada à primeira infância porque são classificadas como, de algum modo, incapacitadas ou carentes, ou porque suas famílias são classificadas como incapazes de satisfazer suas necessidades, mas sobretudo porque a instituição dedicada à primeira infância é um local *para* todas as crianças, uma parte reconhecida da primeira infância. Além disso, como discutiremos mais adiante, após o trabalho pedagógico realizado em Reggio, nossa idéia da instituição dedicada à primeira infância é a de um local de relacionamentos próximos entre crianças, pais e pedagogos, onde o trabalho é sempre objeto de documentação pedagógica rigorosa e pública, e uma das indagações fundamentais é "nós enxergamos a criança?". Nessas circunstâncias, as crianças (ou os pais) que podem necessitar de recursos adicionais ou outro apoio ficarão aparentes, e os recursos ou o apoio necessários serão garantidos. Nesse caso, garantir os direitos das crianças de aprender e de ter relacionamentos, e reconhecer o potencial e as aptidões de todas as crianças fica em primeiro plano, mais que a intervenção desejada e a satisfação das necessidades. Os pedagogos trabalham junto com os pais para aprofundar mutuamente o seu entendimento da criança e do trabalho pedagógico, em vez de aplicar tecnologias de normalização para as crianças e para os pais.

Dado o nosso entendimento da instituição dedicada à primeira infância como um organismo complexo e multifacetado, incorporado na sociedade civil, situado em um contexto particular, engajado em um trabalho pedagógico co-construtivo, estimulando a solidariedade e a cooperação, e um local para a prática democrática e emancipatória, a pergunta "Isso funciona?" parece simplista e normalizadora. Em vez disso, precisamos encontrar maneiras de aprofundar nosso entendimento do que está acontecendo na instituição, o que pode sugerir formas novas ou modificadas de organização ou de maneiras de trabalhar. O que isso pode implicar e como isso pode ser feito são temas centrais dos três próximos capítulos.

A instituição dedicada à primeira infância como um fórum na sociedade civil abre muitas possibilidades para a inclusão da criança pequena na sociedade civil e para a colocação da primeira infância e da pedagogia da primeira infância em destaque na agenda da sociedade. Isso envolve as crianças pequenas com os adultos, além do domínio privado do lar, fazendo com que as crianças pequenas sejam ouvidas e vistas pela comunidade mais ampla. Como tal, contribui para dar significado à idéia da criança como cidadão.

Em muitas partes do Mundo Minoritário, tem havido muito debate sobre o relacionamento entre *cuidado* e *educação* nos *serviços* prestados à primeira infância. Esses serviços deveriam ser limitados a uma função ou à outra? Eles deveriam, de alguma forma, tentar combinar essas funções? Não nos parece, no entanto, que tais indagações sejam muito produtivas. Hoje em dia, muitas crianças precisam, por uma razão ou por outra, de algum cuidado não-parental, em geral porque têm pais no mercado de trabalho; as instituições dedicadas à primeira infância, como já deixamos claro, precisam ser equipadas para proporcionar esse cuidado à criança. Bem mais produtivas são as indagações oriundas do tema deste capítulo, como construímos as instituições dedicadas à primeira infância. Para quem achamos que são essas instituições? Para que, no nosso ponto de vista, elas servem? Quais são seus projetos? Onde as situamos – no Estado, no domínio econômico ou na sociedade civil? Como entendemos o seu relacionamento com a democracia e com o Estado?

Há escolhas profundas a serem feitas aqui, as quais nunca são neutras, pois são permeadas por valores. Sempre conduzem implicações e conseqüências sociais. Elas dizem muito sobre o papel e sobre a posição que atribuímos às crianças pequenas e sobre a maneira como encaramos nossas democracias, nossos governos e nossas sociedades em geral, porque as instituições dedicadas à primeira infância têm uma grande importância simbólica. Elas são declarações sobre como nós, como adultos, entendemos a infância e o seu relacionamento com o Estado, com a economia, com a sociedade civil e com o domínio privado.

Além do Discurso da Qualidade: Rumo ao Discurso da Construção de Significado

5

INTRODUÇÃO

> A taxonomia, a classificação, o inventário, o catálogo e a estatística são as supremos da prática moderna. O domínio moderno é o poder de dividir, classificar e alocar – no pensamento, na prática, na prática do pensamento e no pensamento da prática... Por isso, a ambivalência é a principal angústia da modernidade e a mais inquietante de suas preocupações. (Bauman, 1991, p. 15)

A era da qualidade está diante de nós, mas a própria "qualidade" não é uma palavra neutra. É um conceito construído socialmente, com significados muito particulares, produzido através do que chamamos "o discurso da qualidade". Neste capítulo, desconstruímos o discurso, buscamos suas origens e analisamos sua aplicação ao campo da primeira infância, onde ele tem se tornado um regime discursivo dominante.

Parece-nos que o discurso da qualidade possa ser entendido como um produto do pensamento iluminista e como a atração da modernidade pela ordem e pela maestria. Como tal, ele encara o mundo por meio de uma lente modernista e complementa as construções modernistas da criança pequena e da instituição dedicada à primeira infância. A linguagem da qualidade é também a linguagem da instituição dedicada à primeira infância como produtor de resultados pré-especificados e da criança como um vaso vazio, a qual deve ser preparada para aprender e para a escola, e ser ajudada em sua jornada de desenvolvimento.

Em contrapartida, olhar através das lentes do pós-modernismo proporciona novas maneiras de entender o mundo, incluindo as criança pequenas e suas instituições. À medida que nos acostumamos a olhar por essa lente, um novo discurso se apresenta. O que denominamos "discurso da construção de significado" coloca, em primeiro plano, o aprofundamento do entendimento do trabalho pedagógico e de outros projetos da instituição, conduzindo para a possibilidade de se fazer um julgamento de valor sobre esses projetos. Se o "discurso da qualidade" pode ser visto como parte de um movimento mais amplo de quantificação e objetividade destinado a reduzir ou excluir o papel do julgamento pessoal, com seus problemas concomitantes de parcialidade e preconceito, egoísmo e inconsistência, o "discurso da construção de significado" pode ser visto como reclamando a idéia de julgamento – mas entendido agora como um ato discursivo, sempre realizado no relacionamento com os outros.

O DISCURSO DA QUALIDADE

O Pensamento do Iluminismo e a Confiança nos Números

Desde 1945, e especialmente desde o início da década de 80, a qualidade moveu-se para o alto da ordem do dia nas empresas privadas e nos serviços públicos. Porém, para entender totalmente a emergência de um "discurso de qualidade" dominante, é necessário adotar uma estrutura de tempo mais longa. No mundo pré-industrial, na qual a maior parte da comunicação era de natureza local, cada região, às vezes até cidades diferentes, tinham suas próprias medidas: "este era, pelo menos, um inconveniente, se não um obstáculo, para o crescimento de redes comerciais em larga escala, e a expansão do capitalismo foi uma fonte importante do ímpeto para unificar e simplificar as medidas" (Porter, 1995, p. 25). Em contraste a isso, a quantificação, baseada na padronização da medida, é uma tecnologia da distância. Por isso, foi uma condição necessária para aumentar a globalização – do comércio e da ciência –, na qual a comunicação iria além dos limites da localidade e da comunidade: "a confiança nos números e a manipulação quantitativa minimizam a necessidade de conhecimento e de confiança pessoal".

O mundo pré-industrial privilegiou o julgamento pessoal sobre a objetividade. Em contrapartida, o mundo moderno privilegia a objetividade, o retraimento da ação humana e sua substituição pela uniformidade imparcial, o que Porter chama "a confiança nos números". A quantificação tornou-se a grande ajuda na aquisição de objetividade, adquirindo um papel crescente não apenas nos relacionamentos econômicos e em vários campos da ciência, mas também no governo democrático. A ciência e a democracia estavam intimamente ligadas nesse projeto, e, em ambos os casos, os Estados Unidos desempenharam um papel de liderança. Após o sucesso esmagador da quantificação nas ciências sociais, comportamentais e médicas no período pós-guerra, houve um esforço importante para introduzir critérios quantitativos na tomada de decisão pública nas décadas de 60 e 70:

> Não foi por acaso que o movimento rumo à quantificação quase universal das disciplinas sociais e aplicadas foi liderada pelos Estados Unidos e obteve seu maior sucesso lá. A pressão pelo rigor nas disciplinas derivou, em parte, da mesma desconfiança do conhecimento especializado não-articulado e da mesma suspeita de arbitrariedade e reserva que moldava de forma tão profunda a cultura política no mesmo período. (Porter, 1995, p. 199)

Isso proporcionou um meio para se substituir os julgamentos pessoais, os quais, cada vez mais, passaram a ser considerados não-democráticos: "objetividade significa a regra da lei, não dos homens; ela implica na subordinação dos interesses e dos preconceitos pessoais às normas públicas" (1995, p. 74).

Esta crescente "confiança nos números" e a tecnologia em desenvolvimento da quantificação que ofereceram a possibilidade de reduzir o mundo em sua complexidade e diversidade a categorias padronizadas, comparáveis, objetivas, mensuráveis, não devem ser entendidas apenas como uma resposta à mudança econômica e aos imperativos políticos. Esta é uma parte integral do projeto da modernidade e do pensamento do Iluminismo. É uma tecnologia necessária para as práticas de divisão, classificação e alocação e, sendo assim, um meio para se impor a ordem e o exercício do poder disciplinar. Ela representa a aplicação de procedimentos singularmente racionais para a busca da certeza, da unidade e das bases, desprendendo as algemas de tempo e de lugar e as limitações do julgamento. Ainda, como declaram Adorno e Horkheimer (1944, edição de 1997) em sua análise do potencial destrutivo do pensamento do Iluminismo, "a confiança nos números" carrega grandes riscos: "torna o dissimilar comparável, reduzindo-o a quantidades abstratas... que aquilo que não se reduz a números, e fundamentalmente a unidade, torna-se ilusão... o que não se pode conseguir fazer entrar em acordo, a indissolubilidade e a irracionalidade, é convertido por meio de teoremas matemáticos... confunde o pensamento e a matemática" (p. 7, 24-25). Estabelecendo as bases da certeza, o significado pode ser enterrado e perdido.

A Emergência do Discurso da Qualidade

A importância crescente da qualidade no campo das instituições dedicadas à primeira infância pode ser entendida em relação à busca modernista pela ordem e à certeza fundamentadas na objetividade e na quantificação. Pode ser localizada como parte de um movimento mais amplo em que o "discurso da qualidade" tornou-se cada vez mais fundamental para a vida econômica e política, um movimento que se iniciou no mundo dos negócios e na produção de bens e serviços privados. Por isso, o mundo dos negócios é um bom ponto de partida para se procurar entender o "discurso da qualidade" e o significado do conceito de qualidade dentro desse discurso.

Os conceitos de controle de qualidade e garantia de qualidade foram criados na década de 20 (Mäntysaari, 1997). Mas o "discurso da qualidade" ganhou nova força nos anos imediatos do pós-guerra, não de início na América do Norte ou na Europa, mas em um Japão que estava reconstruindo sua economia devastada pela guerra e procurando restabelecer sua posição na ordem do comércio mundial. Uma influência importante foi a do norte-americano especialista em qualidade W. Edwards Deming, que, em 1950, apresentou, pela primeira vez, seus métodos a um público japonês. Confrontadas pela competição cada vez mais bem-sucedida do Japão, baseada em uma reputação de produtos de alta qualidade, as companhias americanas e européias começaram a assumir um interesse maior na qualidade: "a popularidade da *Administração de Qualidade Total* começou a aumentar no início da década de 80 (e), no final dela, a qualidade era amplamente reconhecida como um dos fatores mais importantes do sucesso nos mercados globais" (Dickson, 1995, p. 196).

Bank (1992) apresenta definições de qualidade oferecidas por alguns gurus do campo. Edwards Deming enfatizava que a qualidade dizia respeito à confiabilidade, à fé, à previsibilidade e à consistência – "se eu tivesse de resumir em poucas palavras a minha mensagem aos administradores, diria que tudo tem a ver com a redução da variação"; Joseph Juran fala sobre a qualidade como "adequação ao uso ou ao propósito"; Philip Crosby refere-se à qualidade como conformidade às exigências; enquanto William Conway define qualidade em termos de produtos e serviços consistentes, de baixo custo, que os clientes desejam e dos quais necessitam. A Sociedade Americana de Controle de Qualidade, que "é considerada a principal autoridade em qualidade no mundo", reconhece que qualidade é "um termo subjetivo para o qual cada pessoa tem sua própria definição"; mas prossegue declarando que, "no uso técnico, a qualidade pode ter dois significados: (1) as características de um bom serviço que se sustenta em sua capacidade de satisfazer necessidades determinadas ou inferidas; e (2) um bem ou serviço sem deficiências" (citado em Bedeian, 1993, p. 656-657). Em termos mais recentes, no entanto, as definições de qualidade começaram a enfatizar a satisfação do cliente:

> Tradicionalmente, a qualidade tem sido definida como "conformidade às exigências". Entretanto, na década de 80, a qualidade passou a ser simbolizada pela satisfação do cliente – o movimento da qualidade na década de 80 assumiu um enfoque no cliente... O objetivo máximo da qualidade melhorada é a satisfação total do cliente. (1993, p. 56, 656)

O discurso da qualidade difundiu-se não apenas globalmente, mas de indústria para indústria (Bank, 1992); além disso, difundiu-se do setor privado para o setor público:

O conceito de qualidade foi seriamente adotado [na década de 80] por aqueles que procuravam racionalizar e abalar o setor público no Reino Unido... porque inclui noções de eficiência, competição, valor do dinheiro e a concessão de autoridade ao cliente. Defensores mais tradicionais de um setor público forte adotaram a qualidade para mostrar que as questões de oportunidades iguais e outras questões centralizadas no povo estão intrincadamente ligadas a bons resultados; que os serviços de bem-estar social podem justificar seu custo em termos de benefícios tangíveis e eficiência mensurável; que a concessão de poder aos usuários dos serviços e aos profissionais é a melhor maneira de remover a mão morta do antiquado controle público burocrático. Assim, a qualidade tornou-se, em muitos setores, parte da cultura dominante da vida pública do Reino Unido. (Williams, 1994, p. 5)

O manejo e a garantia de qualidade nos "serviços humanos" disseminou-se dos Estados Unidos para a Europa, sobretudo, na presente década e no contexto de um clima econômico e político particular:

> sob a influência de programas de privatização maciços e da busca de cortes nos orçamentos da Previdência Social e do bem-estar social, um particular *discurso sobre a qualidade* tornou-se cada vez mais proeminente, bastante fundamentado em uma abordagem baseada nos negócios... Os conceitos emergentes do setor do mercado prevalecem claramente... de acordo com o fato de as tendências ideológicas globais terem se deslocado para um impacto crescente do liberalismo de mercado. (Evers, 1997, p. 1, 10, ênfase nossa)

Este processo envolve, mais uma vez, um deslocamento de julgamentos mais individuais e "profissionais" para métodos de avaliação mais quantificáveis, objetivos e abertos, "um afastamento da avaliação puramente do conhecedor e rumo a definições mais claras e específicas de qualidade" (Pollitt, 1997, p. 35).

A disseminação do "discurso da qualidade" das empresas para os serviços públicos teve um outro efeito. Envolveu uma nova ênfase: "as abordagens das empresas estão preocupadas com a qualidade do consumidor (ou 'qualidade do usuário'), ou seja, serviços que são planejados para satisfazer as exigências e as expectativas do consumidor" (1997, p. 34). Todavia, como veremos, a expansão do discurso da qualidade no setor público suscitou questões que contribuem para a problematização do conceito de qualidade.

Obtendo o Controle e Enfrentando a Incerteza

Já aludimos a várias influências que orientaram o "discurso da qualidade" até sua posição dominante atual: a modernidade e o pensamento do Iluminismo; a necessidade de "tecnologias de distância" nas economias de mercado operando em uma escala de expansão; competição econômica global crescente; o predomínio cada vez maior nos serviços humanos da cultura empresarial e da economia de mercado, com conceitos como "qualidade", permitindo a "integração de todas as atividades em um mercado generalizado" (Readings, 1996, p. 32); e um desejo democrático de métodos de avaliação imparciais e transparentes para substituir os julgamentos pessoais. Por outro lado, ainda outras influências podem ser vistas em ação.

Assim como a competição global crescente e o ressurgimento das forças de mercado, a década de 80 viu o início de um movimento forte, entre as companhias e os governos, rumo à descentralização. Mas, à medida que as companhias e os governos foram se descentralizando, alguns procuraram manter o controle através da aplicação e da avaliação de critérios de qualidade.

> No contexto da crise econômica e fiscal e dos esforços para mudar o sistema de Previdência Social na Suécia (e em muitos outros países do Ocidente), descentralização, determinação de objetivos e avaliação tornaram-se novas palavras de "prestígio"... A administração por objetivo tornou-se uma nova maneira de dirigir e controlar os serviços. A principal idéia da administração por objetivo é que regras e planos relativamente detalhados são substituídos por objetivos claros – "administração através dos objetivos" – e por estratégias para avaliação da realização do objetivo. Com a descentralização e a desregulação aumentadas, a avaliação da qualidade dos programas de educação e o cuidado da primeira infância vão crescer em importância como um instrumento para a administração. (Dahlberg e Åsén, 1994, p. 159)

Desse modo, a qualidade e sua avaliação podem se tornar parte integrante de um novo sistema de controle, assumindo uma função política (Lundgren, 1990; Popkewitz, 1990), de tal forma que "o poder que a descentralização entrega com uma das mãos, a avaliação pode tomar de volta com a outra" (Weiler, 1990, p. 61).

Entretanto, a crescente proeminência da qualidade pode também ser entendida em um nível mais pessoal. Conforme o mundo se torna mais complexo e exigente, cada um de nós se torna envolvido com – e dependente de – um número cada vez maior de serviços, organizações e tecnologias. Somos submetidos a quantidades crescentes de informações, muitas delas destinadas a nos capacitar para sermos bons consumidores, e grande parte delas é inútil sem um investimento adicional de tempo e esforço. As pressões de tempo aumentam, particularmente para as mulheres e para os homens que estão em seus "principais anos de trabalho" (entre os 25 e 50 anos), assim como a criação dos filhos cada vez mais coincide com o auge da participação no mercado de trabalho. Ao mesmo tempo, o passo rápido da mudança significa que as antigas fontes de autoridade – por exemplo, os códigos de comportamento familiares ou religiosos – podem não ser mais capazes de garantir ou oferecer orientação importante na tomada de decisões.

Oprimidos pela informação e pelas escolhas, pressionados pelo tempo e desprovidos de uma suposta especialização, incapazes de contar com as fontes tradicionais de autoridade ou confiar nas declarações de interesse próprio dos produtores, não surpreende se, para nos ajudar a fazer sentido do mundo e tomar decisões, passamos a contar cada vez mais com "sistemas especializados... de realização técnica ou de especialização profissional que organizam grandes áreas de ambientes materiais e sociais... [e que] removem as relações sociais das imediações do contexto e proporcionam 'garantias' de expectativas entre o tempo-espaço distanciados" (Giddens, 1991, p. 27). Os métodos de quantificação, incluindo as medidas de qualidade, são uma característica dos sistemas especializados, minimizando, como já vimos, a necessidade de conhecimento e confiança pessoal.

Desse modo, no campo da primeira infância, podemos observar um corpo crescente de especialistas – pesquisadores, consultores, inspetores, avaliadores, etc. – cuja tarefa é definir e medir a qualidade. Cada vez mais confiamos no sistema especializado visando a realizar julgamentos por nós sobre os serviços que desejamos ou necessitamos para nós mesmos e para nossos filhos. Procuramos os especialistas para nos dizerem que o que estamos obtendo é de boa "qualidade". Cada vez mais sobrecarregados, buscamos mais tranqüilização do que entendimento, queremos a garantia da avaliação especializada em vez da incerteza de realizar nossos próprios julgamentos.

Esta busca por tranqüilização vai além da simples necessidade de orientação para a tomada de decisão. Ela diz respeito ao ato de enfrentar a incerteza, a complexidade e o risco aumentado que caracteriza viver no mundo hoje, o que Giddens (1991) comparou a dirigir uma "*carreta pesada*" – uma imagem poderosa e perturbadora que evoca um misto explosivo de imprevisibilidade e impossibilidade de controle, perigos e oportunidades. Uma resposta a essas condições é buscar abrigo na redução da complexidade a certezas simples.

O que todos os desenvolvimentos e movimentos têm em comum é uma busca pela certeza e pela confiança na autoridade, baseada no rigor, na objetividade e na imparcialidade. As pessoas procuram os especialistas para que eles lhes proporcionem isso. Mas, de forma paradoxal, os próprios especialistas têm cada vez menos segurança e confiança do público, quer porque representam disciplinas novas, quer porque a confiança do público em disciplinas anteriormente confiáveis diminuiu (por exemplo, como as conquistas de várias ciências físicas e tecnologias que passam a ser obscurecidas pela descoberta dos riscos que elas produzem [Beck, 1992]). Quando o julgamento do especialista não é mais suficiente, se é que algum dia foi, os especialistas têm de construir, ou reconstruir, a confiança através do desenvolvimento de métodos quantificáveis. Nesse contexto, a quantificação pode ser entendida como uma resposta para condições de desconfiança e para a exposição a estranhos (Porter, 1995).

O "discurso da qualidade" tem um apelo óbvio como parte de uma busca por respostas claras, simples e certas asseguradas por acadêmicos, profissionais ou outras autoridades. Parte de nós pode saber que precisamos aprender a conviver com a incerteza – mas outra parte de nós pode ainda desejar a objetividade e uma "busca por critérios estáveis de racionalidade". Confiantes na crença da modernidade de que os fatos podem ser separados dos valores, esperamos tratar as definições e as escolhas como questões técnicas e deixá-las a cargo de técnicos especialistas, sem a necessidade de questionar como e por que eles chegaram a elas. O "discurso da qualidade" nos oferece confiança e tranqüilização, transmitindo a perspectiva de que uma certa pontuação ou o simples uso da palavra "qualidade" significa que algo merece confiança, que é realmente bom. Na verdade, uma das maravilhas de uma época cínica é a confiança e a credibilidade atribuídas aos números ou a outras formas de avaliação, como se números, estrelas ou qualquer outro símbolo usado devessem, por sua simples existência, representar a realidade (assim como podemos terminar acreditando que o mapa é a mesma coisa que o mapeado ou o nome é a mesma coisa que o nomeado) – em vez de ser um símbolo cujo significado só pode ser atingido através da reflexão e do julgamento críticos.

Construindo o Conceito de Qualidade

> [O positivismo lógico é baseado em uma] firme convicção de que o mundo sociopolítico [está] apenas "lá fora" esperando para ser descoberto e descrito... que somente através da aplicação de critérios lógicos [e empíricos] somos capazes de distinguir o conhecimento genuíno, objetivo, da mera crença... A pesquisa, segundo um relato positivista, é um processo sistemático e metódico para a aquisição de um conhecimento científico genuíno, positivo...
> Dada a influência da epistemologia positivista, passamos a equiparar o ser racional nas ciências sociais com o ser processual e a alguém à procura de critérios (criteriológico): ser um inquiridor social é observar e aplicar regras e critérios para saber... ser racional é não se envolver em especulação, crítica, interpretação, diálogo ou julgamento moral e político. (Schwandt, 1996a, p. 58-61)

> [No paradigma quantitativo na avaliação da literatura] o empreendimento da pesquisa parece a busca de uma verdade única e objetiva. No que se refere ao pesquisador social, há uma realidade social suscetível à avaliação quantitativa... O paradigma quantitativo supõe ser possível separar o pesquisador do pesquisado. O investigador é considerado capaz de adotar uma posição objetiva, neutra, com relação à questão que está sendo investigada. Essa imparcialidade científica é possibilitada pelo uso de instrumentos de pesquisa e por metodolo-

> gias... que servem para limitar o contato pessoal entre o pesquisador e o pesquisado e para precaver-se contra o viés. (Clarke, 1995, p. 7-8)

O discurso da qualidade está firmemente incorporado na tradição e na epistemologia do positivismo lógico, cujas principais características foram já descritas por Thomas Schwandt e Alan Clarke, ele próprio bastante envolvido no projeto da modernidade. O conceito de qualidade diz respeito, principalmente, à definição, por meio da especificação de critérios, de um padrão generalizável em contraposição ao qual um produto pode ser julgado com certeza. O processo de especificação de critérios, e sua aplicação sistemática e metódica, destina-se a nos preparar para saber se algo – seja ele um produto manufaturado, seja um produto de serviço – atinge ou não o padrão. Fundamental para a construção da qualidade é a suposição da existência de que há uma entidade ou essência de *qualidade*, que é uma verdade conhecível, objetiva e certa que está "lá fora" esperando para ser descoberta e descrita.

O discurso da qualidade valoriza e busca certeza por meio da aplicação de um método científico sistemático, racional e objetivo. No cerne desse discurso está um esforço em prol da universalidade e da estabilidade, da normalização e da padronização, por meio do que tem sido chamado "criteriologia", "a busca de critérios de racionalidade permanentes ou estáveis fundamentados no desejo de objetivismo e na crença de que devemos, de alguma maneira, transcender as limitações para saber que elas são a conseqüência inevitável da nossa perspectiva sociotemporal como conhecedores" (Schwandt, 1996a, p. 58).

Como deve ser definida a qualidade essencial de um produto? Como deve ser conduzida "a busca por critérios de racionalidade permanentes e estáveis"? A especificação de critérios de qualidade é realizada por um grupo particular cuja autoridade para especificar vem de várias fontes, incluindo o *status* ou a posição política, burocrática ou administrativa do especialista. A produção de critérios é um processo de construção, permeado por influências sociais, culturais, políticas e morais. De forma característica, no entanto, a definição de critérios é tratada como um processo técnico baseado na aplicação de conhecimento disciplinar e experiência prática (ou, alternativamente, na autoridade política, administrativa ou em outros tipos de autoridade) desprovidos de valores. De acordo com a desconfiança positivista da filosofia (Schwandt, 1996a), a indagação "em que base filosófica a qualidade foi definida?" está quase inteiramente ausente. O discurso da qualidade evita a proposição na primeira pessoa "queremos dizer" ou "parece-nos", em prol da afirmação na terceira pessoa: "é".

Como a definição de qualidade é encarada como um processo de identificação e aplicação de conhecimento "objetivo" e indiscutível, o próprio processo recebe relativamente pouca atenção, análise ou outra justificativa (exceto talvez alguma base lógica que explica o vínculo entre a base de conhecimento e o padrão especificado).

Por isso, definir "qualidade" é um processo inerentemente exclusivo, didático, realizado por um grupo particular cujo poder e cujas reivindicações de legitimidade lhe permite determinar o que deve ser entendido como verdadeiro ou falso; não é um processo dialógico e negociado entre todas as partes interessadas. Uma vez definidos, os critérios são, então, oferecidos *aos* outros e aplicados *ao* processo ou ao produto que está sendo considerado. A qualidade é apresentada como uma verdade universal isenta de valor e cultura, além de aplicável, de igual maneira, em qualquer lugar no campo em consideração: em suma, a qualidade é um conceito descontextualizado.

Como a definição de qualidade é tacitamente aceita e tratada como um dado, o principal enfoque do "discurso da qualidade" é a realização e a avaliação desse conceito definido por especialistas, e não a construção (ou desconstrução) desse conceito. O discurso enfatiza mais a indagação "como identificamos a qualidade?" do que as indagações anteriores "o que entendemos por qualidade e por quê?" e "como e por quem a qualidade foi definida?" Isso, por sua vez, *prioriza os métodos*, em especial os métodos de avaliação: na perspectiva positivista, "muitos cientistas sociais acreditam que o método oferece uma espécie de clareza ao caminho para a verdade que a filosofia não oferece... o método tornou-se uma prescrição sagrada" (Schwandt, 1996a, p. 60). Como a essência da qualidade é sua natureza absoluta e universal, é particularmente importante remover qualquer elemento de especulação, interpretação ou julgamento pessoais, qualquer rastro de subjetividade. Esses comportamentos suspeitos devem ser substituídos por métodos de avaliação confiáveis e abertos à avaliação, realizados por avaliadores desinteressados que estão, de modo claro, distanciados do objeto da sua avaliação: regras de objetividade. O discurso não apenas toma por certa uma realidade, algo chamado *qualidade*; ele pressupõe que essa realidade possa ser perfeitamente captada por meios adequados e controlados com todo o cuidado.

O objetivo fundamental é reduzir a complexidade e a diversidade dos produtos avaliados e dos contextos nos quais eles existem e operam a um número limitado de critérios mensuráveis básicos que podem, então, ser condensados em uma série de avaliações numéricas – o sonho da modernidade. Caracteristicamente, a condensação envolve processos de representação e normalização. Em vez de se envolver com o que está realmente acontecendo, com toda a sua complexidade e com suas contradições, o discurso da qualidade procura descrever ou mapear, em relação a certos critérios considerados como representado, a fim de representar a essência de qualidade do produto em consideração. O propósito é avaliar a conformidade do produto – por exemplo, uma instituição dedicada à primeira infância – aos critérios e às normas subjacentes a eles, em vez de buscar a compreensão do objeto.

O contraste entre a complexidade da vida cotidiana da instituição dedicada à primeira infância e a simplificação envolvida no processo de representação será discutido a seguir por um pedagogo dinamarquês, o qual luta com a aparente contradição de que duas abordagens muito diferentes podem ser ambas chamadas "qualidade" (a contradição desaparece quando percebemos que ele está descrevendo maneiras diferentes de entender o mundo nos projetos da modernidade e da pós-modernidade):

> No passado, a "qualidade" era, em geral, usada para proporcionar um breve ponto de referência na descrição de uma experiência, como uma forma de expressar resumidamente uma complexidade difícil de ser definida de outra maneira sem os uso de milhares de palavras – e se milhares de palavras fossem usadas, a sensação remanescente seria, em geral, que a descrição só arranhou a superfície do que foi, de fato, experienciado. Hoje em dia, o conceito de qualidade é usado de maneira diferente, sobretudo, na vida empresarial dinamarquesa... Mapas, certificados, pontos e graus de qualidade estão sendo produzidos em uma velocidade frenética pelas empresas, em uma espécie de "inflação da qualidade". E, afinal, muitas coisas podem ser pesadas, medidas ou registradas em uma tabela, em uma fórmula ou em um gráfico... Meu medo é que, se essa abordagem da qualidade, com sua ênfase no peso e na medida, vier dominar a discussão nos serviços para crianças, ela vai mais destruir do que melhorar. Uma sociedade com idéias claramente definidas de como avaliar a arte será encarada como autoritária e tacanha: a verdadeira qualidade, como a verdadeira arte, não pode ser reduzida a simples listas. (Jensen, 1994, p. 156)

Qualidade, Satisfação do Cliente e Serviços Públicos

Nosso argumento tem sido o de que o discurso da qualidade diz respeito essencialmente à busca de um padrão absoluto para produtos, objetivo e generalização, definido em termos de critérios. Porém, como isso se relaciona à outra definição de qualidade, emanada do mundo dos negócios – a satisfação do cliente? De algumas formas, é absolutamente compatível. A satisfação do cliente, expressa pelas pesquisas ou por outros meios, pode ser tratada como um dos critérios importantes para a determinação da qualidade, um indicador do desempenho do produto. Como alternativa, e de maneira mais complexa, o cliente, ou as exigências do cliente, pode determinar os critérios que definem os padrões, o que tem sido denominado como uma abordagem "construtivista" para a definição de qualidade, "onde os usuários dos serviços desempenham um papel importante na definição e na valorização das dimensões ao longo das quais a qualidade será buscada, medida e avaliada" (Priestley, 1995, p. 15). Em outras palavras, nesse caso, o grupo particular que especifica os critérios são os clientes, e é o fato de serem clientes que lhes dá autoridade.

Entretanto, a idéia da satisfação do cliente é problemática, em especial quando se mostra necessário ir além da simples noção do cliente individual buscando a satisfação pessoal com um produto adquirido em um mercado privado, para um reconhecimento mais amplo da importância social e política de muitas instituições e de muitos serviços, sobretudo aqueles proporcionados no setor público. As questões, então, se tornam complexas e multidimensionais, e as abordagens empresariais da qualidade "não captam e, às vezes, não podem captar algumas peculiaridades da área dos serviços sociais pessoais" (Evers, 1997, p. 11). Em alguns casos, talvez existam, problemas na maneira de os clientes se expressarem sobre os serviços que recebem ou têm direito a receber. No contexto dos serviços sociais pessoais, muitos usuários são amedrontados, alienados e/ou incapacitados, membros de grupos fracos e vulneráveis (Evers, 1997; Pollitt, 1997). Se as crianças pequenas forem encaradas como clientes das instituições dedicadas à primeira infância, também é muito improvável que sejam capazes de agir como clientes de acordo com a teoria das relações de mercado. De qualquer maneira, tornar significativa a idéia do cliente e da satisfação do cliente requer bem mais ponderação e criatividade.

Supor um relacionamento simples entre consumidor e fornecedor suscita muitas questões, pois "a questão do consumidor é complicada" (Mäntysaari, 1997, p. 59). O crescente entusiasmo pelo consumismo nos serviços públicos "ignora algumas importantes questões anteriores sobre todo o caráter desse consumismo" – em particular, quem é o consumidor? (Pollitt, 1988). É a pessoa que hoje está usando o serviço (embora, como no caso dos serviços para crianças, o usuário é a criança, os pais ou ambos não são discutidos). Mas há ainda usuários *potenciais* e usuários *futuros*, e outros membros da comunidade que podem também ser afetados pelo fornecimento de serviços públicos e pelo contribuinte. Além disso, os consumidores de serviços públicos são também cidadãos.

Hambleton e Hoggart (1990) questionam, de maneira semelhante, a adequação do modelo do consumidor individual, enfatizado no mercado privado e aplicado à qualidade dos serviços públicos porque falha no tratamento de importantes questões, incluindo a responsabilidade coletiva mais ampla e a responsabilidade do setor público. Gaster (1991, p. 260, 261) sugere que "uma dimensão adicional à indagação 'O que é qualidade?' deve ser o elemento democrático, tanto através da democracia representativa como da democracia participatória... Se um serviço de qualidade é aquele que satisfaz o máximo possível as necessidades dos consumidores e da comunidade mais ampla, decorre que a definição de qualidade precisa emergir de um diálogo com essa comunidade". Pollitt (1988) também defende o desenvolvimento de abordagens inclusivas e dialógicas da qualidade nos serviços públicos, "orientadas por um modelo normativo de um cidadão-consumidor (potencialmente) ativo, participativo, preocupado com uma série de valores dos quais a eficiência é apenas um deles", e um reconhecimento de que "qualquer conjunto de indicadores de desempenho, por mais "duras" que sejam as medidas, está totalmente repleto de valores e incertezas de julgamento" (1988, p. 86).

Esse trabalho nos serviços sociais pessoais demonstra a impossibilidade de se limitar as discussões de qualidade à satisfação de um consumidor discreto e descontextualizado. Como muitos dos serviços são bens públicos, outras pessoas – além da díade "cliente-fornecedor" – têm de ser consideradas, assim como outras questões que vão além do fato de o consumidor estar ou não satisfeito: "os fornecedores têm de planejar seus serviços segundo critérios sociopolíticos específicos de justiça distributiva, os quais são inexistentes ou bem menos importantes do que na empresa privada"; e os serviços públicos têm de adotar padrões de profissionalismo que "não somente estejam de acordo com os recebedores diretos do serviço, mas com um público mais amplo representado por administradores e legisladores" (Evers, 1997, p. 20). Por fim, mas não menos importante, quando a democracia está em jogo, as questões tornam-se confusas se a diversidade tiver de ser considerada:

> Em muitos países, as unidades de SSP [serviços sociais pessoais] ou partes delas estão interligadas com as comunidades, subculturas e redes locais; estão muito bem sintonizadas com as demandas que surgem daí, assim como por seus respectivos valores e por suas aspirações... Preservar uma dimensão de regionalismo nos SSP pode ser uma questão muito controvertida. Assumir uma posição que deseja aboli-lo, mas prefere desenvolvê-lo mais como parte de uma paisagem rica e diversificada de provedores de cuidado e SSP, terá conseqüências quando se avaliar conceitos de GQ [garantia de qualidade]. Devido à economia local e à moral específica, a apropriação de modelos de estabelecimento de padrão e controle provenientes dos grandes sistemas hierárquicos será problemática. O desafio seria desenvolver métodos para melhoria da qualidade com respeito às peculiaridades dessa economia local. (Evers, 1997, p. 19)

A discussão precedente baseia-se, em grande parte, no trabalho realizado no campo dos serviços sociais pessoais. Após questionar o conceito de mercado privado do consumidor ou cliente isolado e descontextualizado, introduzindo um contexto político e social que leva em conta os relacionamentos societais e os objetivos democráticos, parece-nos que muitos autores que escrevem sobre a qualidade nos serviços sociais pessoais estão problematizando o conceito de qualidade da forma como ele está construído dentro do discurso da qualidade. Grande parte desse trabalho suscita muitas das questões relacionadas à qualidade que foram levantadas em relação às instituições dedicadas à primeira infância (de maneira bastante independente, pois parece haver pouca comunicação entre os serviços sociais pessoais e a primeira infância quando se trata da discussão da qualidade) e que nos levaram a concluir, no Capítulo 1, que havia um problema com a qualidade. Será que o discurso da qualidade reconhece o contexto e as peculiaridade de contextos diferentes? Será que ele reconhece e convive com os valores e com as incertezas de julgamentos que cobrem qualquer conjunto de indicadores ou critérios? Quem define a qualidade e como esse processo pode enfrentar as múltiplas perspectivas de um processo genuinamente democrático?

O Discurso da Qualidade na Primeira Infância

Desde sua emergência no cenário no início da década de 80, o discurso da qualidade tem sido aplicado ao campo das instituições dedicadas à primeira infância de várias maneiras, incluindo pesquisa, medidas, padrões e diretrizes sobre a boa prática. Todos esses têm envolvido, de várias formas, o desenvolvimento e a aplicação de critérios, para permitir a avaliação dos padrões ou o desempenho das instituições dedicadas à primeira infância. Esses critérios reunem-se principalmente em três agrupamentos: estrutura, processo e resultado.

Os critérios *estruturais* (às vezes, referidos como critérios da força que é consumida "absorção"), referem-se aos recursos e às dimensões organizacionais das instituições, como tamanho do grupo, níveis de treinamento dos funcionários, proporção de adultos em relação a crianças, e a presença e o conteúdo de um currículo. Os critérios *processuais* referem-se ao que acontece na instituição, em particular as atividades das crianças, o comportamento dos funcionários e as interações entre crianças e adultos. Essa categoria pode ser ampliada para abarcar os relacionamentos entre a instituição e os pais. Os critérios de *resultado* têm sido definidos principalmente em termos de alguns aspectos do desenvolvimento da criança, assumidos como desejáveis, mas também através do desempenho escolar, social e econômico posterior da criança pequena, às vezes, se estendendo até a idade adulta. Outro resultado está também recebendo alguma atenção (embora menos que em muitos outros campos): a satisfação do cliente relacionada aos pais, os supostos consumidores dos serviços dedicados à primeira infância. Tem sido afirmado que essa ênfase emergente na satisfação dos pais reflete "uma concepção ampliada da qualidade do cuidado à criança que considera os interesses e as preocupações dos pais" (Larner e Phillips, 1994, p. 47).

Um crítico das diferentes abordagens da qualidade nos serviços dedicados à primeira infância conclui que qualquer abordagem "pode ser analisada em termos de sua força de consumo, do Processo e do Resultado", embora ele acrescente que "algumas metodologias são mais fortes em um aspecto do que em outro" (Williams, 1994, p. 17). Os critérios de resultado, em particular, são avaliados com menos freqüência, principalmente porque há dificuldades, financeiras e metodológicas, na coleta e na interpretação de dados sobre o desenvolvimento e o desempenho das crianças, de uma maneira que permita afirmar que estão claramente relacionados ao desempenho das instituições dedicadas à primeira infância. Por exemplo, no mundo real confuso, as crianças podem freqüentar várias instituições diferentes durante sua primeira infância, o que dificulta separar os resultados da freqüência a qualquer uma instituição particular, e o desenvolvimento da criança precisa ser testado tanto antes de começar a freqüentar uma instituição, como depois, de modo a ter uma idéia mais clara do impacto daquela instituição em particular. Por conseguinte, os critérios estruturais e processuais têm sido usados como substitutos para os resultados, de modo que os pesquisadores e outros, em geral, "identificam a 'qualidade' com características das instituições de prestação de cuidados que estejam relacionadas a pontuações favoráveis nos testes de desenvolvimento" (Singer, 1993, p. 438).

O discurso da qualidade influenciou o campo de pesquisa da primeira infância nos últimos 20 anos. Tem gerado muitos estudos, em especial, americanos, embora um número crescente esteja vindo de outros países, o que indica a disseminação do discurso da qualidade no campo da primeira infância. Uma das principais conseqüências dessa pesquisa foi estabelecer relacionamentos entre alguns critérios estruturais e processuais, por um lado, e, por outro, alguns critérios de resultados: "a pesquisa no desenvolvimento da criança e na educação da primeira infância tem identificado vários indicadores claros do cuidado de qualidade, definidos em termos da sua importância preditiva para o desenvolvimento das crianças" (Phillips, 1996, p. 43).

Outro produto desse trabalho de pesquisa dentro do discurso da qualidade foi o desenvolvimento de medidas que passaram a ser usadas por muitos pesquisadores como um meio experimentado e testado de avaliar a qualidade. O exemplo mais conhecido e mais amplamente usado é a *Early Childhood Environmental Rating Scale (ECERS)**. A ECERS foi desenvolvida no início da década de 80 por dois especialistas americanos em primeira infância, Thelma Harms e Richard Clifford, e foi descrito por seus autores como "um meio relativamente curto e eficiente de se observar seriamente a qualidade do ambiente [dos primeiros anos de vida] ... [cobrindo] os aspectos básicos de todas as instalações dedicadas à primeira infância" (Harms e Clifford, 1980, p. iv). Destinada ao uso em várias formas de instituições dedicadas à primeira infância nos Estados Unidos, um país com um contexto econômico, social, cultural e político muito particular, ela tem sido cada vez mais utilizada em outros países do mundo, tanto por pesquisadores como por profissionais da área, parecendo ter se tornado um padrão global e a base de um corpo crescente de comparações das instituições dedicadas à primeira infância entre as nações.

A ECERS é uma escola de observação que compreende 37 itens individuais, com as pontuações dos subconjuntos desses itens agregadas para proporcionar

*N. de R.T. No Brasil denominado como Escala de Avaliação de Ambientes oferecidos a crianças pequenas.

sete pontuações da escala, destinadas a oferecer um quadro geral do ambiente que foi criado para as crianças e para os adultos que compartilham o local que está sendo avaliado. O desenvolvimento da medida envolveu uma formulação inicial dos autores, a qual foi validada em oposição às visões de especialistas americanos no campo da primeira infância. Sete "especialistas reconhecidos no âmbito nacional" foram solicitados a avaliar cada item da escala em termos da sua importância para os programas dedicados à primeira infância. Subseqüentemente, a escala foi testada comparando-se a sua capacidade para distinguir entre salas de aula de "qualidade variável", segundo o julgamento de educadores de primeira infância nos Estados Unidos. A ECERS não é explícita sobre seus valores (Brophy e Statham, 1994), ainda que os autores se refiram à "ausência de normas universalmente aceitáveis para os ambientes para a primeira infância" (Harms e Clifford, 1980, p. 38).

O discurso da qualidade gerou outro campo de atividade, o desenvolvimento de padrões e diretrizes da boa prática para várias formas de provisão de cuidados à primeira infância, que, embora não-estruturados como medidas ou métodos de avaliação, na verdade, proporcionam definições de qualidade. No Reino Unido, por exemplo, "muitas agências com interesses particulares... produziram padrões e recomendações explícitos para a prática. Essas especificações de padrões de qualidade foram fundamentais para o desenvolvimento e para a avaliação de serviços destinados à provisão de uma boa experiência para a criança " (Williams, 1994, p. 3). Um dos melhores exemplos conhecidos dos Estados Unidos são os *Developmentally Appropriate Practice in Early Childhood Programs,* cuja primeira edição foi publicada em 1987 pela American National Association for the Education of Young Children (Bredekamp, 1987). Baseados no "conhecimento do desenvolvimento da criança", eles produzem diretrizes que "definem uma prática 'universal' de educação infantil para estimular esse desenvolvimento, distinguindo entre práticas adequadas e inadequadas, um dualismo que dificulta considerar outras opções" (Lubeck, 1996, p. 151). Essa abordagem descontextualizada, "que tem suas premissas baseadas em suposições modernistas", "tem como função estimular o desenvolvimento de um ser isolado... tendo como objetivo final o indivíduo autônomo" (1996, p. 156).[1]

Como em outros campos, o discurso da qualidade na primeira infância foi constituído por uma busca de padrões objetivos, racionais e universais, definidos por especialistas com base no conhecimento indiscutível, e avaliados de maneira que reduzam as complexidades das instituições dedicadas à primeira infância a "critérios estáveis de racionalidade". O método foi enfatizado à custa da filosofia, priorizando-se mais o "como" se constituem, do que o "porquê". Conseqüentemente, a discussão da qualidade nas instituições dedicadas à primeira infância raras vezes se inicia buscando questões importantes e produtivas – sobre as crianças, sobre a infância ou sobre as instituições dedicadas à primeira infância – e oferecendo algumas respostas, ainda que parciais e incertas.

A Psicologia do Desenvolvimento e o Discurso da Qualidade

> A década de 30 abriu um discurso (na Suécia) de uma pedagogia inclusiva para a primeira infância – discurso este que se tornou uma parte importante da coreografia de uma racionalidade política, abrigando visões e revisões modernistas de uma sociedade melhor... A psicologia do desenvolvimento foi um instrumento importante nessa estratégia, na qual se supõe que a criança entre em acordo com a normatividade social, com a universalidade e com o princípio da razão. Usando um conceito de Foucault, pode-se dizer que a partir daí a psicologia do desenvolvimento e a pedagogia centrada na criança tornaram-se uma forma de "regime discursivo da verdade", que dirigia o que era visto como importante a ser feito na prática, mas também o que poderia ser pensado e dito, e não-pensado e não-dito, sobre as crianças. (Dahlberg, 1995, p. 3-4)

> A psicologia do desenvolvimento, baseada em objetivos positivistas e universalistas, com uma base biológica, tem dominado a teorização sobre as crianças e influenciado profundamente as políticas a elas relacionadas. (Mayall, 1996, p. 19)

Como já discutimos no Capítulo 2, a psicologia do desenvolvimento é "uma disciplina paradigmaticamente moderna" (Burman, 1994, p. 18) e tem sido um regime discursivo muito importante, na verdade dominante, no campo das instituições dedicadas à primeira infância, pelo menos no mundo anglo-americano: "o conhecimento do desenvolvimento da criança tem sido tão fundamental no campo da educação da primeira infância, que anulá-lo pareceria nos deixar em um limbo estúpido" (Lubeck, 1996, p. 158). Uma razão pela qual o discurso da qualidade foi assumido tão prontamente, sem questionamentos, no campo da primeira infância, foi o fato de ele compartilhar tantas perspectivas e tantos métodos dessa disciplina dominante. Ambos são produtos do projeto da modernidade – "desenvolvimento" e "qualidade" são conceitos quintessencialmente modernistas.

A disciplina da psicologia do desenvolvimento e o discurso da qualidade na primeira infância ajustaram-se com perfeição. O desenvolvimento da criança ofereceu, como verdade certa e objetiva, o progresso do indivíduo por meio de estágios desenvolvimentais universais, uma "grande narrativa" que fez muito para produzir as construções das crianças pequenas e das instituições dedicadas à primeira infância discutidas nos capítulos anteriores, assim como os critérios para as definições de qualidade nessas instituições. Tanto os discursos do desenvolvimento da criança como da qualidade adotam uma abordagem descontextualizada ou, na melhor das hipóteses, tentam lhe proporcionar "contexto" como uma variável explanatória, divorciando a criança e a instituição da experiência concreta, da vida cotidiana, das complexidades da cultura, da importância da situação. Ambos são "orientados pela demanda para produzir tecnologias de avaliação" (Burman, 1994, p. 3), incluindo sistemas de classificação que tentam reduzir a complexidade, para que processos que são muito complexos e inter-relacionados na vida cotidiana sejam isolados um do outro e colocados em sistemas e idéias abstratas; as avaliações do desenvolvimento das crianças e da qualidade terminam ambas produzindo mapas abstratos que simplificam e normalizam, dizendo como as crianças ou as instituições devem ser, enquanto distraem a nossa atenção de descobrir como elas, na realidade, são. Os dois discursos assumem e procuram descobrir verdades inatas objetivas, universais e generalizáveis, tratando tanto as crianças como as instituições como "objetos predeterminados independentes sobre os quais [eles] fazem 'descobertas'" (Henriques et al., 1984, p. 101-102). Ambos são extremamente individualistas em sua orientação: o discurso da qualidade concentrando-se nos resultados e nos relacionamentos individuais, enquanto o discurso do desenvolvimento da criança acredita "na criança individual e completa ... a idéia de que a criança é uma construção social e uma construção social contínua parece incompatível com o espírito da cultura e da psicologia infantil americanas" (Kessen, 1983, p. 32).

Em suma, ambos os discursos – da qualidade e do desenvolvimento da criança – são fortemente modernistas, positivistas na abordagem e comprometidos com a importância de gerar formas de conhecimento objetivas. Ambos adotaram as suposições das ciências naturais – com sua ênfase no universal e no racional – em vez de suposições das ciências culturais/históricas – com sua ênfase na natureza construída e local tanto dos problemas como das respostas (Cole, 1996).

Em tais circunstâncias, não surpreende que os psicólogos desenvolvimentais tenham desempenhado um papel de liderança no trabalho sobre a qualidade nas instituições dedicadas à primeira infância – como autoridades especializadas na definição de critérios de qualidade, como produtores de métodos de avaliação e como pesquisadores da qualidade e de seus determinantes. Entretanto, seria injusto sugerir que essa dominância seja apenas o resultado de tendências imperialistas; a psicologia do desenvolvimento teve um curso livre porque outras disciplinas não se interessaram (Mayall, 1996). Em particular, até recentemente, a sociologia tendeu a ignorar as crianças e a infância, encarando-as como campo da psicologia e aceitando a definição da psicologia de que as crianças são cognitivamente incompetentes e, por isso, essencialmente passivas; a designação que os "psicólogos" dão às crianças de não-pessoas em desenvolvimento e os projetos de socialização permitiram aos sociólogos tirar as crianças de seus roteiros" (Mayall, 1996, p. 19). Mas, seja qual for a razão, o campo da primeira infância tem sido o mais pobre devido à sua dependência a uma disciplina e à sua negligência pelas outras. As disciplinas "ausentes" podem ter se sentido mais constrangidas com as suposições positivistas subjacentes ao "discurso da qualidade". Se estivessem envolvidas, de fato, é possível que o "discurso da qualidade" no campo da primeira infância tivesse sido problematizado mais cedo.

A história proporciona um exemplo dos benefícios potenciais de perspectivas disciplinares alternativas. Até mesmo um exame superficial da história das instituições dedicadas à primeira infância mostra como as idéias sobre as instituições – seus propósitos, a natureza do trabalho pedagógico, seu entendimento da criança pequena – são o tema de construção e reconstrução recorrentes (cf. a discussão da história recente das instituições dedicadas à primeira infância na Suécia, no Capítulo 4; da educação em berçários na Grã-Bretanha, de Robert Owen até os dias de hoje, em Moss e Penn, 1996; e do movimento das escolas maternais da América do Norte em 1820 e o seu relacionamento com a dinâmica contemporânea da primeira infância nos Estados Unidos e no Canadá, em Pence, 1989). Em termos mais amplos, muitos historiadores têm um entendimento bastante diferente daquele dos psicólogos desenvolvimentais sobre as crianças e a infância.

> Os historiadores tomam por certo e, na verdade, têm fortes suspeitas de que o comportamento humano é, de forma invariável, contingente e de que a ação social é, na realidade, condicionada pelo contexto... [Mas] será que os desenvolvimentalistas são capazes de abandonar o pressuposto positivista de homogeneidade e desistir do objetivo positivista da universalidade? Podem aceitar, com autenticidade, a contingência radical e a indeterminação, e enfrentar a particularidade específica da situação? Estão dispostos a abandonar a busca pela infância imutável na qual seu campo foi assentado? Podem se render à convicção de que a criança é... uma espécie natural ao invés de uma espécie social e histórica?...
>
> Operando sobre noções da criança como uma espécie natural e sobre noções de si mesmos como cientistas naturais, estudando processos previsíveis dessa espécie natural, os desenvolvimentalistas não têm estado propensos a lutar com augúrios da relatividade que eles, não obstante, são obrigados a enfrentar... Embora a experiência ampla [dos historiadores] com a relatividade indubitável das condições, nossa receptividade – para a proliferação de perspectivas que assistiram à emergência da nova história social ... Reconhecemos que não podemos proclamar regularidades confiáveis nas quais possamos basear predições, porque não podemos dispor em contrário à contingência inexorável da condição humana. (Zuckerman, 1993, p. 231, 235, 239-240)

A Psicologia do Desenvolvimento e a Qualidade em Crise

O projeto da psicologia do desenvolvimento como a apresentação de um modelo geral que descreve o desenvolvimento como unitário, independentemente da cultura, da classe, do gênero ou da história, significa que a diferença só pode ser reconhecida em termos de aberrações, desvios e a partir de um progresso relativo em uma escala linear... A noção de "progresso", seja das sociedades, seja por meio da "extensão da vida", implica movimento linear na história e entre culturas. A comparação nesses termos está sendo, na atualidade, reconhecida como cada vez mais insustentável. Em particular, a implicação de que há um conjunto destacado e desinteressado de dispositivos e técnicas para este propósito, como a psicologia do desenvolvimento, ilustra a extensão em que passamos a acreditar no sujeito psicológico abstrato e desincorporado, rejeitando tudo que falha em tratar como meramente suplementar ou inadequa-

> do... A questão é trazer à tona e reconhecer o investimento e a subjetividade que estão por trás das reivindicações de um conhecimento desinteressado e verdadeiro. (Burman, 1994, p. 185, 188)

> Ainda que o desenvolvimentalismo e os modelos funcionais da teoria da socialização tenham sofrido uma surra nos últimos 20 anos, eles permanecem incrivelmente poderosos... Embora críticas das teorias estabelecidas do desenvolvimento da criança tenham chegado de muitas partes, durante um tempo considerável, não só essas teorias se sobressaíram nos campos da política e da prática ligadas à saúde, ao bem-estar e à educação da criança, como a construção de um paradigma mais abrangente da psicologia da criança também tem se mostrado difícil. (Mayall, 1996, p. 52, 55)

No Capítulo 1, descrevemos como o conceito de qualidade na primeira infância foi problematizado durante a década de 90. A psicologia do desenvolvimento, a disciplina que tem estado tão intimamente associada com a aplicação do discurso da qualidade no campo da primeira infância, tem passado por um processo similar de problematização e de desconstrução; porém, mais exaustivo e extenso, tanto de fora como de dentro da disciplina, incluindo alguns dos nomes mais conhecidos na disciplina (cf. Bronfenbrenner et al., 1986; Burman, 1994; Cole, 1996; Elder et al., 1993; Henriques et al., 1984; Kessen, 1979, 1983; Lubeck, 1996; Mayall, 1996; Morss, 1996; Prout e James, 1990). As características da psicologia do desenvolvimento que estão sendo problematizadas são similares àquelas que estão sendo problematizadas no discurso da qualidade na primeira infância (o que não surpreende, visto que ambas estão muito profundamente incorporadas no projeto da modernidade): a abordagem positivista e seus métodos, incluindo a redução da complexidade para representações simplificadas e quantificáveis, e sua desconfiança, e até mesmo rejeição, da subjetividade e da filosofia; uma crença em leis gerais e verdades universais, personificada pela visão descontextualizada do desenvolvimento como uma seqüência de estágios biologicamente determinados; um enfoque no indivíduo como a peça fundamental da investigação; a forte tendência para a normalização; sua implicação nos processos de regulação e de controle; o próprio conceito de "desenvolvimento".

Pode-se dizer que tanto a psicologia do desenvolvimento como o discurso da qualidade estão em crise, baseado no fato de que ambos estão em um programa positivista de "estabelecer critérios permanentes e revelar uma base de conhecimento inquestionável [que tem] se mostrado inatingível" (Schwandt, 1996a, p. 59). É difícil encontrar hoje filósofos que apóiem esse programa (Shadish, 1995). O positivismo tem sido deslocado, e "o programa de tornar tudo conhecível por meio de normas e procedimentos da 'ciência' supostamente impessoais tem sido questionado de forma radical" (Apple, 1991).

Em alguns aspectos, nada disso deveria causar preocupação. Já declaramos que a crise pode ser encarada com otimismo, como abrindo novas possibilidades e horizontes, investigações e soluções alternativas, e oportunidades para novos entendimentos: "a crítica que tem se acumulado nos últimos 20 anos com relação às inadequações das suposições positivistas diante da complexidade humana abriu uma percepção de possibilidades nas ciências humanas" (Lather, 1991, p. 2). Além disso, não há necessidade de ser prescritivo, de insistir no ou/ou; aqueles que optam por entender o mundo à luz da perspectiva modernista estão livres para fazê-lo.

Na prática, no entanto, há motivos para preocupação, já que, apesar do colapso intelectual do positivismo, ele ainda permanece influente na publicação, na subvenção, na promoção e no mandato em muitos campos acadêmicos (Fishman, 1995), enquanto o sonho cartesiano da certeza se prolonga e motiva uma busca contínua de critérios definitivos e universais (Schwandt, 1996a), como no discurso da qualidade. A psicologia do desenvolvimento e a qualidade ainda são regimes discursivos dominantes, os quais continuam a dominar o entendimento das pessoas sobre a primeira infância e as instituições dedicadas a essa fase da vida. Muitos formuladores de políticas e profissionais do campo da primeira infância desconhecem que a psicologia do desenvolvimento "sofreu uma surra": eles continuam a confiar nela para lhes proporcionar um relato "verdadeiro" da infância e uma base para a política e para a prática. As abordagens e as perspectivas alternativas não apenas continuam inexploradas, mas os programas dedicados à primeira infância, as avaliações de qualidade e as construções de desenvolvimento infantil "normal" são exportados dos Estados Unidos, centro mais importante dos discursos positivistas da qualidade e do desenvolvimento infantil, para serem aplicados inquestionavelmente em outros países do mundo todo. O projeto da modernidade pode ser cada vez mais questionado, mas sua crença no progresso e na verdade universal continua a exercer uma influência global poderosa e problemática que consideraremos em mais detalhes no Capítulo 8.

ALÉM DA QUALIDADE RUMO À CONSTRUÇÃO DE SIGNIFICADO

O que pode ser feito a respeito do "problema da qualidade"? A qualidade pode ser reconceituada para acomodar a diversidade, a subjetividade, as perspectivas múltiplas e o contexto temporal e espacial? Por exemplo, pode um item "contexto" ser acrescentado como uma variável ao estudo da qualidade, conduzindo a cálculos estatísticos do efeito desse item sobre a variável das pontuações produzidas por avaliações da qualidade? Podemos qualificar definições de qualidade para indicar a que sociedade ou cultura elas especificamente se referem e se aplicam, terminando com, por exemplo, as variantes suecas, britânicas ou canadenses de algum padrão básico de qualidade? Se mais investidores tivessem de ser consultados, e se tivessem de ser melhor informados, uma definição mais inclusiva e consensual de qualidade poderia ser construída baseada em um entendimento compartilhado? A qualidade deveria ser deixada a cargo de cada centro individual ou da comunidade para ser definida, de acordo com seus próprios interesses, valores e entendimentos, assumindo-se que todas as definições são igualmente válidas?

Parece-nos que nenhuma destas indagações conduz a progressos. A idéia de que o contexto possa ser separado e de que o seu efeito possa ser independentemente medido requer uma conceituação do contexto como "aquilo que está em volta". Contudo, tal conceituação tem sido problematizada como uma simplificação reducionista. Como conceituação alternativa, "o contexto como aquilo que se entrelaça" impede a possibilidade de separar o contexto como uma variável independente (Cole, 1996). Para alguns psicólogos, isso tem significado, por exemplo, como um deslocamento que percebe a cultura como uma variável independente que afeta a cognição para se encarar os processos cognitivos como inerentemente culturais (Rogoff e Chavajay, 1995). Aplicada ao estudo das instituições dedicadas à primeira infância, essa perspectiva significaria reconhecer que elas são também inerentemente culturais – entrelaçadas inextricavelmente com a cultura e também com outros fios que compõem o contexto.

A visão de que as instituições dedicadas à primeira infância são inerentemente culturais pode sugerir que a noção, por exemplo, de "qualidade sueca", "qualidade britânica" ou "qualidade canadense" poderia se mostrar produtiva. Mas as próprias palavras, essa qualificação da qualidade, parece muito estranha, quase absurda, pelo menos porque nunca a vemos em outros locais, como, por exemplo, em propagandas de carros ou de outros produtos onde a "qualidade" nunca é qualificada dessa maneira, mas sempre assumida como um padrão universal, uma "tecnologia da distância". O problema é uma contradição básica: a noção de que os entendimentos da qualidade nas instituições dedicadas à primeira infância poderiam ser societária ou culturalmente específicas é incompatível com o conceito da qualidade como uma norma universal e objetiva. Se permitimos alguma diversidade e reconhecemos a possibilidade de perspectivas múltiplas, onde se traça os limites? Não somos obrigados a aceitar que estamos olhando para diferentes entendimentos do que está acontecendo ou do que as pessoas gostariam que estivesse acontecendo? Se a possibilidade de padronização se desvanece diante da diversidade e da complexidade, por que não buscar um entendimento de como a instituição, na realidade, é, em vez de avaliar sua conformidade a uma norma cada vez mais problemática?

Os investidores, ainda que consultados e melhor informados, podem ainda discordar disso e chegar a diferentes entendimentos da qualidade, a menos, é claro, que suponhamos haver uma única resposta correta, talvez baseada no conhecimento especializado, que permitirá que os conflitos de definição finalmente se reconciliem – uma suposição que nos leva de volta à idéia da qualidade como uma verdade universal, conhecível. Mesmo os membros de um grupo de investidores, cultural ou particular, embora tendo muitas coisas em comum, podem ainda diferir entre si sobre muitas questões importantes ou formar subgrupos e sub-subgrupos. Na verdade, seria surpreendente, e talvez preocupante, se os membros de tais grupos amplamente definidos estivessem em completo acordo, pois os investidores (ou outro grupo) não são formados por clones uniformes, mas por indivíduos com muitas diferenças: "apenas como um exemplo, observando de perto, as 'mulheres' tornam-se fragmentadas, múltiplas e contraditórias, seja entre os grupos, seja como indivíduos" (Lather, 1991, p. xvi). Seja como for, essa discussão suscita a questão se o consenso é considerado desejável ou problemático (Karlsson, 1995).

Por fim, poucas pessoas sentem-se à vontade com a idéia de relativismo não-qualificado do "vale tudo", em especial quando suas conseqüências afetam um grupo relativamente impotente como as crianças pequenas. Tratamos a questão do relativismo em mais detalhes mais adiante neste capítulo (p. 155-159), situando a nossa discussão em um contexto ético mais amplo.

Parece-nos que o problema subjacente diz respeito ao próprio conceito de qualidade. Ele é um vaso vazio que podemos encher e tornar a encher com diferentes significados? Ou é um vaso cheio, com um conteúdo de significado muito particular e imutável? Parece-nos que o conceito de qualidade tem um significado muito particular, aquele de um padrão universal, conhecível e objetivo, e que está situado em um entendimento modernista particular do mundo. Qualidade é uma "tecnologia da distância", um meio de se excluir o julgamento individual e de transpor os limites do grupo e da comunidade. A qualidade não pode ser reconceituada para acomodar a complexidade, os valores, a diversidade, a subjetividade, as perspectivas múltiplas e outras características de um mundo entendido como ao mesmo tempo incerto e diverso.

O "problema com qualidade" não pode ser tratado lutando-se para reconstruir o conceito de uma maneira que ele nunca pretendeu proceder. Por exemplo, se tentarmos fazer uma acomodação com a subjetividade ou com as perspectivas múltiplas, então uma busca cada vez mais desesperada da qualidade vai mostrar-se esforço inútil, pois o conceito de qualidade em relação às instituições dedicadas à primeira infância é irremediavelmente modernista, é parte do sonho cartesiano de certeza e da ambição de Progresso e Verdade do Iluminismo. Refere-se a uma busca por critérios definitivos e universais, certeza e ordem – ou não se refere a nada. Trabalhar com complexidade, valores, diversidade, subjetividade, perspectivas múltiplas e contexto temporal e espacial significa assumir outra posição que entenda o mundo de uma maneira pós-moderna diferente e que produza novos discursos, novos conceitos e novas questões – não lutando somente para reconstruir a qualidade. O problema da qualidade não é, na realidade, um problema, uma vez que reconheçamos que ela não é um conceito neutro, mas um conceito que optamos por refutá-lo ou aceitá-lo.

O DISCURSO DA CONSTRUÇÃO DE SIGNIFICADO

> Em vez de falarmos sobre programas e projetos, preferimos falar sobre conjecturas, imagens, contradições e ambigüidades que acompanham as idéias que valorizamos quando escolhemos nossa maneira de viver e nossa sociedade. Acreditamos que nunca entenderemos ou encerraremos por completo essas idéias porque seus significados continuarão a mudar e a se deslocar. Isso não é razão para desespero. É apenas como as coisas são, como as entendemos, quando lidamos com a educação, com a sociedade e com a vida. (Cherryholmes, 1994, p. 205)

> Mesmo no cerne da física do século XX, as idiossincrasias das pessoas e das culturas não podem ser eliminadas... Em uma Modernidade humanizada, a descontextualização de problemas tão característicos da Alta Modernidade não é mais uma opção séria... "Para todo problema humano" [disse o analista Walter Lippmann], "há uma solução simples, clara e errada"; e isso é tão verdadeiro para os problemas intelectuais quanto para os problemas práticos. (Toulmin, 1990, p. 201)

Declaramos que o discurso modernista da qualidade nas instituições dedicadas à primeira infância (ou em qualquer outro ambiente) envolve a busca descontextualizada pela certeza através da aplicação imparcial e objetiva de critérios universais e atemporais. A intenção é avaliar até que ponto a instituição se adapta a algum ideal de desempenho preestabelecido. Como está situado no projeto da modernidade, o discurso da qualidade "é inadequado para se entender um mundo de muitas causas e de muitos efeitos, interagindo de maneira complexa e não-lineares, todas elas enraizadas em uma série ilimitada de especificidades históricas e culturais" (Lather, 1991, p. 21). Parece-nos que esse entendimento requer um discurso diferente situado no projeto da pós-modernidade, um discurso que está à vontade com a diversidade, com a complexidade, com a subjetividade e com as perspectivas múltiplas, e que, como parte de uma prática emancipatória, nos permite agir como agentes e nos permite também "produzir em vez de refletir significado" (1991, p. 37).

Denominamos o discurso pós-moderno de *discurso da construção de significado*. Ele tem muito em comum com a abordagem céptica adotada pelos humanistas do século XVI (apossada no século XVII pelo sonho de certeza cartesiano), que, nas últimas décadas, ressurgiu na filosofia (Toulmin, 1990). Esse discurso está também situado na posição ética que esboçamos anteriormente, a ética de um encontro, trazendo para primeiro plano a importância da construção de significado no diálogo com as outras pessoas. Tais exigências distinguem essa abordagem do conceito do julgamento pessoal ou especializado, dependente da busca individual pela descoberta da verdade; ou do conceito de qualidade, envolvendo a aplicação ou a reprodução de critérios padronizados e quantificados que substituem a confiança no julgamento individual, ainda que especializado, pela confiança nos números e em métodos científicos objetivos.

No campo da primeira infância, o discurso da construção de significado refere-se, antes de tudo, à construção e ao aprofundamento do *entendimento* da instituição dedicada à primeira infância e a seus projetos, em particular o trabalho pedagógico – para construir significado a partir do que está acontecendo. Através da construção desses entendimentos, as pessoas podem optar por continuar tentando fazer *julgamentos* sobre o trabalho, um processo que envolve a aplicação de valores ao entendimento para se fazer um julgamento de valor. Por fim, as pessoas podem optar por *buscar algum acordo com os outros* sobre esses julgamentos – esforçar-se para entrar em acordo, até certo ponto, sobre o que está acontecendo e sobre o seu valor. No entanto, o discurso não presume que todos os três estágios sejam seguidos. Na verdade, pode ser considerado suficiente limitar o construir sentido ao aprofundamento do entendimento, sem ir adiante para julgar ou buscar algum acordo.

Há continuidades entre o discurso da qualidade e o discurso da construção de significado. Em particular, pode-se dizer que um desejo de construir sentido a partir do que está acontecendo motiva tanto o discurso modernista da qualidade como seu correspondente pós-modernista. Poderíamos até dizer que os dois discursos diferentes buscam respostas para indagações do que é um *bom trabalho* em nossas instituições dedicadas à primeira infância, como ele pode ser definido e como pode ser conduzido. Entretanto, os dois discursos têm entendimentos muito particulares e diferentes do que significa construir sentido e inquirir sobre o bom trabalho, usando métodos muito particulares e distintos. Por exemplo, na pós-modernidade, o *bom* não é entendido como uma categoria inerente, substancial e universal, uma idéia na qual o Iluminismo acreditava e a qual tentou legitimar. Em vez disso, o bom é entendido como o produto da prática discursiva, e é sempre contextualizado (específico do tempo e do lugar), muitas vezes, sujeito a desacordo e, inevitavelmente, sujeito a negociação. Embora reconhecendo a possibilidade de *algum* acordo, o "discurso da construção de significado" não requer nem busca consenso e unanimidade, pois "é no cemitério do consenso universal que a responsabilidade, a liberdade e o individual exalam seu último suspiro" (Bauman, 1997, p. 202). Nem podem as respostas ao o que é , pode ser, ou deveria ser, um bom trabalho em instituições dedicadas à primeira infância situar-se de forma isolada dos entendimentos da primeira infância, das instituições dedicadas à primeira infância e da pedagogia da primeira infância, os tipos de questões que discutimos nos capítulos anteriores.

Cada discurso envolve escolhas ou julgamentos, mas, enquanto o discurso da qualidade se refere a escolhas técnicas desprovidas de valor, o discurso da construção de significado requer escolhas explicitamente éticas e filosóficas, julgamentos de valor realizados em relação às questões mais amplas do que queremos para nossos filhos hoje e no futuro – questões que devem ser colocadas repetidas vezes e que precisam estar relacionadas a questões ainda mais amplas sobre "o que é a vida boa?" e "o que significa ser um ser humano?" As respostas que damos a essas questões dizem muito sobre a maneira como entendemos a posição da criança pequena na sociedade, assim como nossas formas de democracia.

Na pós-modernidade, "extrair sentido do que está acontecendo" diz respeito à construção ou à extração de significado. Fazemos isso, cada um de nós, atuando como agentes – mas sempre em relação aos outros, entendendo que *nós* estamos situados em um contexto espacial e temporal particular e somos "criaturas finitas, incorporadas e frágeis, e não um cogito desincorporado ou unidades abstratas" (Benhabib, 1992, p. 5). "Extrair sentido" envolve processos de diálogo e reflexão crítica, baseados na "experiência humana concreta", e não em exercícios de abstração, categorização e mapeamento.

Por isso, o discurso da construção de significado não somente adota uma perspectiva construcionista social, como também está relacionado a um entendimento da aprendizagem (discutido no Capítulo 3) como um processo de co-construção, através do qual, no relacionamento com os outros, extraímos significado do mundo. Ele assume que cada pessoa co-constrói seu próprio entendimento do que está acontecendo. Em contraste a isso, o discurso da qualidade está relacionado a um entendimento da aprendizagem como reprodutora de um corpo de conhecimento predeterminado, com o técnico especializado atuando como o transmissor desse conhecimento. Em suma, os dois discursos podem ser vistos como maneiras diferentes de se saber o que está acontecendo nas instituições dedicadas à primeira infância.

A capacidade de construir significado e aprofundar o entendimento – o que chamaríamos *sabedoria* – não está igualmente disseminado, nem é imune à mudança; alguns são mais instruídos que outros, e a sabedoria pode ser cultivada. Rejeitar a busca da certeza que ocupa um lugar tão destacado na agenda modernista não significa ainda rejeitar o rigor e a abertura, a confiança e a justiça. O discurso da construção de significado deve procurar evitar "o risco da subjetividade excessiva quando se encontra apenas o que se está predisposto a buscar, um resultado que corresponde à 'precisão inútil' do objetivismo" (Lather, 1991, p.

52). O discurso da construção de significado traz à tona a necessidade de responsabilidade democrática e pública, por exemplo, do trabalho das instituições dedicadas à primeira infância, mas, ao mesmo tempo, "recusa a equiparar responsabilidade com contabilidade" (Readings, 1996, p. 131).

A construção de significado requer condições muito precisas, exigentes e públicas que criem um processo interativo e dialógico em que os preconceitos, o interesse pessoal e as suposições não-admitidas, com as distorções e a visão limitada que eles produzem, serão confrontados e desafiados. No contexto da instituição dedicada à primeira infância, essas condições incluem:

- situar a construção de significado do trabalho pedagógico e de outros projetos das instituições dedicadas à primeira infância em uma investigação mais ampla, contínua e crítica de tópicos da "vida boa" (como "o que queremos para nossas crianças"? "O que é uma boa infância?"), das construções da primeira infância, das instituições dedicadas à primeira infância e da filosofia pedagógica;
- a aplicação de pensamento crítico e reflexivo, incluindo a problematização e a desconstrução;
- a documentação pedagógica como um instrumento para ajudar o pensamento crítico e reflexivo e o entendimento do trabalho pedagógico, permitindo-nos "submeter a prática a um questionamento estrito, metodológico e rigoroso" (Freire, 1996, p. 108). Devido à sua importância, dedicamos o Capítulo 7 a explorar o que entendemos por documentação pedagógica e o que ela envolve;
- a importância dos encontros e do diálogo, a eles aplicando os princípios de respeito moral universal e reciprocidade igualitária, cultivando habilidades morais e cognitivas, como a sensibilidade para ouvir as vozes dos outros, a capacidade de enxergar o Outro como igual, mas diferente, e a habilidade para inverter as perspectivas (Benhabib, 1992). Essa habilidade para inverter as perspectivas apresenta desafios particulares na instituição dedicada à primeira infância, pois envolve não somente outros adultos, mas também crianças pequenas. Como veremos, o processo de documentação proporciona um meio para permitir aos adultos não somente enxergar a criança pequena, mas também ganhar compreensão da perspectiva da criança pequena;
- a participação de facilitadores, ou de pessoas judiciosas, extraídas de uma série de origens e experiências, incluindo trabalho pedagógico e filosofia; no próximo capítulo, apresentamos um exemplo da Itália do *pedagogista*.[2] Essa facilitação pode também ser um papel para os avaliadores, no qual permitir que as pessoas aprofundem seu entendimento e cultivem a

capacidade para fazer julgamentos – o que Schwandt chama abaixo de "sabedoria prática" – é reconhecido como o objetivo ético da avaliação (outros objetivos éticos para a avaliação incluem o esclarecimento e a emancipação, e cada um deles assume um papel diferente para o avaliador):

> As práticas de avaliação que têm como objetivo cultivar uma ética de sabedoria prática descentralizam o lugar da investigação social na vida social. Na melhor das hipóteses, a investigação científica social serve apenas como uma fonte de *insight* ou de autoconsciência que suplementa ou complementa nossas lutas ordinárias para entender a nós mesmos e para fazer o bem. Em uma frase, a investigação científica social é secundária ou subordinada à *praxis*... A tarefa da avaliação aqui é ajudar os clientes a cultivar essa habilidade [para fazer julgamentos do valor qualitativo de resultados diferentes na prática]... Os avaliadores usam seu conhecimento especial sobre o que significa avaliar e sobre como chegar a conclusões garantidas do valor do que é avaliado para contribuir com a conversa sobre a prática que os clientes e os investidores conduzem rotineiramente. Mas esse conhecimento é usado de uma maneira complementar ou suplementar. Não é conhecimento na forma de um pronunciamento de um observador supostamente imparcial, objetivo e desinteressado que esclarece os profissionais... Não há conhecimento que o avaliador "transmita" às partes na avaliação. (Schwandt, 1996b, p. 17-18)

Uma razão por que o discurso da construção de significado é tão rigoroso é o fato de ele não ser abstrato. Ao contrário disso, é muito concreto; diz respeito ao que está acontecendo no trabalho pedagógico e em outros projetos da instituição dedicada à primeira infância, em particular tornando visível e público o que as crianças estão realmente fazendo, através de várias formas de documentação, diz respeito também às pessoas diferentes que entram em diálogo sobre esse trabalho. Nesse discurso, as pessoas tratam da instituição, das crianças e do trabalho diretamente, e não por meio de tentativas de representação, como avaliações que pretendem mostrar como a instituição é "boa" ou "ruim" ou quão normais são as crianças em relação a alguma teoria de desenvolvimento da criança. A intenção é estudar e extrair significado da prática real, reconhecendo que, de fato, podem haver muitos significados ou entendimentos, e não tentar reduzir o que está acontecendo para adequar a critérios categóricos preconcebidos.

Por isso, a contextualização – localização do trabalho da instituição dedicada à primeira infância em um determinado local e tempo – é fundamental para o discurso da construção de significado. Schwandt enfatiza esse ponto em sua discussão das implicações de considerar a "sabedoria prática" como o objetivo ético da avaliação:

> [Nas teorias da prática da avaliação que visam cultivar a sabedoria prática], as práticas humanas são essencialmente caracterizadas por sua mutabilidade, indeterminação e particularidade que tornam o julgamento uma virtude inacessível para sistemas de regras e princípios gerais. Assim sendo, o bom julgamento requer o cultivo da consciência perceptual de particularidades concretas. Ao mesmo tempo, as práticas humanas são construídas em torno de compromissos estabelecidos com o que é bom e certo; são orientadas para o acordo em relação aos objetivos sociais. No entanto, a ação correta – nesse caso, a atividade de julgar o valor de uma prática – não é ditada por tais princípios gerais. Não podemos nos envolver em algum processo (relativamente simples) de pesar os objetivos, os valores, os critérios, etc. alternativos que reduzem o julgamento do que constitui a boa prática para realizar um cálculo. Ao contrário, precisamos nos envolver em uma avaliação sólida, julgando o valor qualitativo de diferentes resultados ou objetivos de nossas práticas. (1996b, p. 18)

Até então, padecemos para enfatizar o rigor do discurso da construção de significado e para especificar os procedimentos para promover esse rigor. Mas não esperamos, nem na verdade desejamos, respostas simples, conclusões certas, em suma, determinar domínio e controle. O trabalho pedagógico está incorporado na vida e no mundo em que vivemos. Não é alguma abstração descontextualizada que pode ser avaliada e categorizada com facilidade. Soluções simples e claras podem também ser soluções erradas. Em vez disso, construir significado, aprofundar o entendimento ou tentar, então, fazer julgamentos será uma luta cheia de "contradições e ambigüidades" (Cherryholmes, 1994, p. 205), das "inevitáveis complexidades da experiência humana concreta" (Toulmin, 1990, p. 201). O trabalho pedagógico não pode oferecer certezas nem garantias, apenas julgamentos a serem feitos, sempre no relacionamento com o Outro, pelos quais cada um de nós deve assumir a responsabilidade. Será também uma luta contínua. Não há finais, apenas inícios, pois "nunca entenderemos nem encerraremos por completo essas idéias porque seus significados continuam a mudar e a se deslocar" (Cherryholmes, 1994, p. 205). O esforço é inerentemente confuso, e, como Cherryholmes, aceitamos que estas "não são razões para desespero [porque] é apenas a maneira como as coisas são" (ibid.).

Construir significado é confuso de outra maneira. O discurso da construção de significado, antes de tudo, diz respeito à produção de significado, aprofundamento do entendimento. Mas, em um mundo de diversidade e de perspectivas múltiplas, em uma atividade que é inevitavelmente subjetiva, o resultado será entendimentos múltiplos e diversos. Mais uma vez, não há motivo para desespero: "tolerar as resultantes pluralidade, ambigüidade ou ausência de certeza não é erro", mas, na frase memorável de Stephen Toulmin "o preço que, de modo inevitável, pagamos por sermos seres humanos, e não-deuses" (1990, p. 30).

Além disso, não há razão para não se buscar algum acordo sobre o que está acontecendo, no sentido de algum grau de entendimento compartilhado e julgamento sobre o trabalho da instituição dedicada à primeira infância. Essa tarefa não requer um acordo completo. Na verdade, o consenso pode ser indesejável. O processo de diálogo e a busca por acordo pode ser tão importante quanto o resultado em termos de acordo ou consenso:

> Quando deslocamos a carga do teste moral na ética comunicativa do consenso para a idéia de uma conversa moral contínua, começamos a indagar não o que todos concordariam ou poderiam concordar como resultado dos discursos práticos a serem moralmente permissíveis ou não-permissíveis, mas o que seria permitido e talvez até necessário do ponto de vista da continuação e da sustentação da prática da conversa moral entre nós. A ênfase agora é menos no *acordo racional*, mas mais na sustentação daquelas práticas normativas e dos relacionamentos morais nos quais pode florescer e continuar o acordo debatido *como uma maneira de viver* ... Nosso objetivo é o processo do diálogo [moral], da conversa e do entendimento mútuo, e não o consenso. (Benhabib, 1990, p. 346, 358)

Seyla Benhabib está se referindo aqui às conversas e aos julgamentos morais. Será relevante, não obstante, extrair sentido do que está acontecendo na instituição dedicada à primeira infância? Parece-nos totalmente relevante buscar entender o que está acontecendo nessas instituições e fazer julgamentos que envolvam questões morais que cada um de nós tem de enfrentar e com as quais tem de lutar. Não diz respeito apenas à aplicação de especialização técnica supostamente desprovida de valor e moralmente neutra. Construir sentido requer que cada um de nós faça escolhas baseadas em valores, por isso, escolhas morais e políticas, sobre a maneira como entendemos as crianças pequenas, a natureza da primeira infância, a posição das crianças pequenas e das instituições dedicadas à primeira infância na sociedade, o processo democrático e os projetos das instituições dedicadas a ela.

A AVALIAÇÃO E O DISCURSO DA CONSTRUÇÃO DE SIGNIFICADO

Nas mentes de muitas pessoas, a avaliação estará associada ao discurso da qualidade e à aspiração do projeto modernista de descobrir a verdade sobre o mundo – ou, pelo menos, aquela parte do mundo que deve ser avaliada. Ainda, que avaliação, ou, pelo menos, uma parte do campo, está envolvida em um processo de reflexão, debate e reconstrução que está especificamente localizado no contexto do deslocamento do projeto da modernidade para o projeto da pós-modernidade. Encontramos muita coisa nesse processo que ressoa, na verdade ilumina, nossa própria tentativa de entender melhor o problema da qualidade.

Em uma revisão ampla do *Handbook of Qualitative Research* de Denzin e Lincoln, Daniel Fishman (1995) descreve o livro como "um importante evento de publicação... [que serve] como uma estrutura histórica e proteção conceptual amplas para o pós-modernismo como um movimento intelectual de larga escala, tanto na avaliação do programa quanto como no campo das ciências sociais em geral... e que deve ter um impacto sobre todos os avaliadores de programa e outros pesquisadores das ciências sociais no estabelecimento de alternativas para estudos tradicionais, positivistas, quantitativos" (1995, p. 301, 307). Ele conclui:

> O *Handbook* deixa claro que, na perspectiva da crítica pós-moderna das bases positivista e pós-positivista do conhecimento humano, não há justificativa para a pesquisa "pura", cujo objetivo é descobrir a verdade sobre o mundo. Ao contrário disso, o pós-modernismo declara que, em vez de verdades objetivas, há apenas construções e perspectivas alternativas sobre eventos e coisas sociocultural e historicamente situados... Uma implicação da idéia pós-moderna de que "toda pesquisa significativa é aplicada" é que toda pesquisa é "política", ou seja, os objetivos humanos e propósitos aos quais a pesquisa está ligada sempre ocorre dentro de contextos políticos... Parafraseando Mark Twain, é claro que "os relatos da morte do positivismo e a subseqüente hegemonia do pós-positivismo são muito exagerados"... Entretanto, a tendência, com certeza, parece muito clara: [a teoria crítica e o construtivismo] estão ganhando força, e há um apoio geral a eles à medida que a cultura geral se move do modernismo para o pós-modernismo... Tudo isso nos dá, como avaliadores do programa individual, muita coisa para pensar. (1995, p. 307)

Thomas Schwandt, outro avaliador e crítico americano do programa modernista no campo da avaliação, similarmente problematizou a situação da avaliação no projeto modernista, com sua epistemologia de positivismo lógico, crença na criteriologia, sua suposição do cientista social desinteressado e sua aversão pela filosofia e pelas questões morais (Schwandt, 1996a).

> No Ocidente, particularmente nos Estados Unidos, a avaliação (assim como outras profissões envolvidas em política social, programação e administração) é muito influenciada pela tradição da ciência social desprovida de valores sociais. Nessa teoria da ciência, o registro ou o domínio ético é predefinido como irracional, subjetivo, emotivo e atitudinal... Isto é acrescido de um segundo problema. Como muitos analistas têm notado, o *self* moderno luta por segurar-se a uma epistemologia de descompromisso com e de controle do mundo social. Essa forma de conhecimento comprime o reino do pessoal, do intuitivo, do perceptual e do emotivo, todos característicos de envolvimentos morais. Ela está refletida na tendência modernista em ciência social e na prática de administração para transformar problemas essencialmente morais e éticos em técnicos e administrativos. (1996b, p. 3)

A crítica está conduzindo a novas idéias emergentes sobre a avaliação e investigação social, com dois temas centrais:

> [Em primeiro lugar], o objeto da investigação da ciência social é, ao mesmo tempo, uma construção social e lingüística, e, por conseguinte, pelo fato de esse objeto estar representado no discurso científico social, ele é, em parte, constituído por esse discurso... Em segundo lugar, quando abandonamos as tentativas modernas de modelar nossa prática nas ciências naturais, recorremos à prática social e à filosofia prática ... [o que] significa (a) que as concepções do objetivo da investigação social estão sendo, hoje em dia, moldadas não pela demanda por uma "ciência neutra e objetiva da vida e da ação humanas" ou por um *epistema*, mas pela busca de um melhor entendimento da *praxis*; (b) que o tipo de investigação aqui requerida deve observar preocupações éticas e políticas (éticas porque a *praxis* [ação] é definida por hábitos, modos de pensar, costumes e tradições; políticas porque a ação é pública e está preocupada com nossas vidas sociais); e (c) que a racionalidade da vida cotidiana (e a racionalidade da própria prática científica social) é encarada como intrinsecamente dialógica e comunicativa. (Schwandt, 1996a, p. 62)

Esta análise leva Schwandt (1996a) a declarar que a investigação social, como avaliação, deve ser reconceituada como "filosofia prática", investigação *com*, em vez de investigação *sobre* atores humanos, destinada fundamentalmente a capacitar os profissionais "para aperfeiçoar a racionalidade de uma prática particular para si mesmos". As características dessa abordagem incluem: os investigadores procurando estabelecer um relacionamento dialógico de abertura com os participantes da investigação; os investigadores encarando os participantes de uma investigação como eles próprios engajados na realização de uma arte prática, na qual as decisões são tanto cognitivas como emocionais e sempre contextualizadas; o objetivo sendo um exame reflexivo da prática, no qual os investigadores encorajam os profissionais a refletir criticamente sobre – e reavaliar – o conhecimento do senso comum. No geral, Schwandt conclui que dizer adeus ao projeto de "falência" da criteriologia "não significa que temos resolvido essa busca por critérios, mas que nos movemos acima e além dela... O que antigamente era o problema fundamental dos critérios corretos torna-se o problema de como cultivar o raciocínio prático" (1996a, p. 70).

Bill Readings tratou da questão da avaliação em relação às universidades, no contexto de uma crítica do que ele chama "o discurso da excelência", "excelência", tendo se tornado o lema das universidades, da mesma maneira que "qualidade" se tornou o lema das instituições dedicadas à primeira infância. Embora crítico do discurso da "excelência", Readings reconhece a importância da avaliação e entende que o discurso deve envolver um ato de julgamento e de autoquestionamento "incorporado em um contexto discursivo ou pragmático, um contexto que deve ser reconhecido" (1996, p. 133). Readings declara que a avaliação produz um julgamento de valor; por isso, ele critica os métodos de avaliação que se baseiam no preenchimento de formulários padronizados e na aplicação de cálculos estatísticos, pois eles "presumem que as avaliações possam ser diretamente deduzidas de declarações descritivas, [que confundem] declarações de fato com declarações de valor" (p. 131). Trazer questões de valor ao âmbito do cálculo significa "reconhecer que não existe padrão de valor homogêneo que possa unir todos os pólos do cenário pedagógico para produzir uma única escala de avaliação" (p. 165), e que "a avaliação pode se tornar uma questão social, não um dispositivo de medida" (p. 124).

Os julgamentos devem ser feitos não como uma declaração de fato, mas, precisamente, como um julgamento, e somente depois ser julgado pelos outros. Em outras palavras, o juiz deve assumir a responsabilidade pelo seu julgamento, "em vez de se esconder atrás de uma pretensão estatística à objetividade" (p. 133), assumindo a responsabilidade por um julgamento como um ato discursivo "invoca uma responsabilidade que está totalmente em desacordo com a lógica determinada da contabilidade... que só serve para fortalecer a lógica do consumismo" (p. 134). Readings faz um grande esforço para enfatizar o caráter provisório da avaliação como julgamento, a importância de se manter as questões abertas e sujeitas a uma discussão contínua, em vez de se buscar excluí-las, pois a "questão da avaliação é, por fim, ao mesmo tempo, irrespondível e essencial" (p. 133).

Parece-nos que essas discussões do campo da avaliação têm um relacionamento próximo ao que descrevemos como o discurso da construção de significado, trazendo à tona a natureza socialmente construída do conhecimento; a ênfase na construção e no aprofundamento do entendimento do que está acontecendo (isto é, prática ou *práxis*); fazer isso envolvendo-se com os outros e estando em diálogo com os outros, em particular com os profissionais, por meio de análise reflexiva; reconhecer que o processo é baseado no valor e, por isso, é político e moral; sentir-se à vontade com a incerteza e com o caráter provisório. Entendida assim, a avaliação pode, com facilidade, ser parte do vocabulário do discurso de construção de significado.

QUESTIONANDO O DISCURSO DA CONSTRUÇÃO DE SIGNIFICADO

Condições e Estruturas

Apresentamos um discurso alternativo para extrair sentido do que acontece nas instituições dedicadas à primeira infância. Localizado na pós-modernidade, é um discurso que fala da ação e da responsabilidade pessoal para produzir ou construir significado e aprofundar o entendimento sobre o trabalho pedagógico e outros projetos, trazendo à tona a prática e o contexto, sempre no relacionamento com outras pessoas e seguindo procedimentos rigorosos. Esse discurso assume perspectivas e vozes múltiplas e a possibilidade de se encontrar em algumas áreas de concordância com os outros, embora sendo prudente com referência à concordância total ou ao consenso; a incerteza e a indeterminação são consideradas inevitáveis.

Este discurso da construção de significado estará sujeito a muitas questões e objeções. Algumas são o resultado inevitável de se problematizar um regime discursivo dominante que se supõe ser uma característica permanente e inquestionável do panorama, e que nos governa por ter se tornado incorporado. Sugerir que o próprio conceito de qualidade é problemático, que está localizado em uma posição filosófica particular, que é o produto do poder e está saturado de valores, pode ser tão desafiador que a sugestão é apenas não-ouvida ou, caso seja ouvida, é ignorada. Outras surgem da necessidade de tornar mais concreta a nossa discussão até agora tão abstrata, o que começaremos a fazer nos próximos capítulos – embora também reconheçamos que há muito trabalho a ser feito.

Alguns podem dizer que trabalhar em um discurso de construção de significado, assim como permitir que as instituições dedicadas à primeira infância operem como fóruns na sociedade civil, como foi discutido no capítulo anterior, não é possível sem que se estabeleça condições a serem exigidas: números adequados de profissionais treinados e experientes; a disponibilidade do *atelierista* para dar suporte às centenas de linguagens das crianças e à produção de documentação nessas diferentes linguagens;[3] a disponibilidade de *pedagogistas,* de outros facilitadores e a disponibilidade de tempo adequado para permitir que os profissionais e outras pessoas se envolvam na construção de significado; a motivação de todas as pessoas relacionadas para realizar trabalho desafiador e exigente; uma organização que integre o cuidado e a aprendizagem em um único serviço dedicado à primeira infância; recursos públicos suficientes para permitir que as instituições dedicadas à primeira infância operem como fóruns na sociedade civil; compromisso e envolvimento político de longo prazo, etc.

Concordamos com isso, pois estrutura e recursos, juntamente com comprometimento político, são necessários. Não há fórmula mágica para se conseguir de uma maneira não-onerosa e fácil uma resposta complexa e exigente para uma questão complexa e exigente. Não é coincidência que dois dos principais exemplos que apresentamos de trabalho no discurso de construção do significado tenham emergido em partes da Europa – norte da Itália e Suécia – onde as instituições dedicadas à primeira infância foram beneficiadas por apoio público sustentado, incluindo recursos suficientes baseados em impostos, e por uma abordagem integrada da organização. (O terceiro principal exemplo – das Primeiras Nações do Canadá – surgiu em um contexto de supressão cultural, onde as comunidades começaram a questionar os regimes dominantes da verdade.)

Parece-nos que, no caso dos exemplos italiano e sueco, as instituições dedicadas à primeira infância devem e precisam operar nos limites de um sistema de patrocínio público (apesar de a administração real dos serviços poder estar a cargo de organizações públicas ou privadas), o que representa um compromisso político e comunitário com a primeira infância e com as instituições dedicadas à primeira infância. Contudo, mais uma vez, não é inevitável que um sistema de financiamento público irá construir instituições dedicadas à primeira infância da maneira que propusemos (como fóruns na sociedade civil) ou adote o discurso da construção de significado que oferecemos, em vez de o discurso da qualidade. Os sistemas públicos de financiamento podem facilmente escolher construções modernistas das crianças pequenas e das instituições dedicadas à primeira infância e seguir o caminho de padrões e critérios de qualidade.

A adoção do discurso da construção de significado, em vez do discurso da qualidade, não é uma receita de negligência e indiferença para soluções de "baixo custo" ou soluções de "corte de verba". Combinada com o nosso entendimento da importância da primeira infância e das instituições dedicadas a ela, é uma receita para um sistema de instituições dedicadas à primeira infância bem organizado e provido de recursos. Parece-nos, no entanto, que a maneira de se chegar a tal sistema não é estabelecer um conjunto universal, mas estático, de "critérios estruturais", mas indagar recorrentemente "o que as instituições dedicadas à primeira infância requerem para seus projetos?", "o que precisamos para o trabalho pedagógico e o processo de construção de significado?"

Tentamos delinear dois discursos e conceitos alternativos – qualidade e construção de significado – e declaramos que cada um deles está localizado em uma posição filosófica muito diferente e, por isso, tem suas premissas em hipóteses e perspectivas muito diferentes. Não faz sentido compará-los em termos do que é melhor e do que é pior. Além disso, *mesmo que o discurso de construção de significado viesse a ser mais amplamente adotado, ele coexistiria lado a lado com o discurso da qualidade em um futuro próximo*. Sendo assim, ainda que possa estar sendo operada uma profunda transformação, com uma sensação disseminada de que estamos caminhando rumo à pós-modernidade ou, no mínimo, a uma fase distinta de modernidade tardia, ainda estamos vivendo na era da qualidade.

As instituições individuais quase sempre estarão trabalhando dentro das estruturas regionais ou nacionais que tentam estabelecer algumas condições ou exigências comuns – que podem ser chamadas "estruturas de normalização". Essas estruturas podem assumir várias formas: direitos legais para as crianças; padrões ou regulações para o funcionamento das instituições; orientação curricular; sistemas de inspeção e garantia de qualidade; e assim por diante. Trabalhar com o discurso da construção de significado não impede a operação dessas estruturas de normalização, se isso for requerido: não se trata de ter de escolher entre uma ou outra.

Entretanto, é necessário entender as limitações destas estruturas. As próprias estruturas de normalização são socialmente construídas e, por isso, repletas de valor, de não-revelações de verdade inerente e desprovida de valor. Por exemplo, o conceito de "padrões" suscita muitas questões: "Que possibilidades queremos garantir ou evitar ao estabelecer padrões?"; "Por que estas possibilidades e não outras?"; "Que interesses estão sendo levados em conta?"; "Qual é possibilidade de negociação entre esses interesses?" Uma vez construídas, é ainda provável que as estruturas estejam em constante necessidade de interpretação. A menos que fechemos muito nossos olhos, não poderemos evitar a subjetividade e as perspectivas múltiplas. Quanto mais estritamente forem definidas as estruturas, para evitar interpretação local, maior a probabilidade de elas serem acusadas de rigidez e irrelevância com relação às circunstâncias locais e, assim, há o risco ser ignoradas ou evitadas.

As estruturas são problemáticas de outras maneiras. Podem, com facilidade, tornar-se normativas, enfraquecendo a inovação e a aspiração. Concentram a nossa atenção no mapa, em vez de no terreno real. De modo mais geral, podem conduzir a uma falsa sensação de segurança, parecendo oferecer certezas e garantias. Por fim, precisamos enfrentar o fato de que não há respostas certas e nem garantias. Podemos adotar uma perspectiva modernista e o discurso da qualidade na esperança de conseguirmos tranqüilidade e certeza do desempenho, esperando que "possa haver alguém, em algum lugar, que saiba como distinguir a decisão certa da errada – um grão-mestre ... um profissional superior e/ou um teórico superior da escolha certa" (Bauman, 1997, p. 202). Mas parece-nos que tudo o que isso consegue é obter uma perspectiva, um entendimento do que está acontecendo. Como todos podem saber qual é essa perspectiva, corremos o risco de entrar em um processo circular e frustrante em que as instituições se ajustam para lançar os critérios que as estruturas de normalização e seus inspetores determinam, de forma que os alvos sejam atingidos não porque são entendidos como uma parte importante do trabalho pedagógico, mas porque são alvos – resultando em uma prática pedagógica que obedeça à avaliação. Além disso, convocando os grão-mestres, optamos por não assumir a responsabilidade por algo pelo qual deveríamos estar assumindo a responsabilidade – as crianças pequenas e suas vidas.

Se pudermos imaginar situações em que as instituições dedicadas à primeira infância operem com o discurso de construção do significado, mas dentro de estruturas de normalização, o equilíbrio torna-se um problema. Quantas regras gerais, regulações e condições? Quanta autonomia deve ser dada a cada instituição dedicada à primeira infância para produzir e extrair significado do seu próprio trabalho pedagógico? Pode se mostrar esclarecedor estudar o que acontece em países que escolheram estruturas que deliberadamente deixam muito espaço para liberdade de ação e interpretação regionais e locais, como, por exemplo, o currículo nacional para a Educação da Primeira Infância na Espanha e na Suécia.

O relacionamento entre as estruturas de normalização e a autonomia local está emergindo como um problema em outras áreas. No campo da ajuda ao desenvolvimento dos países do Mundo Majoritário (discutida em mais detalhes no Capítulo 8), "muitos profissionais parecem inclinados a simplificar o que é complexo e a padronizar o que é diverso" (Chambers, 1997, p. 42), e há uma história de tentativas para administrar os relacionamentos no nível local que são verticais, com controle de cima para baixo. O que emerge desta história é que

> não a centralização e muitas regras complexas, mas descentralização e algumas tendências ou regras simples são as condições para um comportamento local complexo e harmonizado... O fundamental é minimizar os controles centrais e selecionar apenas aquelas poucas regras que promovem ou permitem um comportamento complexo, diverso e adequado ao âmbito local. A conclusão prática é descentralizar, com regras mínimas de controle, para permitir que as pessoas do local avaliem, analisem, planejem e adaptem-se para o ajustamento local em seus modos necessariamente diferentes. (1997, p.195, 200-201)

Assim, não há dúvida de que deve existir estruturas de normalização, se estas forem desejadas, mas também não nos enganemos sobre o que elas são ou o que podem fazer. Vamos reconhecer suas limitações e seus perigos, suas suposições e seus valores. Não as deixemos ficar por ignorar outras maneiras de pensar sobre – e extrair sentido de – as instituições dedicadas à primeira infância e ao trabalho que realizam.

O Grande Bicho-Papão do Relativismo

Uma das maiores preocupações de muitas pessoas com referência à problematização da qualidade e à construção de um discurso de construção de significado é o "relativismo". Há uma ansiedade geral aqui com relação ao caos e à anarquia, ao colapso da ordem e da moralidade. Como podemos viver em um mundo em que não há acordo sobre o que é bom ou certo ou verdadeiro? Mas há também uma ansiedade mais particular sobre o que isso pode significar para as crianças pequenas e para outros grupos vulneráveis, pois "um deslize para o relativismo [é considerado] perigoso para os menos favorecidos porque ele destrói as bases para a luta por justiça social e alimenta o niilismo e o silêncio" (Lather, 1991, p. 115). Há duas respostas para tais preocupações, a primeira questionando o conceito de "relativismo", e a segunda sobre a capacidade das pessoas de viverem em um mundo sem padrões básicos e com as oportunidades abertas por esse mundo.

O "relativismo" é usado como uma carga pelas pessoas que adotam uma perspectiva modernista, em oposição àquelas que assumem uma perspectiva pós-modernista. Na verdade, o "relativismo é um conceito de outro discurso [para o pós-modernismo], um discurso de bases que determina o terreno para a certeza fora de contexto" (Lather, 1991, p. 116). Por isso, o relativismo é um problema se uma estrutura de base é sustentada e depois ignorada (Cherry Holmes, 1988), se há leis e códigos universais firmemente estabelecidos, ou seja, se há o conhecimento absoluto. Mas, de uma perspectiva pós-moderna, não há bases, não há leis e códigos universais, não há posição externa de certeza, não há entendimento universal que esteja além da história e da sociedade – e, por isso, não há verdade absoluta em oposição a outras posições à qual possam ser, com objetividade, julgadas: "pensávamos apenas de outra maneira, acreditando em deuses e reis e, mais recentemente, na 'objetividade' dos cientistas" (Lather, p. 1991, p. 117).

O pós-modernismo é "a modernidade sem ilusões ... as ilusões em questão concentrando-se na crença de que a 'confusão' do mundo humano é apenas um estado temporário e reparável, que mais cedo ou mais tarde será substituído pela regra ordeira e sistemática da razão" (Bauman, 1993, p. 32). Em vez do "relativismo", optamos por falar de "conhecimentos parciais, localizáveis, crítico" (Lather, 1991, p. 117) e da diferença – de contexto e de posição, de perspectivas e de entendimentos. Todavia, o reconhecimento da diferença não diz respeito apenas a levar em conta como o mundo é, sua diversidade e confusão: também abre possibilidades e oportunidades. Desse modo, se há bases – princípios, regras, códigos, leis de validade universal – então, tudo o que é requerido de nós é que nos adaptemos a elas: cumprir as regras, aprender os códigos, internalizar conhecimento, implementar os padrões. Mas se não houver bases, então, há espaço para a ação e para a responsabilidade pessoal, a fim de extrair significado e tomar decisões – e, ao mesmo tempo, reconhecer a complexidade e a incerteza, que são uma conseqüência inevitável de sermos seres humanos, e não deuses.

Zygmunt Bauman, em seu estudo da ética pós-moderna, discute as exigências morais elevadas feitas ao indivíduo na pós-modernidade, mas seus comentários poderiam ser mais amplamente aplicados à situação da luta das pessoas para extrair sentido do trabalho das instituições dedicadas à primeira infância:

> A provável verdade é que as escolhas morais são, na verdade, escolhas, e os dilemas são, na verdade, dilemas – não os efeitos temporários e retificáveis da fraqueza, da ignorância ou dos erros humanos. As questões não têm soluções predeterminadas, nem as encruzilhadas têm direções intrinsecamente preferíveis. Não há princípios difíceis e rápidos que uma pessoa possa aprender, memorizar e organizar para esca-

> par das situações sem um bom resultado... A realidade humana é confusa e ambígua – e, por isso, as decisões morais, ao contrário dos princípios éticos abstratos, são ambivalentes. É nesse tipo de mundo que devemos viver; no entanto, como se desafiássemos os filósofos preocupados que não conseguem imaginar uma moralidade "sem princípios", uma moralidade sem bases, demonstramos dia a dia que podemos viver, ou aprender a viver, ou conseguir viver nesse mundo, embora poucos de nós estejam prontos para dizer, se indagados, quais são os princípios que nos guiam e, menos ainda, poucos terão ouvido falar das "bases" que supostamente não poderemos estabelecer sem sermos bons e amáveis uns com os outros. (1993, p. 32)

O filósofo americano Richard Rorty, da mesma maneira, propõe que viver e trabalhar sem bases coloca sobre o indivíduo bem mais responsabilidade para fazer escolhas (1980). Além disso, declara que, de modo virtual, ninguém, na verdade, adota uma visão relativista: "exceto o ocasional novato cooperativo, não se consegue encontrar ninguém que diga que duas opiniões incompatíveis sobre um tópico importante são igualmente boas" (Rorty, 1982, p. 166). Como Bauman, ele acredita que muitas pessoas conseguem sobreviver sem crenças básicas e sem desistir de fazer escolhas: "as sociedades liberais do nosso século produziram cada vez mais pessoas capazes de reconhecer a contingência do vocabulário em que eles declaram suas maiores esperanças – a contingência de suas próprias consciências – ainda que permaneçam fiéis a essas consciências" (Rorty, 1989, p. 46).

Parece-nos que o "relativismo" é um termo mistificador, mais usado para provocar ansiedade do que entendimento. Preferimos falar sobre pessoas que encontram maneiras de viver em um mundo "confuso" e "ambíguo", ou complexo e rico em diversidade, o que inclui encontrar maneiras de entender e fazer julgamentos sobre questões complexas, como a pedagogia da primeira infância. Há maneiras, procedimentos, para encorajar essa tarefa, e acreditamos, como Bauman e Rorty, que as pessoas têm habilidades e competências que lhes permitem tomar decisões sem códigos universais. Temos ação e responsabilidade, que carregam com elas a liberdade ou o peso de fazer escolhas – e das quais não há como se livrar da incerteza e da ambivalência:

> [Há uma] tentação de ter o bolo de uma pessoa e comê-lo, experimentar totalmente a alegria de escolher, sem medo de pagar o preço de uma escolha errada, de procurar e obter uma receita segura, patenteada e garantida para a escolha certa – para a liberdade sem ansiedade... O empecilho é que as receitas seguras são para a liberdade, para a responsabilidade e para a liberdade responsável, o que a água é para o fogo... Não há essa coisa de liberdade sem ansiedade... Em geral, não é, de modo algum, certo o que a maioria de nós teria escolhido caso tivesse existido a escolha – a ansiedade da liberdade ou o conforto dessa certeza que só a ausência de liberdade pode oferecer. A questão, no entanto, é que não existiu escolha e é pouco provável que esta nos seja dada. A liberdade é nosso destino, muita coisa que não podemos continuar a desejar

> não irá embora, por mais que possamos desviar nossos olhos. Vivemos em um mundo diversificado e polifônico em que cada tentativa de inserir consenso mostra ser apenas um prolongamento da discórdia por outros meios. (Bauman, 1997, p. 202-203)

Não reivindicamos a única maneira de entender o mundo e a primeira infância. Outros os verão de maneira diferente, através de uma lente modernista, e continuarão a ser governados pelo discurso da qualidade. Não gostaríamos de prescrever como eles pensam ou o que fazem. O projeto pós-moderno valoriza a diversidade e o "tanto/quanto", mais que a abordagem dualista e do "ou/ou". Podemos, por exemplo, imaginar uma situação em que muitas instituições dedicadas à primeira infância adotaram o discurso da construção de significado, enquanto, ao mesmo tempo, tiveram de se adaptar a vários padrões e a várias metas (o que chamamos estruturas de normalização), democraticamente determinados nos âmbitos nacional ou local, os quais prescreveram alguns trabalhos que elas realizaram. Podemos imaginar pesquisadores diferentes operando dentro de abordagens diferentes, alguns, por exemplo, comparando berçários usando a ECERS ou alguma outra medida padronizada, enquanto outros adotam outros métodos, como a documentação, para comparar as instituições dedicadas à primeira infância à luz de uma perspectiva diferente com o objetivo de alcançar conhecimentos diferentes. Reconhecemos que o discurso da qualidade pode ser particularmente útil para algumas questões altamente técnicas, como talvez, por exemplo, a higiene dos alimentos ou os padrões de construção para garantir a segurança física das crianças pequenas nas instituições dedicadas à primeira infância. A adoção do discurso de construção de significado não implica na rejeição da quantificação; um sistema de informações abrangente e confiável sobre esses temas, como o fornecimento e o uso dos locais, e os custos de se administrar as instituições e o gênero, a etnia, o treinamento e outros detalhes da força de trabalho são condições necessárias para um sistema bem organizado e para a organização de instituições dedicadas à primeira infância com muitos recursos.

Entretanto, o que acreditamos ser importante é que todos aqueles envolvidos com a primeira infância e com as instituições dedicadas à primeira infância reconheçam a existência de perspectivas diferentes, que o trabalho que realizamos (como profissionais, pais, formuladores de políticas ou pesquisadores) sempre assume uma perspectiva particular, e, por isso, estão sempre sendo feitas escolhas – ou julgamentos de valor – das quais fluem enormes implicações em termos de teoria e de prática. Nossa crítica da abordagem modernista na primeira infância – representada, por excelência, pelo trabalho em franco desenvolvimento, que usa medidas padronizadas – está no fato de ela operar como se fosse a única abordagem, o único caminho verdadeiro e, neste processo, reduz a complexidade e a diversidade a problemas metodológicos que possam ser controlados e manipulados.

Esta abordagem modernista no campo da primeira infância, sustentada pelo poder da pesquisa e da psicologia do desenvolvimento dos Estados Unidos e pelo domínio do discurso da qualidade em tantos outros campos é um exemplo do pensamento hegemônico que evocamos no Capítulo 1. Dessa forma, é uma característica da prática hegemônica, de um regime discursivo dominante, aceitá-las tacitamente, supor que suas premissas são neutras e não-problemáticas, negar e ignorar ou até permanecer inconsciente das opiniões e das posições dos outros. Entretanto, chegou o momento de os pesquisadores, de profissionais e de outros que enxergam o mundo sob perspectivas diferentes se envolverem no diálogo um com o outro não para *provar* quem está certo, mas para procurar entendimento e reconhecimento mútuos e para entender como e por que eles fizeram suas escolhas.

Notas

1 O (National Association for the Education of Young Children) NAYEC produziu recentemente uma edição revista (Bredekamp e Copple, 1997), a qual considera mais questões, como o contexto e a diversidade. Embora ainda assuma uma perspectiva modernista, incluindo uma busca por princípios comuns e uma divisão dualista entre prática "adequada" e "inadequada", a mudança representada pela nova edição abre novas e bem-vindas possibilidades para o diálogo com o trabalho que opta por adotar outras perspectivas.

2 O *pedagogista* é um conselheiro pedagógico que trabalha com os pedagogos em um pequeno número de instituições dedicadas à primeira infância, para capacitá-los para refletir sobre – e entender melhor – a prática e a teoria pedagógicas. Esse tipo de posição é encontrado em Reggio Emilia, mas também em outras partes do norte da Itália.

3 *Atelieristas* são pedagogos treinados nas artes visuais que trabalham junto com outros pedagogos e com crianças nas instituições dedicadas à primeira infância em Reggio. Eles tanto capacitam as crianças para se expressarem em uma variedade de linguagens não-verbais como ajudam os adultos a entender como as crianças aprendem. Por meio de seus *workshops* (ateliês) e de suas habilidades, eles ajudam a produzir um conjunto de documentação que vai contribuir para processos de reflexão crítica sobre o trabalho pedagógico (Edwards, Gandini e Forman, 1993). Seria possível ter *atelierista* treinado em outras formas de expressão artística – música, dança, teatro, etc.

Projeto Estocolmo: Construindo uma Pedagogia que Fale na Voz da Criança, do Pedagogo e dos Pais

6

A INSPIRAÇÃO DE REGGIO

O que é tão terrivelmente impressionante e excepcional sobre a experiência de Reggio e sobre o trabalho de Loris Malaguzzi é a maneira como eles desafiaram os discursos dominantes da nossa época, em especial no campo da pedagogia da primeira infância – um empreendimento muito raro para uma prática pedagógica. Isso foi alcançado desconstruindo-se a maneira como o campo foi socialmente constituído dentro de um contexto científico, político e ético, e depois reconstruindo e redefinindo as subjetividades das crianças e dos professores. Ou seja, eles tentaram entender que tipos de pensamentos, concepções, idéias, estruturas sociais e padrões comportamentais dominaram o campo e como esses discursos moldaram nossas concepções e imagens da criança e da infância, a maneira como interagimos com as crianças e o tipo de ambiente que criamos para elas... Na minha opinião, tudo isso foi possível porque Malaguzzi estava bastante familiarizado com o campo e com as suas tradições, mas ele também teve a coragem e a originalidade de coreografar o seu próprio pensamento. (Dahlberg, 1995, p. 9-10)

Em Reggio, eles compartilham uma visão construcionista social baseada em conceitos como construção, co-construção e reconstrução ... Heinz von Foerster, a quem Malaguzzi freqüentemente aludia, declarava que "a objetividade é uma falsa visão do sujeito de que a observação pode acontecer sem ele". Para Malaguzzi, a idéia de que não podemos descrever nosso mundo sem percebermos e estarmos conscientes de que o estamos descrevendo foi alimentada por uma inspiração que ele extraiu de várias disciplinas. Nessa conexão, ele era conhecido por citar cientistas e filósofos que representavam, por exemplo, a nova mecânica quântica associada com a Teoria do Caos, a nova cibernética e, ainda, a ciência da matemática. Associada à perspectiva construcionista social de Malaguzzi está a sua consciência do poder do processo de representação. Como resultado disso, os pedagogos de Reggio têm sido bastante contrários a uma abordagem de livros didáticos à sua prática, com regras, objetivos e métodos prescritos. Isso explica por que eles não têm um "programa ou um currícu-

> lo" que possa ser, sem problemas, transferido e aplicado a outro contexto cultural. Recordo-me de Malaguzzi ter, certa vez, indagado, muito seriamente, diante de todos os pedagogos suecos que visitavam Reggio, se muitos deles estavam trabalhando com a pomba agora – "A Pomba" sendo, naquela época, um dos projetos temáticos mais conhecidos em Reggio. Eu não resisti, e respondi "sim"! (Dahlberg, 1995, p. 11-12)

O trabalho pedagógico em Reggio Emilia tornou-se cada vez mais famoso e uma fonte de inspiração para um número sempre crescente de pessoas nos últimos anos. Muitas pessoas de todo o mundo visitam Reggio todos os anos, os profissionais de Reggio são, com freqüência, convidados a realizar conferências fora do país, e a mostra do trabalho de Reggio é constantemente reivindicada. Em 1992, a revista americana *Newsweek* elegeu Diana, uma das instituições de Reggio dedicadas à primeira infância, "a melhor do mundo" (talvez um conceito muito problemático tendo em vista a perspectiva de Reggio e a deste livro; mas apesar disso, é um indicador de que o trabalho realizado em Reggio é amplamente considerado como muito importante para a pedagogia da primeira infância).

Mas por que ele é tão importante? É fácil, em especial à luz de uma perspectiva anglo-americana, a qual busca sempre soluções sem encontrar as questões críticas, que procura por características específicas, tenta estabelecer um programa que possa ser descrito, classificado e replicado, independentemente do contexto. Com certeza, há "ferramentas pedagógicas" importantes: o procedimento da documentação pedagógica, o papel de profissionais especialistas, como o *atelierista* e o *pedagogista*, o tempo incorporado na semana de trabalho dos pedagogos para analisar, debater e refletir sobre a prática pedagógica. Contudo, essas características técnicas são as manifestações externas de algo muito mais profundo, uma prática pedagógica estabelecida em um profundo entendimento das crianças pequenas em relação ao mundo e em uma perspectiva filosófica que, em muitos aspectos, nos parece pós-moderna.

As duas citações que iniciam esta seção captam alguns elementos dessa prática, desse entendimento e dessa perspectiva: optar pela adoção de uma abordagem construcionista social; desafiar e desconstruir os discursos dominantes; entender o poder desses discursos na configuração e no governo de nossos pensamentos e ações, incluindo o campo da pedagogia da primeira infância; rejeitar a prescrição de regras, objetivos, métodos e padrões e, desse modo, arriscar a incerteza e a complexidade; ter a coragem de pensar por si mesmo nas construções de novos discursos e, assim, ousar optar pelo entendimento da criança como uma criança rica, uma criança de habilidades infinitas, uma criança nascida com uma centena de linguagens; construir um novo projeto pedagógico, trazendo à tona relacionamentos e encontros, diálogo e negociação, reflexão e pensamento crítico; fazer fronteira na interseção de disciplinas e perspectivas, substituindo posições ou/ou por uma abertura para e/também; entender a natureza contextualizada e dinâmica da prática pedagógica, a qual problematiza a idéia de um "programa" transferível ou um projeto da "pomba" universal.

Este último ponto explica uma hesitação, em Reggio, de "amarrar no texto" a sua prática, pois eles têm consciência de como é fácil construir a prática universalizada – um discurso universal com uma pomba universal, um texto sem emendas que poderia ser visto como a "abordagem de Reggio", um programa que pode ser exportado e aplicado em toda parte. Deparar-se com o trabalho em Reggio é mais como se deparar com uma série de projetos ou eventos que se estendem sobre um amplo espectro de conteúdos. Respeitando-se a *singularidade* desses eventos, fica claro que não há apenas uma possível resposta ou maneira de trabalhar. Fica claro também que isso é perigoso, já que introduz a incerteza: "seu efeito é destronar a Idéia de sua posição de Verdade" (Young, 1990, p. 82).

Nestes casos, podemos perceber muitas semelhanças entre o trabalho realizado em Reggio e o trabalho de Gayatri Chakravorty Spivak, cujos interesses, amplos e diversos como os de Reggio, se estendem sobre marxismo, desconstrução, feminismo, psicanálise e críticas do colonialismo e da instituição e das práticas da pedagogia. Spivak reconhece como

> disciplinas diferentes as diciplinas que se inter-relacionam e se entrelaçam uma com a outra ... Em vez de reivindicar uma única posição reconhecível, gradualmente aperfeiçoada e desenvolvida no correr dos anos, ela produziu uma série de ensaios que se movem de modo incansável através do espectro de preocupações teóricas e políticas contemporâneas, não rejeitando nenhuma delas segundo os protocolos de um modo operacional, mas sim as questionando, reelaborando e realterando de uma maneira sobretudo produtiva e perturbadora... O trabalho de Spivak não oferece uma posição que possa ser resumida com rapidez: da maneira desconstrutiva mais sustentada, ela resiste às taxonomias críticas e evita assumir discursos sentenciosos. Interpretar o seu trabalho *não é tanto confrontar um sistema, mas encontrar uma série de eventos*. (Young, 1990, p. 157, ênfase nossa.)

Na nossa opinião, Reggio proporciona um testemunho vivo de como a criação de uma *crise* no pensamento e uma luta sobre o significado podem criar oportunidades, abrindo a possibilidade de se enxergar as crianças, as instituições dedicadas à primeira infância e a pedagogia dessa fase sob novas maneiras – a criança e o pedagogo como co-construtores de conhecimento e identidade, a instituição dedicada à primeira infância como um fórum na sociedade civil, e a pedagogia da primeira infância como um dos principais projetos daquele espaço público, com o propósito de capacitar as crianças para terem a coragem de pensar e agir por si mesmas. Reggio nos propõe uma prática permeada com a participação ativa e uma cultura reflexiva, a qual valoriza, mas também problematiza, noções de democracia, diálogo e diversidade, e a qual está aberta ao mundo ao redor e se coloca em comunicação com os outros. É uma prática mais caracterizada por um relacionamento ativo e indagador com muitas das questões centrais da nossa época – infância, gênero, o meio ambiente, a paz e a coexistência humana –, assim como, com desenvolvimentos na ciência, na filosofia e na ética. Podemos até sugerir que, oferecendo uma nova visão, com a expectativa de nova liberdade e de uma nova cultura política, Reggio tornou-se um novo movimento social e criou uma nova universidade.

A CONEXÃO SUECA

Reggio Emilia parece ter exercido uma atração especial sobre a Suécia. A mostra de Reggio, apresentando o trabalho das instituições dedicadas à primeira infância na cidade, foi, pela primeira vez, convidada a Estocolmo em 1981. Essa primeira mostra foi vista por cerca de 90 mil suecos e foi seguida por uma nova mostra, cinco anos depois. Desde então, o interesse, como também a admiração, pelo trabalho realizado nas instituições dedicadas à primeira infância em Reggio aumentou continuamente. Durante os últimos dez anos, quase 3 mil suecos visitaram Reggio para estudar o trabalho pedagógico, e muitos livros e filmes sobre Reggio foram publicados na Suécia durante as décadas de 80 e 90 (Barsotti, A., 1986, 1997; Barsotti, C., 1981, 1986, 1994; Wallin, 1986, 1996; Wallin et al., 1981).

Por que tantos suecos estão interessados na filosofia e na prática pedagógica de Reggio Emilia? Não achamos que seja por acaso. Há algumas notáveis semelhanças entre a Suécia e a região de Emilia Romagna, no norte da Itália, onde Reggio está localizada. Ambas sofreram processos um tanto semelhantes de modernização. Ambas têm níveis elevados de emprego dos pais e um padrão de vida relativamente alto. No final da década de 60 e na década de 70, ambas desenvolveram um entendimento das mudanças estruturais que estavam ocorrendo na sociedade e tentaram responder a essas mudanças com planejamento social e bem-estar social, incluindo a criação de sistemas extensivos de instituições dedicadas à primeira infância sustentadas por recursos públicos.

Por isso, quando pedagogos suecos vão a Reggio Emilia, há muito com que se identificar. Todavia, isso vai além das condições sociais, culturais e políticas. Há conexões também quando se trata de conceitos das instituições dedicadas à primeira infância e de idéias pedagógicas. Desde a década de 60, a Suécia tem tentado se distanciar de uma simples classificação das "crianças em risco" e das "crianças com necessidades especiais", relacionada a um conceito de déficit e ao papel das instituições de serem o de compensar esse déficit. Em vez disso, a ênfase tem sido colocada nas instituições dedicadas à primeira infância para *todas* as crianças, onde a idéia de crianças com necessidades especiais foi transformada na idéia de crianças que podem necessitar de apoio adicional. Reggio, com sua imagem da "criança rica", adota uma visão similar de suas instituições dedicadas à primeira infância.

Embora a expansão do sistema sueco de primeira infância tenha sido dominado por preocupações relacionadas à provisão de locais suficientes para cuidar das crianças cujos pais trabalhavam, ainda havia espaço para uma discussão importante e contínua sobre a filosofia pedagógica. Como em Reggio Emilia, o conceito de diálogo tem sido, desde a década de 70, uma idéia importante para a pedagogia da primeira infância na Suécia. Esse conceito foi introduzido pela primeira vez em relatórios da Comissão de Cuidado da Criança, publicados em 1972 (SOU, 1972). A Comissão propunha que o sistema de primeira infância fosse, daí em diante, considerado um recurso sociopedagógico, ajudando a reduzir as desigualdades nas condições de vida das crianças. Nesse contexto, integração era uma palavra valorizada e estava associada a uma idéia da pedagogia do diálogo (*dialogpedagogik*).

O termo "diálogo" foi escolhido para simbolizar uma pedagogia que devia transgredir as tradições anteriores da primeira infância, tradições estas baseadas nas teorias gesellianas da maturidade ou nas teorias de transmissão, nas quais a criança era vista como um vaso passivo e vazio que deveria ser preenchido com conhecimento (isto é, a criança como um reprodutor, como está discutido no Capítulo 3). A Comissão também desafiava a distribuição desigual do poder entre a criança e o adulto, construindo outro relacionamento, mais democrático e dialógico. No relatório de 1972 da Comissão, o conceito de "pedagogia do diálogo" foi discutido da seguinte maneira:

> [A pedagogia do diálogo] parte da idéia de que deve haver um diálogo contínuo entre a criança e o adulto, tanto em um nível interno como em um nível externo, que implica um dar e receber o recíproco de emoções, experiências e conhecimento... No "diálogo" entre a criança e o adulto deve existir respeito pela criança como um indivíduo ativo, assim como, a possibilidade de a criança experimentar relações humanas significativas que, a longo prazo, possam fazer com que ela desenvolva por si mesma essas relações. (SOU, 1972, p. 26, 46)

A fim de proporcionar apoio teórico e filosófico para este conceito, a Comissão referia-se às teorias de Jean Piaget e Eric Homburger Erikson. Mais tarde, o pensamento de Paulo Freire e George Herbert Mead se associou à "pedagogia do diálogo" e a legitimou (Schyl-Bjurman e Strömberg-Lind, 1977; Selander, 1984).

Em um apêndice ao relatório de 1975 da Comissão sobre um novo treinamento para pedagogos – *Utbildning i Samspel (Educação para os Relacionamen-*

tos) (von Euler, 1975) – é argumentado que uma pedagogia do diálogo exige muito dos profissionais. Ela requer um entendimento do desenvolvimento da criança como um processo, e esse conhecimento é construído na relação entre a criança e o mundo que a cerca. É também declarado que uma perspectiva positivista, que até aqui tem sido muito comum nos estudos de currículo,

> torna-se despropositada na estrutura de uma pedagogia do diálogo. A criança não pode ser tratada como um instrumento em uma situação pedagógica caracterizada por um diálogo em um relacionamento entre o Eu e o Você. Se a criança é vista como um objeto, uma coisa, a pedagogia (a metodologia) será vista como um instrumento para o pedagogo/professor. O ensino corre o risco de se tornar limitado a uma discussão relacionada a truques e técnicas pedagógicas. Da mesma maneira como os objetivos, tanto para as crianças como para os profissionais, devem ser a situação de que eles estão participando, o mundo do qual fazem parte, o objeto para o formador de professores e para o aprendiz professor deve ser, acima de tudo, a situação que o professor vai encontrar e a maneira como o diálogo humano será empreendido... Os métodos que resultam em medições e dados quantificáveis (por exemplo, esquemas de marcar, estimativas, medidas de avaliação), devido à sua ausência de valores explícitos, conduzirão a uma visão objetiva da criança, na qual o observador se coloca de fora do que está acontecendo. Esses métodos têm um efeito oculto, produzindo uma visão técnica dos métodos pedagógicos e excluindo o diálogo. (SOU, 1975, p. 338, 340)

Por muitas razões, as idéias da Comissão enfrentaram dificuldades em conquistar terreno na prática, e, desde a década de 70, suas idéias e especialmente o seu conceito de pedagogia do diálogo, foram analisadas e criticadas a partir de muitas perspectivas (Callewaert e Kallos, 1976; Hultqvist, 1990; Selander, 1984). Não obstante, a perspectiva comunicativa sobre a pedagogia, que a Comissão propunha, pode ser vista como um marco da época. Embora não se tenha reconhecido como a psicologia do desenvolvimento estava envolvida no desenvolvimento de classificações científicas e discursos normalizadores – o poder sobre a vida (como discutido no Capítulo 2) – o trabalho da Comissão constituiu uma forma de contradiscurso: ele problematizou, como Reggio fez, uma idéia tradicional e instrumentalizada da educação, na qual o professor é visto como um transmissor neutro de um corpo de conhecimento predeterminado e societariamente sancionado, e a criança é construída como um recipiente passivo. Em vez disso, o conceito de pedagogia da Comissão concentrou-se nas condições e nos meios pelos quais o conhecimento é produzido pelo pedagogo e pela criança juntos e na importância dos pedagogos construírem um relacionamento democrático com as crianças.

A conexão sueca com Reggio tornou-se mais forte com o passar dos anos, culminando com o estabelecimento, no início da década de 90, de um Projeto Reggio e de um Instituto Reggio, ambos localizados em Estocolmo. No restante deste capítulo, um de nós, Gunilla Dahlberg,[1] conta a história do Projeto Estocolmo e os entendimentos que ele tem proporcionado tanto em relação ao trabalho pedagógico realizado em Reggio como em relação às questões que discutimos nos capítulos anteriores.

PROJETO ESTOCOLMO: A PEDAGOGIA DA PRIMEIRA INFÂNCIA EM UM MUNDO EM TRANSFORMAÇÃO

O Início

Em 1988, um grupo de nove pessoas, todas envolvidas de uma maneira ou de outra no campo da pedagogia da primeira infância na Suécia, iniciaram um fórum para discutir por que tantos pedagogos suecos estavam atraídos pela filosofia pedagógica de Reggio Emilia e o que poderíamos aprender da experiência italiana. O grupo fez visitas a Reggio Emilia e teve a oportunidade de lá se encontrar com as crianças e com os pedagogos. Além disso, organizamos seminários dos quais participaram os pedagogos e os administradores de diferentes municipalidades da Suécia.

Após alguns anos, todos nós do grupo sentimos que estávamos tornando-nos cada vez mais familiarizados com a filosofia de Reggio Emilia e cada vez mais sofisticados no entendimento e na discussão da prática pedagógica e de como ela estava relacionada às idéias filosóficas básicas. Mas também acabamos percebendo, e isso foi muito frustrante, que não havia prática pedagógica na Suécia que realmente levasse a sério uma perspectiva desse tipo. Existia uma grande lacuna entre *a arena da formulação*, onde as idéias pedagógicas são formuladas em currículos, etc., e *a arena da realização*, onde as idéias são, de fato, praticadas (Lindensjö e Lundgren, 1986). Parecia-nos relativamente fácil assumir uma visão da criança como equipada com um imenso potencial e muitas competências ou uma visão do pedagogo como um profissional reflexivo, co-construtivo – em um nível superficial. Contudo, em um nível mais profundo, o que, na realidade, significava a filosofia de Reggio, tanto na teoria como na prática?

Felizmente para nós, em uma de nossas visitas a Reggio Emilia, Loris Malaguzzi propôs que iniciássemos um projeto juntos, Reggio e Estocolmo. Malaguzzi também observou que, embora existissem muitas diferenças entre a Suécia e Reggio Emilia, ele achava que tínhamos muito em comum e, de maneira geral, acreditava que os países escandinavos eram os locais onde as crianças eram tratadas com maior respeito. Essa crença foi confirmada pelo que aconteceu em seguida. Uma proposta de projeto foi enviada ao Ministro de Assuntos Sociais. Isso nos levou ao estabelecimento, em 1993, do Projeto Estocolmo, que chamamos Pedagogia da Primeira Infância em um Mundo em Transformação.

Antes de passarmos ao projeto em si, deve ser mencionada uma outra experiência anterior. O Projeto se iniciou a partir de condições pós-modernas e do seu significado para as crianças pequenas e para as instituições dedicadas à primeira infância. Estávamos convencidos de que, para renovar a prática pedagógica e restaurar a legitimidade das instituições dedicadas à primeira infância, era de fundamental importância entendermos o fenômeno social da infância e relacionarmos esse entendimento ao tipo de sociedade em que vivem as crianças de hoje e ao tipo de sociedade que encontrarão no futuro. Para entender isso, nós nos baseamos muito em um projeto realizado no final da década de 80, estabelecido pelo Conselho Nórdico, Infância Moderna nos Países Nórdicos (o projeto BASUN).

No projeto BASUN (Dencik, 1989), começamos a analisar o relacionamento entre as instituições dedicadas à primeira infância e o trabalho na sociedade industrial, e quais as conseqüências da mudança de uma sociedade industrial para uma informação pós-industrial e uma sociedade do conhecimento – *uma sociedade da aprendizagem* – para essas instituições, tanto em relação a novos riscos como a novas possibilidades para a aprendizagem e para a construção de significado, para a liberdade e para a democracia. O Projeto começou a abrir a discussão sobre o que estas mudanças societárias poderiam significar para as possibilidades de a criança lidar com a vida em uma sociedade pós-moderna e para a construção da criança de sua própria identidade e biografia, problematizando a idéia de que a identidade infantil é determinada (Dahlberg, 1992). Essa discussão, por sua vez, abriu caminho para uma análise e para um entendimento mais profundos das ambições universais do projeto da modernidade, discutido nos capítulos anteriores, este tem sido muito valioso para o *nosso* entendimento de Reggio Emilia.

Planejamento e Organização do Projeto

Desde o seu início, o Projeto Estocolmo foi orientado para a prática. Foi um projeto muito aberto, não muito planejado por antecipação – algo com que foi difícil de lidar, mas que constituiu uma força muito dinâmica no trabalho. Da experiência em Reggio, Malaguzzi nos proporcionou três conselhos importantes antes de começarmos: "um projeto é difícil – quando termina é como se nunca tivesse existido"; "não inicie um projeto apenas para a pedagogia, considere toda a organização"; "continuem a mudar – não fiquem presos a um método ou a uma organização".

Quando iniciamos o projeto, tínhamos muitas idéias. Quanto mais trabalhávamos com os pedagogos em Reggio, mais percebíamos uma estratégia muito consciente de lutar com e tentar desmascarar, para afastar-se e ir além dos discursos dominantes e da posição homogênea atribuída à criança, ao pedagogo e aos pais através desses discursos (Dahlberg, 1995). Por isso, queríamos desconstruir os discursos dominantes no campo da primeira infância com o intuito de conseguirmos reconstruir outros discursos. Além disso, concordamos em trabalhar da seguinte maneira:

- Trabalhar em tarefas temáticas e de projeto: as instituições suecas dedicadas à primeira infância têm uma longa tradição de trabalho temático, mas queríamos ter uma visão crítica da maneira como este trabalho estava sendo realizado, particularmente em relação à prática do trabalho temático em Reggio.
- Trabalhar na observação e na documentação pedagógica: na Suécia, esses termos têm sido entendidos em relação às teorias desenvolvimentais da criança, isto é, usando observações e documentação para avaliar e classificar as crianças em relação a normas desenvolvimentais. Queríamos observar os entendimentos muito diferentes desses termos produzidos pela prática pedagógica em Reggio.
- Criar espaços para a troca de experiências, para a co-construção e para a reflexão.
- Promover mudanças no ambiente das instituições dedicadas à primeira infância.
- Examinar as divisões de responsabilidade e o uso do tempo pelos pedagogos.
- Proporcionar apoio aos pedagogos, nos moldes dos *pedagogistas* do norte da Itália.
- Oferecer um consultor *atelierista*.
- Trabalhar de perto com os pais.
- Conquistar apoio e reconhecimento para o trabalho pedagógico por parte da administração das instituições dedicadas à primeira infância.
- Trabalhar com um distrito inteiro (isto é, uma autoridade local ou do município).

O planejamento e a organização do Projeto não foram estabelecidos por antecipação; elas desenvolveram-se durante os quatro anos de sua duração. O Projeto optou por trabalhar com Åkervägen, uma instituição dedicada à primeira infância localizada no distrito de Hammarby, em Estocolmo, que já estava buscando inspiração em Reggio Emilia, mas havia considerado isso difícil, apesar de muitas pedagogas terem visitado Reggio. O Projeto ofereceu-se para trabalhar com seis outras instituições dedicadas à primeira infância do mesmo distrito,[2] conectando todas as sete instituições ao Projeto em uma rede. Cada uma dessas instituições escolheu uma pedagoga de cada grupo de crianças para participar das sessões mensais da rede realizadas com o grupo do projeto, a qual depois compartilhava sua experiência com suas colegas no local de trabalho. Seu trabalho pedagógico foi auxiliado por um *atelierista* e por um *pedagogista*, os quais estavam capacitados a atuar como tutores para a prática cotidiana na rede de instituições. Por fim, os sete diretores formaram sua própria rede junto com o líder do projeto.

Uma consideração importante para nós na escolha das instituições para a rede foi que todo o grupo de profissionais, não apenas o diretor, estivesse motivado para participar e disposto a realizar o trabalho extra requerido. Não oferecemos compensação financeira. As instituições da rede tinham de trabalhar sob as mesmas condições financeiras que os outros quase 20 centros do distrito. Outra condição para a participação, dessa vez para a administração do distrito, era que eles deveriam orientar seu treinamento em serviço visando a concentrar-se nos temas priorizados pelo projeto.

A seleção das sete instituições para formar a rede foi um processo muito difícil, suscitando questões complicadas sobre democracia e mudança. Na tradição democrática e burocrática sueca, todos em um distrito como Hammarby deviam receber o mesmo dinheiro e o mesmo apoio ao mesmo tempo. As respostas típicas à nossa insistência em sermos seletivos, tanto das instituições como dos pedagogos, eram que "em nosso distrito tínhamos 28 pré-escolas – havia de ter um projeto do qual todas pudessem participar e extrair novas idéias" ou "por que todos os pedagogos de nossas pré-escolas não poderiam participar do projeto?" Entretanto, ficamos perturbados no projeto por essa visão dominante de democracia que, desde o início, consideramos como uma forma de nivelar por baixo ou de diluir que dificultaria a realização de uma mudança. Queríamos experimentar outra idéia que não implicasse que todos conseguissem "um pouco", ao mesmo tempo. A partir da nossa perspectiva, isso significava que o menor denominador comum prevaleceria, e muito pouca mudança ocorreria.

A questão é como se entende a ocorrência da mudança. Como conseguir a mudança não apenas no nível do discuro, mas também na prática? O que é democracia nesse caso? Na nossa opinião, era importante começar com pedagogos que estivessem motivados e envolvidos e que quisessem dedicar algum esforço extra para fazer a mudança acontecer. Estávamos procurando bons exemplos – "bons" não no sentido de serem excelentes, mas "bons" no sentido de serem exemplos documentados de um processo de mudança que pudesse entusiasmar e inspirar outras pessoas.

Ao mesmo tempo, era importante para nós criar um projeto elitista, no qual as instituições com as melhores condições conseguissem apoio, e as outras, não. Aquelas instituições que se candidataram a participar da rede, mas não puderam ser aceitas, foram informadas de que o trabalho do projeto lhes seria regularmente apresentado, e que elas poderiam iniciar outra rede posteriormente, apoiadas pela primeira rede e baseadas na sua experiência. Isso acabou acontecendo, de forma que hoje há várias redes no distrito trabalhando com a desconstrução e a reconstrução da sua prática.

Realizamos conferências abertas a todos os pedagogos do distrito, as quais ofereceram mais um espaço para construir novos significados e entendimentos da criança, de nós mesmos como pedagogos e da prática pedagógica. As conferências foram tanto teóricas como orientadas para a prática. Baseados em Reggio Emilia, apresentamos novas perspectivas e novos temas, como filosofia pedagógica, construcionismo social e pós-modernismo, avaliação, manejo e organização, percepções de um encontro, participação e democracia. Relacionamos esses temas a exemplos concretos extraídos das instituições da rede central, incluindo o consultor *atelierista* apresentando e discutindo o trabalho realizado pelos pedagogos nessas instituições. De início, as conferências foram feitas pelo grupo do projeto, mas, pouco a pouco, os pedagogos da rede tornaram-se confiantes o bastante para apresentar e discutir o seu próprio trabalho com seus colegas do distrito. Na realidade, o grupo de pedagogos tornou-se tão confiante que, durante o projeto, foram também convidados para apresentar suas experiências documentadas em universidades e escolas de educação em toda a Suécia.

Seguindo o conselho de Malaguzzi sobre a importância de se envolver toda a organização, o grupo do projeto fez outras conexões com o distrito, acima e abaixo da rede central. Foi estabelecida uma equipe de coordenação, a qual consistia do grupo do projeto, do chefe dos serviços de primeira infância e do consultor pedagógico do distrito, do administrador do centro de treinamento em serviço do distrito, e do diretor de Åkervägen. O grupo do projeto e os pedagogos da rede estabeleceram um diálogo contínuo com os políticos do distrito, abrindo a discussão sobre a filosofia e a prática pedagógica. Além disso, começamos a trazer os pais para novas formas de participação, nas quais procuramos desafiar as idéias comuns dos pais como consumidores de serviços e tentar entender o que significa ser um participante.

De todas essas maneiras, criamos fóruns ou arenas em que muitos debates podem acontecer (Dahlberg e Åsén, 1994; Göthson, 1991), e em que todo o distrito, assim como o grupo do projeto, pode estar envolvido em um processo de mudança e em um novo entendimento! No geral, o distrito recebeu bem o Projeto. Anteriormente, as discussões no distrito haviam sido, em grande parte, sobre dinheiro e problemas de orçamento, e muitos pedagogos achavam que não eram ouvidos e até queriam deixar seus empregos. Isso havia criado uma atmosfera defensiva. O projeto ajudou a criar uma atmosfera diferente, na qual novas possibilidades podiam ser vistas e buscadas.

O trabalho espalhou-se além de Hammarby. Durante o projeto, 34 redes locais foram iniciadas em toda a Suécia, e foi estabelecida uma rede nórdica. Elas receberam apoio do Instituto Reggio Emilia, que estava intimamente conectado com o Projeto Estocolmo. Atualmente é realizado um simpósio anual no verão com participantes de todos os países nórdicos. Houve outras conseqüências. Algumas escolas elementares começaram a se inspirar no projeto. Foi lançada uma publicação, *Modern Childhood*, que divulga a experiência do projeto. Vários alunos de graduação e de doutorado optaram por trabalhar em conjunto com o Projeto, em temas como "uma problematização dos conceitos de poder, resistência e emancipação no trabalho de documentação pedagógica" (Lenz Taguchi, 1998); "assumindo uma posição com relação à criança moderna e à psicologia do desenvolvimento, formulando uma alternativa em que a subjetividade da criança é situada e construída em um fluxo de ações e de linguagem" (Nordin-Hultman, 1998); e "a perda e o significado em uma tradição de representação: diferença e ambivalência no processo do conhecimento" (Lind, 1998).

Um Horizonte de Expectativas em Transformação: Um Novo Espaço, um Novo Torna-se uma Nova Esperança?

Antes de discutir mais detalhadamente o trabalho do projeto, é necessário considerar nossa estratégia geral, a teoria de mudança do projeto e o modo como entendemos o relacionamento entre o projeto e Reggia Emilia. Como trabalhar em um contexto com idéias pedagógicas de outro contexto, com condições diferentes, não é algo que dispense explicações. Por razões já discutidas, nunca imaginamos uma tradução e aplicação direta da "abordagem de Reggio" no contexto sueco. Nunca nos vimos envolvidos em um projeto de implementação; isso não parece desejável nem possível.

Sempre foi claro para nós que teríamos de começar a partir de quem somos na Suécia, de nossas próprias tradições e culturas. Por isso, nosso entendimento de Reggio Emilia – "*nossa* Reggia Emilia" – não é, de modo algum, uma descrição "verdadeira" de Reggio Emilia, mas uma construção em que moldamos um entendimento da sua prática em relação às nossas tradições e à cultura sueca (Dahlberg, 1995). Pode-se dizer que Reggio contribuiu com uma maneira de pensar específica, à qual conseguimos nos relacionar com amor e/ou confrontação: na realidade, no Projeto Estocolmo, descobrimos que esta declaração de Loris Malaguzzi é muito importante: "A pedagogia não é gerada por si mesma; ela só é gerada se nos colocamos em um relacionamento amoroso e/ou em confrontação com outras expressões do presente."

Em nosso trabalho, usamos a experiência de Reggio Emilia como uma forma de *inspiração*. Para nós, Reggio Emilia tornou-se, nas palavras de Melucci, uma forma de utopia de vida,[3] em uma época em que a Previdência Social na

Suécia estava sofrendo grandes mudanças e estavam sendo formuladas questões sobre como poderiam ser mantidos os direitos e a posição das crianças. Somado a isso, usamos Reggio como um *prisma* que, juntamente com as perspectivas pós-modernas, nos ajudou a refletir sobre e a problematizar sobre as nossas próprias tradições e práticas pedagógicas –, e melhorar a nossa capacidade de reflexão e problematização, está foi uma parte muito importante do projeto. A idéia que estava por trás da metáfora de um prisma era que traduzir uma filosofia de um contexto para outro implica sempre uma forma de descontextualização e recontextualização dessa filosofia (Bernstein, 1990; Dahlberg, 1985). Uma filosofia pedagógica que viaja é, em geral, vista como algo negativo, pois nunca se consegue obter o mesmo resultado, em outro contexto. Mas, como Bauman (1997), achamos que não se deve lamentar o fato de não ser possível traduzir algo exatamente de um contexto para outro. Ao contrário disso, mesmo que haja muitas dificuldades, achamos que haverá ganhos se entendermos isso como um processo de co-construção.

Quando iniciamos este projeto, com freqüência nos perguntavam: Por que Reggio Emilia? Os centros de primeira infância da Suécia também eram mundialmente famosos. Como muitos outros, nós pensávamos no início que a pedagogia de Reggio Emilia era igual à sueca – só que eles a administravam um pouco melhor. Muitas das palavras que usamos para descrever nossa filosofia pedagógica na Suécia são similares. No entanto, quando viemos a conhecer o seu trabalho e a sua comunidade, percebemos que eles haviam transgredido os discursos dominantes, não apenas no campo da pedagogia da primeira infância, mas também em relação à organização e à comunidade!

Por isso, a experiência de Reggio Emilia nos proporcionou um desafio à tradição prevalente da pedagogia da primeira infância; aliás, não somente à pedagogia da primeira infância, mas também à pedagogia, à educação como um todo. Como argumentamos em todo este livro, as instituições dedicadas à primeira infância e suas práticas pedagógicas são constituídas por discursos dominantes na nossa sociedade e incorporam pensamentos, concepções e ética que prevalecem em um dado momento em uma dada sociedade. Por isso, para mudar uma prática pedagógica é necessário começar problematizando e desconstruindo esses discursos e entender e demonstrar como eles estão relacionados ao que está acontecendo na prática pedagógica. Reggio Emilia nos ajudou a problematizar e a desconstruir esses discursos e contribuiu para criar um espaço para a reconstrução de uma nova visão, oferecendo entendimentos alternativos da criança, do pedagogo e da instituição dedicada à primeira infância.

Como um primeiro passo para entender estes discursos dominantes e como foi construído o campo da pedagogia da primeira infância na Suécia, nós nos concentramos no paradigma científico dominante inerente na ciência social e comportamental. Como pesquisadores, mas também como pedagogos, freqüentemente ficamos perdidos em questões metodológicas e, desse modo, perdemos de vista a pedagogia como uma atividade cultural e simbólica. O fato de a pedagogia poder ser separada da filosofia deve-se em grande medida à tradução científica de separar o conhecimento dos valores, uma tradição que tem sido dominante e que, de uma maneira acrítica, tem sido considerada como a base para a construção do campo da pedagogia da primeira infância. Quando Maria Montessori, no início do século XX, desenvolveu seu pensamento pedagógico, ela prestou atenção à ciência, mas rejeitou as esperanças que estavam, então, sendo suscitadas pela nova pesquisa orientada para a medição e para a técnica e pelas suas contribuições para o treinamento de novos professores. O que aparece em seus escritos é o seu desejo de manter a base do valor na pedagogia:

> Muitos têm considerado a ciência materialista e mecanicista com excessivas esperanças. É precisamente por causa disso que entramos em um caminho falso e estreito que deve ser superado se quisermos revitalizar a arte de educar as futuras gerações... Eu, de modo pessoal, acredito que devemos dar mais atenção a transmitir aos professores um entusiasmo, não técnicas científicas, e devemos visar mais ao intelectual que ao material. (1967, p. 4-5)

Como um segundo passo, analisamos como o campo da pedagogia da primeira infância e a criança foram construídos na Suécia, assim como em alguns outros países. Por meio deste processo de desconstrução, passamos a entender como as identidades da criança e do pedagogo foram construídas, incluindo algumas construções discutidas nos Capítulos 3 e 4. Passamos a analisar como essas construções tornaram-se produtivas em nossas instituições pedagógicas: nas nossas relações com as crianças, com outros pedagogos, e na maneira como planejamos o ambiente, ou seja, toda a coreografia do meio.

Este trabalho esclareceu como estes regimes discursivos dominantes e as práticas que eles produzem estão ligados ao poder. Desde o início, descobrimos que era muito difícil ter qualquer tolerância com outras maneiras de pensar e entender o campo. Isso nós passamos a entender em relação às idéias de Foucault, discutidas no Capítulo 2. Por isso, em geral, não temos consciência de que incorporamos um discurso dominante e as construções que ele produz (a Idéia entronada como a Verdade), ou não temos consciência do poder que está ligado à ação, mas estamos, de uma maneira ou de outra, sempre participando de atos de poder – por exemplo, se permitimos às crianças terem muito brinquedo livre, criativo, ou se lhes permitimos escolher entre vários materiais montessorianos, ou ainda se lhes permitimos trabalhar com argila e observar e documentar o seu trabalho (Lenz Taguchi, 1996). Na perspectiva de Foucault, as categorias e os conceitos funcionam também como atos de poder. Reggio nos ajudou a enxergar como estamos não somente inseridos, como crianças e como pedagogos, nos discursos dominantes, mas também nos governamos por meio dessas inserções.

É importante enfatizar que estamos conscientes de que as construções sempre incorporam poder e que isso é verdadeiro em relação às construções que realizamos da criança e às práticas pedagógicas que produzimos a partir de tais construções. É algo que nunca podemos evitar. Não podemos fingir estar livres do poder e estar fora das relações de poder; estamos sempre dentro do vínculo conhecimento/poder. Foucault (1970) disse que "tudo é perigoso", querendo dizer que nossas construções são sempre arbitrárias e, como tal, nunca são neutras nem inocentes. Elas sempre trazem conseqüências sociais, ou seja, as soluções que escolhemos têm implicações não apenas para o papel e para a posição que damos à criança, mas também para a maneira como desenvolvemos nossas formas de democracia. Em suma, os processos de construção colocam sobre todos nós muita responsabilidade ética.

Muitas pessoas poderiam considerar esta discussão do poder, da problematização e da (des)construção pessimistas e inúteis. No entanto, considerando nossa experiência no projeto, associada à inspiração de Reggio Emilia, descobrimos que elas são exatamente o contrário: são muito produtivas e motivo de otimismo. É, com certeza, verdade que utilizar a perspectiva que adotamos implica em riscos e pode não produzir nenhuma mudança, mas também carrega possibilidades e um potencial para mudança dinâmica. Se estamos sujeitos ao poder, significa que temos poder. Se, por um lado, as convenções e as representações sociais estão incorporadas e sempre contêm poder, por outro lado, como construções arbitrárias, elas podem sempre estar abertas à mudança. Por isso é tão importante desmascarar e perturbar as tradições que estão incorporadas em instituições como escolas e instituições dedicadas à primeira infância, e, assim fazendo, abrir novas possibilidades e um novo espaço para a mudança e para a esperança. Aqui, os conceitos e as perspectivas tornam-se instrumentais para a construção de entendimentos e práticas alternativos.

Por meio da problematização e da desconstrução dos discursos e das construções dominantes, podemos, como diz Patti Lather (1991), interromper os valores subjacentes às práticas que foram construídas. Podemos estruturar a prática de outra maneira, nos reinserindo em outro discurso através da reconstrução da linguagem e da prática. No projeto, usando esses métodos, conseguimos abrir um novo espaço para a reinterpretação e para a reconstrução, não somente da criança, agora entendida como um co-construtor de conhecimento e cultura, mas também do pedagogo e da instituição dedicada à primeira infância. Nesse novo espaço, também fomos capazes de entender o campo da pedagogia da primeira infância a partir de outra perspectiva e formular práticas alternativas, ou contradiscursos, que não podiam ser articulados no regime discursivo dominante anterior. Por meio de uma construção histórica e "situando" a maneira como construímos nossa visão da criança e da infância, e do conhecimento e da aprendizagem em relação ao processo de modernização, conseguimos formular não somente outras construções do campo, da criança e do pedagogo, mas também o papel das autoridades, dos políticos e dos pesquisadores locais.

Por isso, para nós, as questões fundamentais do projeto se tornaram: como conseguir outra construção da criança, do conhecimento e da aprendizagem, e as condições necessárias para a aprendizagem? Como reconstruir uma pedagogia da primeira infância que tenha seu ponto de partida em teorias, hipóteses, sonhos e fantasias da criança, e na visão do conhecimento e da aprendizagem como co-construção? Como transpor o projeto da modernidade, mantendo a perspectiva de um progresso contínuo e linear, da certeza e da universalidade, reconhecendo a incerteza, a diversidade, a não-linearidade, as perspectivas múltiplas e as especificidades temporais e espaciais? Com inspiração em Reggio Emilia e com os desafios de teorias neopragmáticas e pós-modernas, começamos a produzir respostas provisórias para essas questões, construindo uma prática, ou ousando pôr em ação uma prática, que é mais variada e também mais auto-reflexiva sobre si mesma, suas possibilidades e suas limitações, e que não se esconde da incerteza, das múltiplas perspectivas e dos relacionamentos.

Este é um trabalho exigente. Questiona grande parte do pensamento com que construímos a criança – e a partir do qual construímos nossas idéias do que tem valor para a pedagogia. Também precisamos criar novos conceitos, pois os antigos contêm um significado que está relacionado a outra construção. Reggio e os pensadores pós-modernos têm nos mostrado como podemos trabalhar com categorias e conceitos como constructos e instrumentos *provisórios* que o tempo todo estão abertos à mudança.

Desde o início, Reggio nos ajudou a dar autoridade e significado prático a uma construção da criança "rica" e, para essa construção, informar o trabalho nas instituições dedicadas à primeira infância. Nossa perspectiva construcionista social implica que a criança e o pedagogo sejam vistos como co-construtores do seu próprio conhecimento, do seu ambiente e de si próprios. A aprendizagem não pode ser vista como um ato cognitivo individual, algo que está ocorrendo na mente da criança, mas como um ato cooperativo e comunicativo. Nessa perspectiva, de acordo com a filosofia de Martin Buber (1970), o conhecimento não é algo que o indivíduo humano adquiriu ou possui, mas algo que se encontra ou adquire se colocando em relação ao mundo. Por isso, a ação comunicativa – a interação com o Você – é uma condição do Eu, já que é somente em relação ao Você que o Eu pode ser criado. Em vez de considerar as estruturas mentais da criança como uma parte essencial e permanente da natureza humana, enxergamos o mundo como sendo mediado pela linguagem e pelo trabalho de interpretação nosso e dos outros.

Recorrendo a uma perspectiva construcionista social, questionamos a perspectiva essencialista em que a identidade da criança é vista como homogênea e estável, e em que as necessidades das crianças são vistas como algo inerente – a criança como natureza. Em vez disso, passamos a enxergar que a identidade é uma construção; é uma prática discursiva construída através da linguagem e da comunicação. Partindo de uma perspectiva pós-moderna, o indivíduo não tem acesso privilegiado à sua própria identidade através da introspecção: para a pergunta de Alice "Quem sou eu no mundo?" (Carroll, 1865, edição de 1973, p. 24) não há resposta verdadeira ou conhecimento verdadeiro. A identidade é antes um conceito relacional e relativo, e as identidades são construídas e reconstruídas dentro de contextos específicos – contextos que estão sempre abertos à mudança e onde o significado do que uma criança é, poderia e deveria ser não pode ser estabelecido definitivamente.

Podemos dizer que Reggio nos ajudou a criar uma crise no nosso próprio pensamento e, assim, nos ajudou a transgredir os discursos e as práticas dominantes. Por meio de uma investigação crítica e de uma prática reflexiva, conseguimos entender como nosso próprio pensamento e nossas próprias práticas estão inseridas nos discursos dominantes que abriram um novo espaço e nos ajudaram a entender que há outras possibilidades – discursos e contradiscursos alternativos. Trabalhar em associação com Reggio nos ajudou a descobrir questões críticas e produtivas: como a criança, o conhecimento e a aprendizagem foram construídos no contexto sueco? Há outras maneiras de construir a criança e nós mesmos como pedagogos, maneiras estas que podem abrir caminho para uma prática emancipatória nas instituições dedicadas à primeira infância? Que instrumentos e práticas podem ajudar essa desconstrução e reconstrução dos discursos dominantes, dos contradiscursos e das diferentes práticas pedagógicas?

A Rede

> Durante o nosso trabalho, percebemos cada vez mais que a rede, associada à documentação pedagógica, foram os instrumentos fundamentais para a abertura de um processo de análise e auto-reflexão, e daí para que a mudança acontecesse. Uma rede que se abre para uma troca de experiências e que envolve uma discussão crítica em torno da documentação pedagógica tem tido um grande potencial, não somente para mudar a prática pedagógica, mas também para construir uma ética de um encontro – um relacionamento recíproco que em si funciona tanto como um meio quanto como um conteúdo e um objetivo.

No nosso Projeto, tentamos estabelecer uma *cultura de aprendizagem co-construtiva*, melhorando a auto-reflexividade através do diálogo, dos relacionamentos recíprocos entre os participantes e da documentação pedagógica. Ela possibilita não apenas a construção de significado criativa, mas também o desenvolvimento da amizade, da responsabilidade e da participação – as condições mais importantes para os relacionamentos democráticos. Por intermédio da co-construção, abrimos um novo espaço para nós mesmos como pedagogos, mas também, de modo mais geral, como seres humanos.

Para estabelecer uma cultura de aprendizagem co-construtiva, caracterizada por mudanças contínuas, experimentamos novas maneiras de trocar experiências entre os pedagogos – mas também entre os dirigentes das instituições dedicadas à primeira infância e entre os administradores e políticos do serviço de primeira infância do distrito. Por trás disso estava uma crença de que o trabalho pedagógico necessita de uma organização e de uma administração pedagogicamente competente que esteja preparada para examinar o seu próprio trabalho em relação a como ele contribui para o apoio da mudança pedagógica e para a construção da criança e do pedagogo. Buscando conseguir esse envolvimento da administração no Projeto, tivemos encontros regulares entre a rede do grupo do projeto, os pedagogos e os grupos de administradores e políticos.

A rede foi fundamental para o Projeto, tornando-se para nós uma maneira de pôr em ação um discurso de muitas vozes e de muitos centros. Como trabalhamos com a rede de pedagogos? Começamos com uma sessão de dois dias, na qual nós – os pedagogos e o grupo do projeto – contamos nossas histórias sobre o nosso trabalho a partir de uma perspectiva histórica. Os pedagogos falaram sobre o seu trabalho no correr dos anos e como ele havia mudado, tanto em termos da prática como em relação às idéias teóricas e filosóficas e em relação ao currículo e às mudanças mais amplas na sociedade. Esse foi um encontro muito importante. Os pedagogos nunca haviam conversado dessa maneira sobre o seu trabalho, pois nunca houve tempo ou espaço para isso enquanto estavam trabalhando. Por conseguinte, perceberam que nunca haviam sido vistos nem ouvidos.

Dada a nossa tradição na Suécia e a nossa inspiração em Reggio Emilia, decidimos que deveríamos, então, começar com um trabalho temático, documentando o que fora feito nas instituições e trazendo a documentação para a rede. Queríamos concentrar a nossa atenção, debater e refletir sobre a prática pedagógica cotidiana, mas, depois de algumas sessões, percebemos que o trabalho temático estava muito distante das nossas idéias de mudança. Ele facilmente se encaminhou para a documentação que sempre realizamos, em vez de problematizar como construímos a criança e o pedagogo em estudo. Além disso, percebemos que a documentação em si era um instrumento muito difícil de ser usado; requeria treinamento e novas habilidades. Por isso, tomamos nova direção e decidimos que trabalharíamos com situações em pequena escala das instituições e as observaríamos e documentaríamos. Iríamos "navegar nas observações".

Isto se mostrou muito proveitoso. Com a ajuda de meios diferentes e com o trabalho de observação e documentação de como as crianças exploram e co-constroem o mundo e como acontecem seus processos de aprendizagem, os pedagogos do projeto começaram a examinar e a desenvolver criticamente o seu próprio trabalho pedagógico. Usamos a documentação como um instrumento para entender como a criança foi construída em nossas instituições dedicadas à primeira infância. Isso nos ajudou a responder às questões: "nós enxergamos a criança?" "O que queremos dizer quando dizemos que "enxergamos a criança?". Isto pode ser visto como uma forma de trabalho desconstrutivo em relação à prática pedagógica – que construções da criança estão por trás da maneira como discutimos a criança e que tipo de construções estão por trás da nossa maneira de nos relacionarmos com a criança na nossa prática? Como essas construções moldaram a disposição do ambiente? Como todo o espaço pedagógico foi construído? Há outras construções a serem feitas? Este é um espaço pedagógico para a criança "rica", para o pedagogo e para os pais?

O que descobrimos ao concentrar nossa atenção na documentação é que *não* terminamos nossa discussão da prática nos tornando cada vez mais sofisticados, enquanto a prática pedagógica em si permanece virtualmente inalterada. Podemos, com facilidade, aprender uma nova linguagem, com novas ferramentas conceituais. Podemos sentar-nos em redes e conversar, concordando um com o outro como sempre conversamos de uma maneira muito abstrata – por exemplo, quando discutimos o fato de ter uma perspectiva "centrada na criança" e uma pedagogia que assumisse a "perspectiva da criança". Mas o que isso significa? Esta é, com freqüência, uma conversa superficial. Novas palavras e novos conceitos não mudam de imediato a prática. Um novo entendimento não é a mesma coisa que novos padrões de ação – foi isso que, logo de início, chamamos de diferença entre a arena da formulação e a arena da realização.

A documentação pedagógica nos permitiu evitar que isso acontecesse, pois, se documentamos a nossa prática e a aprendizagem da criança, temos exemplos concretos sobre os quais refletir. A documentação pedagógica abre a possibilidade de um movimento de vai e vem entre as ferramentas conceituais e a prática. Assim como a desconstrução, a documentação tem permitido aos pedagogos desenvolver suas práticas por meio do esforço em relação a uma nova construção da criança e de si mesmos como pedagogos e, dessa maneira, conseguir mais controle sobre a sua própria prática.

Quando os pedagogos começaram a ouvir as crianças e mudaram seu relacionamento pedagógico, apareceu uma nova construção da criança e do pedagogo. Por exemplo, havia uma criança que conseguia se concentrar muito mais tempo em uma atividade do que as construções anteriores dos pedagogos haviam determinado que ela pudesse ser capaz de fazê-lo, e ela era tão egocêntrica. As crianças do nosso projeto cada vez mais começam a dizer "olhe o que eu consigo fazer e o que eu sei", e os pedagogos estão se tornando cada vez mais conscientes das potencialidades das crianças – o que elas realmente podem fazer e fazem, em vez de os sistemas classificatórios dizerem que elas devem fazer. A excitação que isso gerou entre os pedagogos está captada neste comentário de um deles: "Trabalho há 20 anos com crianças de pré-escola e nunca pensei que as crianças soubessem e pudessem fazer tanta coisa. Agora tenho outra criança diante de mim."

É surpreendente como a mudança da construção da criança contribuiu para a produção de uma nova prática. Malaguzzi, certa vez, disse sobre essa mudança que: "na verdade, isto é muito simples, mas houve alguém que nos fez pensar que isso é muito difícil". Pela perturbação dos discursos e das construções dominantes da criança, pode haver uma abertura para "outra criança" – uma criança com muitas potencialidades e uma criança que possui pensamentos e teorias dignos de serem ouvidos, tanto da perspectiva de outras crianças como da perspectiva do adulto.

Em nosso projeto, tornou-se muito óbvio para nós todos como as construções que fizemos da criança têm enormes conseqüências para o modo como nos relacionamos com elas de forma pedagógica, como planejamos e coreografamos o meio, assim como nos relacionamos com os pais. Se temos diante de nós uma criança rica e não uma criança problemática, isso influencia tudo. Funciona como uma linguagem que, em si, se torna produtiva. Como dizem os pedagogos de Reggio: "Se temos uma criança rica diante de nós, também nos tornamos pedagogos ricos e temos pais ricos". Somos capazes de ter controle sobre o nosso próprio processo de aprendizagem e temos o direito de interpretar o mundo, mas também de negociar as interpretações com os outros.

Este trabalho conduziu a uma consciência crescente entre os pedagogos de suas próprias potencialidades, assim como a um novo entendimento, a uma nova construção do pedagogo. Dar às crianças a possibilidade de explorar e interpretar o mundo que as cerca e deixá-las assumir a responsabilidade por sua aprendizagem e por sua construção de conhecimento coloca uma grande responsabilidade sobre o pedagogo. A visão da criança como co-construtor pressupõe uma visão do pedagogo como um co-construtor de cultura e de conhecimento. Isto implica um relacionamento e uma responsabilidade profissionais, o que significa estar em diálogo e ação comunicativa com as crianças, com os pais e com outras pessoas, e em um relacionamento reflexivo e co-construtivo com as crianças e com seu próprio trabalho, tendo como ponto de partida o processo de aprendizagem. Nesse processo, o pedagogo deve assumir muitas perspectivas diferentes, às vezes tendo de ser o diretor da ação: apresentando um problema e iniciando um projeto de trabalho em torno de um tema específico ou introduzindo um novo conhecimento para permitir que o projeto continue. Outras vezes, o pedagogo é mais um assistente em um processo o qual as próprias crianças iniciaram e dirigiram (Dahlberg e Lenz Taguchi, 1994).

O trabalho do pedagogo consiste, em grande parte, em ser capaz de ouvir, em ser capaz de ver e de se deixar ser inspirado por e aprender com o que as crianças dizem e fazem. É importante manter as questões, hipóteses e teorias das crianças vivas – mas também suas fantasias – e acompanhar e estudar a maneira como elas buscam respostas e constroem significado no mundo (Lindqvist, 1995, Rodari, 1988). Isto é parte de um projeto ético mais amplo de estabelecer uma cultura em que as crianças sejam vistas como seres humanos em seus direitos próprios, como dignas de serem ouvidas, no qual não imponhamos o nosso próprio conhecimento e as nossas categorizações antes de as crianças terem colocado suas questões e formulado suas próprias hipóteses.

Isto não significa que o pedagogo não deva desafiar a curiosidade e a criatividade das crianças, suas questões, hipóteses e teorias. No trabalho pedagógico, como aquele que desenvolvemos no projeto, o pedagogo torna-se muito importante para proporcionar desafios – tanto sob a forma de novas questões, informações e discussões, como sob a forma de novos materiais e técnicas. O pedagogo deve ser capaz de dominar a difícil arte de escutar, ver, ouvir, questionar e desafiar – e, sendo assim, permitir às crianças enxergar que há múltiplas perspectivas, complexidades e ambigüidades. Dessa maneira, o pedagogo pode melhorar a capacidade das crianças para escolher e construir o entendimento e o significado, e para enxergar novas possibilidades em situações complexas, além de construir conhecimento em sua própria situação local – o conhecimento sendo entendido não como algo que você possui ou como alguma verdade preexistente a ser descoberta, mas como algo que é criado através de se estar em relação e diálogo com o mundo. Na perspectiva pragmática, não devemos nos preocupar com a verdade, no sentido de algo ser ou não verdadeiro, mas com a escolha entre diferentes hipóteses. Em culturas como a nossa, hoje, que estão embriagadas com o desejo da verdade, da objetividade e da certeza (Steier, 1991, p. 53), devemos ousar tolerar a idéia da incerteza, reconhecendo que a vida também incorpora ambigüidades e complexidades com as quais temos de ousar conviver.

Nesta visão do conhecimento e da aprendizagem, o processo pedagógico é visto como um contexto comunicativo, repleto de linguagem e expressões. O que a criança ou o pedagogo estão dizendo deve ser visto como uma construção complexa de muitas negociações, de muitos sentimentos e de muitas memórias, que nunca podem ser totalmente reconstruídos ou reciprocamente entendidos pelo outro. Entretanto, o que é dito pode despertar desejos, reconhecimento e curiosidade no outro, e, para que isso aconteça, a pergunta "você se surpreendeu com alguma coisa hoje?" deve ser sempre mantida viva na vida cotidiana da prática pedagógica. A surpresa é o pré-requisito primário para a experiência e para a aprendizagem, como muitos filósofos desde Aristóteles reconheceram. Por isso, devemos cuidar da surpresa das crianças sobre o mundo que nos cerca – um mundo que pode ser ao mesmo tempo familiar e estranho. No Projeto, muitas vezes, dizemos que as crianças são desde o início curiosas, mas podem, com facilidade, perder sua curiosidade, como podem desatar as "centenas de linguagens" com as quais nasceram. Temos de estar atentos à curiosidade e à surpresa das crianças sobre a existência humana e sobre a vida que existe em torno delas.

Para isso, os pedagogos também precisam recuperar sua própria surpresa, caso contrário, não conseguirão atuar como co-construtores junto com as crianças. Como adultos, precisamos aprender novamente a nos tornar curiosos. Precisamos redescobrir a curiosidade e a surpresa em relação à natureza, à cultura e à sociedade, mas, acima de tudo, em relação ao que as crianças pensam e fazem. Precisamos ficar cheios de surpresa diante do que as crianças dizem e fazem e, portanto, curiosos para continuar a ouvir e escutar o que elas dizem e fazem. Como disse um dos pedagogos do Projeto: "Temos de dobrar os joelhos e nos deixar surpreender pelo que as crianças conseguem fazer." O tédio é o maior inimigo da pedagogia. Malaguzzi, em geral, se referia a Bachelard, dizendo que, "para a educação ser bem-sucedida, você precisa ter um brincalhão no bolso", e também citava Bronfenbrenner, "para a educação ser bem-sucedida, é preciso haver pelo menos um tio louco por perto que se surpreenda" (Dahlberg, 1995, p. 16).

O trabalho da rede nas instituições dedicadas à primeira infância foi realizado de muitas maneiras diferentes, devido aos diferentes pontos de partida para cada instituição. Cada uma delas escolheu sua própria jornada e desenvolveu sua própria estratégia. Cada uma discutiu de onde começar. Devemos começar mudando o meio ou o trabalho pedagógico com as crianças? Para essa questão, não há respostas claras. Alguns consideram que as mudanças no ambiente, para torná-lo mais parecido com um *atelier*, são a maneira mais proveitosa de começar e de obter material para discutir na rede; outros optam por mudanças no trabalho pedagógico.

Embora haja estas diferenças na rede entre as instituições dedicadas à primeira infância, alguns temas comuns podem ser percebidos. Preparamos a base para o trabalho que é orientado pelos pedagogos e para uma liderança pedagogicamente competente que pode abrir para a mudança. Através da colaboração dentro do Projeto, conseguimos encorajar uma atitude mais reflexiva e mais crítica em relação à prática pedagógica. Em vez da resposta comum quando confrontados pela mudança, ou seja, "esta é a maneira como sempre fizemos as coisas – por que mudar?", os pedagogos tornaram-se abertos a problematizar seu próprio pensamento, a experimentar novas ferramentas conceituais e a mudar sua prática pedagógica. Viram que a prática pode ser modificada e compreenderam que têm poder sobre a sua própria prática, que podem pensar e agir por si mesmos. Começaram a enfrentar os discursos dominantes e viram que a criança e o pedagogo podem ser conceituados e que podem também se relacionar de outra maneira.

Neste contexto, a importância do *diálogo e da comunicação críticos* tornou-se óbvia para nós. Se queremos uma cultura de co-construção e reflexão, que use sempre o trabalho pedagógico com as crianças como ponto de partida, temos de aprender a examiná-lo criticamente. Isto se mostrou uma parte muito exigente do projeto.

Não é fácil estabelecer uma cultura de diálogo crítico e aumentar a auto-reflexividade. Em Reggio, estas são construídas na própria prática cotidiana, por meio do processo de documentação que toda instituição realiza e da estimulação e do desafio proporcionados pelos *atelieristas* e *pedagogistas*. Mas parece que, na Suécia, não estamos acostumados a discutir e analisar criticamente o que dizemos e fazemos. Se começamos a fazer perguntas sobre algo que nós, pedagogos, fizemos junto com as crianças, é muito fácil essas perguntas serem encaradas como alguma forma de crítica ao nosso trabalho ou a nós mesmos como pessoas, em vez de serem tratadas como uma maneira de reconstruirmos o nosso trabalho. Encaramos essas perguntas no âmbito pessoal, como se tivéssemos dificuldade para distinguir a pessoa do problema.

Como não estamos acostumados a problematizar, percebemos na rede que começamos a discutir muitas coisas externas ao trabalho pedagógico que estamos presentemente realizando, quando o necessário era concentrarmos a nossa atenção e nos tornarmos críticos desse trabalho. Por isso, temos lutado com tal problema e com o trabalho de construir e desconstruir o significado e a prática. No projeto, freqüentemente retornamos ao comentário de Vea Vecchi, *atelierista* na instituição dedicada à primeira infância Diana, em Reggio Emilia, quando lhe perguntamos como aconteceu de eles terem conseguido uma atmosfera tão reflexiva e excitante: *Nós discutimos, discutimos, discutimos e discutimos*. Tentamos construir processos de investigação da prática pedagógica, requerendo uma atitude auto-reflexiva de todos os participantes. Tudo isso requer tempo e muito trabalho. Mas, apesar do trabalho árduo, também nos proporcionou muita inspiração. Foi uma maneira de nos levar além de nós mesmos, de pensar o impensável e evitar a prática romantizada.

Uma chave para a mudança foi a idéia de *caminhar sobre duas pernas*. As tradições estão incorporadas. Não podemos apenas jogá-las todas fora, de repente, como uma mala velha. Enfatizar essa idéia foi uma maneira de ajudar os pedagogos a não se desesperarem porque a mudança demora muito e requer muito trabalho. Discutimos como em Reggio eles estão trabalhando há mais de 30 anos e continuam na luta para construir sua prática. Visitar Reggio pode facilmente dar uma impressão de que não é possível trabalhar dessa forma no nosso contexto, que não temos os recursos, o apoio da nossa administração, etc. Ainda, podemos garantir aos nossos pedagogos que em Reggio eles têm a mesma quantidade de dinheiro que nós temos. O que eles têm é outra perspectiva, outra construção, talvez também outro envolvimento.

Um projeto de quatro anos é demasiado curto. Na verdade, não conseguimos mudar a organização, embora esperamos que isso vá acontecer agora, já que os políticos envolveram-se no trabalho pedagógico. O processo de mudança pode, facilmente, ser interrompido se a documentação e a auto-reflexão não continuarem. É fácil começar dizendo agora que encontramos o caminho certo e descansarmos sobre nossos louros, quando o necessário é continuar a co-construção, a problematização e a documentação. Temos muitos visitantes que querem vir até aqui, visitar as instituições e ver o que fizemos; isso mostra o grande interesse no Projeto, mas também deixa muito pouco tempo para desenvolver o trabalho. As questões que nos são agora colocadas são como garantir que um trabalho experimental como este não fique petrificado e como o processo que foi aberto pode continuar.

O Pesquisador e os Líderes do Projeto como Co-construtores

> A erosão da legitimação da investigação positivista abriu novos caminhos para a realização de investigação social ... Dado o destaque pós-moderno às maneiras em que criamos o nosso mundo via a linguagem, talvez pela primeira vez a questão complexa do compromisso político e sua relação com a investigação intelectual possa ser tratada com seriedade. (Lather, 1991, p. 14, 172)

Durante o trabalho do projeto, e em relação aos desafios do pensamento pós-moderno, perturbamos cada vez mais o conceito da capacitação e da nossa perspectiva de construir uma pedagogia que fale na voz da criança. No projeto do Iluminismo, o conceito de capacitação implicava assumir o controle do próprio pensamento e da própria ação, mas, nos capítulos anteriores, nós também problematizamos sua associação com os conceitos de razão e do sujeito autônomo, e seu forte relacionamento com as idéias de verdade e progresso. Para nós, questões importantes têm sido: "Quem está capacitando quem?"; "Quem fala por quem?" (Ellsworth, 1989). Relacionadas a estas há mais questões: "Quanta teoria e quantos novos conceitos são necessários para que ocorra mudança?" "Qual o papel das perspectivas teóricas e qual o papel que o perquisador desempenha em um projeto como este?" "Qual é o relacionamento entre o pesquisador e o pedagogo."? Estas não têm sido questões fáceis para nós do Projeto, e achamos que não há respostas certas ou erradas. Elas dependem, em grande parte, dos objetivos e das visões do nosso trabalho.

Para o nosso trabalho, especialmente para a reflexão sobre o papel dos pesquisadores e sobre o relacionamento entre pesquisador e pedagogo, nós nos baseamos muito nas teorias pós-modernas, em particular naquelas relacionadas ao que foi descrito como a crise da legitimação (ver o Capítulo 2), e problematizamos o papel do especialista como tendo um acesso privilegiado à formulação de problemas e significados. Prestamos muita atenção a, e problematizamos, a posição da ciência como legitimação da verdade e o conceito do pesquisador como o especialista, o Grande Intérprete (Dreyfus e Rabinow, 1980) e o "mestre da verdade e da justiça" (Foucault, 1977, p. 12). Fomos influenciados por Derrida (1982, citado em Lather, 1991) quando ele desconstrói o "iluminismo" como uma metáfora baseada na luz, ou visão heliocêntrica do conhecimento, que posiciona os emancipadores (por exemplo, os pesquisadores) como "remetentes" e os emancipados (por exemplo, os profissionais) como "recipientes" passivos dos raios.

No paradigma dominante da pesquisa que deu esta posição à ciência e estes papéis aos pesquisadores, a luta tem sido atingir "a verdade" e aquilo que não pudesse ser quantificado era difícil demais de estudar – embora pudesse ser dito que é muito interessante. Este foi um paradigma que freqüentemente dirigiu nossos estudos para os métodos e para a sua importância, e não para a relevância e para o significado do que estudamos. A pesquisa científica no campo da primeira infância tem sido, em grande parte, caracterizada pelo dualismo cartesiano, na qual o objeto dos nossos estudos tem sido separado das vidas cotidianas das crianças e dos pedagogo nas instituições dedicadas à primeira infância e nas escolas. Por isso, foram produzidos muitos métodos científicos para estudar as vidas e o desenvolvimento infantil que, com freqüência, colocam as crianças em situações muito artificiais, ou que dividem, fragmentam e descontextualizam as vidas cotidianas das crianças e dos pedagogos. Em vez de acomodarem a complexidade, tais métodos proporcionam um quadro simplificado (Dahlberg, 1985). Nosso argumento aqui não é que as discussões metodológicas sejam irrelevantes, mas que elas têm uma tendência para direcionar e restringir as questões colocadas pelo pesquisador ao que é possível estudar através do prevalente arsenal de métodos – em vez de problematizar e descobrir novas perspectivas em relação ao próprio problema.

Então, como os pesquisadores podem se posicionar menos como "mestres da verdade e da justiça" e mais como criadores de um espaço onde aqueles diretamente envolvidos possam agir e falar em seu próprio interesse? Como os pesquisadores podem ser outra coisa além da origem e da legitimação do que pode ser conhecido e feito? Quem somos nós para saber mais que os pedagogos? Como podemos conduzir uma pesquisa sobre a criança e sua vida cotidiana que reconheça e valorize a complexidade e o contexto? Evitar o pesquisador como a voz do mestre e as definições do Projeto, por ele impostas, não foi tão simples para nós como pesquisadores e cientistas, mas tivemos de trabalhar arduamente para consegui-lo. Como ponto de partida, como já deixamos claro, problematizamos, com clareza, o papel do pesquisador no nosso Projeto; reconhecemos que essa é uma questão maior. A partir daí, optamos por assumir a visão de que os pesquisadores, outros membros do grupo do projeto e os pedagogos são co-construtores do processo de mudança.

A rede, a co-construção e a documentação, concentradas no trabalho pedagógico real baseado nas vidas cotidianas das crianças e dos pedagogos em suas instituições dedicadas à primeira infância, foram uma forma de método interativo que ajudou a mudar o relacionamento usual entre o pesquisador e o pesquisado, incluindo não nos situar, como pesquisadores, no centro do Projeto. Esses métodos podem ajudar a derrubar a distinção pronunciada entre uma prática pedagógica reflexiva e a pesquisa emancipatória, produzindo um trabalho cooperativo que se construa por meio da interpretação e análise, e não imponha a compreensão da realidade do pesquisador sobre os profissionais, os pedagogos, e nem romantize a prática pedagógica. Por isso, temos lutado para trabalhar juntos – pesquisadores e pedagogos – em um processo de co-construção cooperativa, mas, ao mesmo tempo, não de uma maneira ingênua, lembrando que nunca somos inocentes, entendendo como a política, o conhecimento e o poder são parte de um relacionamento indissolúvel de modo que nunca podemos escapar do poder.

O relacionamento entre teoria, conceitos e prática também tem sido uma questão importante. Conseguir uma configuração interativa e recíproca da teoria e da prática tem sido um enfoque contínuo do Projeto. Enquanto trabalhavam na rede com os pedagogos, os pesquisadores tiveram todo o tempo para encontrar um equilíbrio entre as perspectivas teóricas e a prática, lembrando que o objetivo emancipatório precisa perturbar a prática partindo de perspectivas diferentes. Para nós, pesquisadores, a teoria era muito importante em nosso processo orientado para a *práxis* – mas a preocupação teórica não deve superar as preocupações da prática. Não basta conseguir novas ferramentas conceituais. Elas têm de ser testadas, discutidas, negociadas e problematizadas na prática. Uma perspectiva teórica profunda, combinada com a experiência da prática, abre possibilidades benéficas para o diálogo e para a confrontação.

Algumas das questões tratadas sobre o relacionamento entre os pedagogos e os pesquisadores são semelhantes àquelas que surgiram com respeito ao relacionamento entre os pedagogos e as crianças. "Quem é o conhecedor e aquele a conhecer? Quem é o professor e o aprendiz?" Como um projeto de grupo, temos ocupado uma posição muito específica, estando informados sobre a filosofia e a prática de Reggio Emilia e, como tal, somos freqüentemente convidados por vários locais da Suécia para realizar conferências e atuar como conselheiros. No entanto, temos tentado não nos autodefinirmos como representantes da "abordagem de Reggio" – não como os grandes intérpretes, professores e conhecedores cuja tarefa autodesignada é defender a razão e revelar a verdade àqueles incapazes de percebê-la ou discuti-la.

Onde está o início e o fim é uma pergunta para a qual não há resposta. Temos de experimentar! Na rede, temos tentado ir e vir entre a teoria e a prática, de uma maneira muito parecida com a perspectiva assumida por Patti Lather (1991) quando ela diz que um processo desse tipo suscita muitas questões sobre a política de vanguarda e os limites da elevação da consciência. "O papel histórico da ação humana autoconsciente e dos esforços dos intelectuais para inspirar mudança em direção a arranjos sociais mais justos são precisamente os aspectos da política libertadora mais problematizada pelo pós-modernismo.

ALGUNS ENTENDIMENTOS PROVISÓRIOS

Apesar, ou talvez por causa, dos muitos desafios e problemas que temos enfrentado, podemos dizer que o projeto produziu alguns entendimentos importantes sobre o trabalho, sobre a realização de mudança na prática pedagógica. A mudança necessita de rede combinada com documentação e reflexão. É preciso começar com uma visão, uma construção que veja as crianças como ricas e competentes, partindo do trabalho das crianças, e não das condições dos pedagogos.

O trabalho precisa ser ativamente orientado pelos pedagogos, e tal compromisso precisa de apoio. O trabalho do diretor de uma instituição deve estar, de fato, preocupado com a prática pedagógica, e a administração das instituições, no distrito, tem de ser pedagogicamente competente e disposta a analisar, desconstruir e reconstruir – não basta se limitar à administração e à supervisão. Os *atelieristas* proporcionam um apoio valioso com conhecimento e na produção de documentação, e os *pedagogistas* são outra importante fonte de apoio: mas essa tutela requer uma visão e um entendimento compartilhados da criança, do conhecimento e da aprendizagem. Embora seja sempre importante refletir sobre o trabalho pedagógico, é necessário ser flexível e estar preparado para adotar estratégias diferentes para encontrar maneiras bem-sucedidas de se fazer isso.

Estamos convencidos de que é necessário trabalhar com instituições que tenham condições similares e "médias", e não incluir instituições com mais recursos ou outras condições especiais. Dadas essas condições, é importante observar o uso do tempo para garantir que um trabalho como a documentação seja feito. A chave para isso é priorizar (por exemplo, descobrimos que pode ser encontrado tempo para os profissionais trabalharem na documentação, não esperando que todos os pedagogos estejam fora com as crianças ou comendo as refeições com as crianças). Dada tal prioridade, a documentação pode, ao mesmo tempo, desenvolver treinamento em serviço e a formação de fóruns públicos para a participação, para o diálogo e para a confrontação – a documentação torna-se o foco de ambos.

Notas

1 Gunilla Dahlberg foi a líder científica do Projeto Estocolmo, em colaboração com Gunnar Åsén. Anna Barsotti e Harold Göthson, do Instituto Reggio Emilia em Estocolmo, também desempenharam papéis de liderança no desenvolvimento do Projeto. Junto com Karin Furnes, que era consultora *atelierista*, eles constituíram a equipe do Projeto.

2 O distrito de Hammarby é uma área socialmente mista com uma população de cerca de 40 mil habitantes.

3 Melucci (1989) declara que as utopias de vida, que ele relaciona a muitos movimentos sociais novos da atualidade, substituíram a antiga forma da utopia grandiosa, que era suposta a acontecer em um futuro indefinido. Viver utopias implica um relacionamento reflexivo com a forma de organização, em contraste com os relacionamentos tradicionais entre fins e meios, em que os fins justificam os meios. Melucci diz que as formas de ação em muitos movimentos sociais atuais expressam seus objetivos, de forma que a utopia está incorporada nos meios – é assim que o movimento se organiza e atua em prol da mudança.

Documentação Pedagógica: Uma Prática para a Reflexão e para a Democracia

7

A DOCUMENTAÇÃO PEDAGÓGICA COMO UM PROCESSO PARA ENCORAJAR UMA PRÁTICA PEDAGÓGICA REFLEXIVA E DEMOCRÁTICA

> Parece-me que a tarefa política real em uma sociedade como a nossa é criticar os trabalhos de instituições que parecem ser tão neutras quanto independentes; criticá-las de tal maneira que a violência política que tem sempre sido exercida de forma obscura através delas venha a ser desmascarada para que se possa combatê-las. (Foucault, 1974, p. 171)

Nos capítulos anteriores, defendemos o caráter socialmente construído do conhecimento e a natureza situada e incorporada da construção da criança, do pedagogo e da pedagogia da primeira infância. Fizemos isso identificando algumas técnicas e práticas pelas quais construímos a criança e o pedagogo e os riscos dessas ações. A partir dessa perspectiva, qualquer atividade pedagógica pode ser vista como uma construção social realizada por agentes humanos, na qual a criança, o pedagogo e todo o meio da instituição dedicada à primeira infância são entendidos como socialmente constituídos através da linguagem. Entretanto, tal perspectiva também implica que a atividade está aberta à mudança; se optamos por construir a atividade pedagógica de uma maneira, podemos também optar por reconstruí-la de outra.

Neste capítulo, vamos desenvolver mais o tema de como podemos transgredir as tradições e constituir uma prática alternativa em nossas instituições dedicadas à primeira infância. Essa prática alternativa busca entender como os pedagogos têm construído e representado a si mesmos e às crianças com quem trabalham. Oferece a possibilidade de construir novos significados e, assim fazendo, transgredir limites – tanto nas representações como nas práticas. Uma condição necessária para essa prática é formar uma maneira ativa de se opor e resistir ao exercício do *nexus* saber-poder, aqueles regimes de verdade que tentam determinar para nós o que é verdadeiro ou falso, certo ou errado, o que podemos ou não podemos pensar e fazer.

Declaramos anteriormente que aumentar a auto-reflexividade é algo que tem um papel importante a desempenhar na prática pedagógica. Fazendo isso, podemos expandir nosso horizonte social e construir outro relacionamento para a vida, para o trabalho e para a criatividade. Como então podemos praticar uma pedagogia reflexiva e comunicativa? Isto pressupõe, antes de tudo, um profissional reflexivo que, junto com seus colegas, possa criar um espaço para uma discussão vívida e crítica sobre a prática pedagógica e sobre as condições de que ela necessita. Além disso, requer alguns instrumentos. Com a inspiração das instituições dedicadas à primeira infância em Reggio Emilia no norte da Itália, muitos pedagogos de todo o mundo atualmente começaram a usar a documentação pedagógica como um instrumento para a reflexão sobre a prática pedagógica e como um meio para a construção de um relacionamento ético com nós mesmos, com o Outro e com o mundo – o que temos denominado ética de um encontro.

Entretanto, a idéia e a prática da documentação pedagógica tem uma longa história. Tomando um exemplo sueco, a idéia da prática da documentação foi uma característica importante da teoria pedagógica de Elsa Köhler. Como Dewey, Elsa Köhler abordava de maneira reflexiva e problematizante a prática pedagógica e as questões a ela relacionadas. A comunicação, a interação e a observação estavam no cerne da "pedagogia da atividade" de Köhler, assim como a idéia de que o pedagogo auto-reflexivo deve desenvolver um entendimento da constituição do *self*. O pedagogo na "pedagogia da atividade" era visto como uma espécie de pesquisador, e, durante a época de Köhler, muitos pedagogos, devido ao seu envolvimento na reflexão e na pesquisa, realizaram estudos acadêmicos e dissertações escritas (Dahlberg e Lenz Taguchi, 1994; Stafseng, 1994).

Esta construção do pedagogo como pesquisador através da prática reflexiva também tem sido influente em Reggio Emilia. No entanto, em Reggio, eles têm questionado as idéias dominantes que estão por trás da observação e da documentação. Em vez de entenderem a observação como dizendo respeito ao mapeamento de alguma realidade social universal e objetiva, eles a encaram como um processo de co-construção incorporado em situações concretas e locais (Kvale, 1992), um deslocamento da preocupação das

> teorias para as práticas, da teorização para a provisão de relatos práticos, instrutivos... O deslocamento da observação da terceira pessoa para o "extrair sentido" da segunda pessoa... Nós nos tornamos interessados nos procedimentos e dispositivos que usamos ao construir, no âmbito social, o tema do estudo... Assim, nos distancia-

> mos da posição individual, da terceira pessoa, externa, contemplativa, do investigador que coleta dados fragmentados de uma posição socialmente "externa" da atividade observada. (Shotter, 1993, p. 59-60)

Apresentamos a documentação pedagógica como um instrumento vital para a criação de uma prática pedagógica reflexiva e democrática. Mas a documentação pedagógica é importante por outras razões. Ela tem um papel fundamental no discurso da construção de significado. Em vez de se basear em alguma medida padronizada de qualidade, como no discurso da qualidade, a documentação pedagógica nos permite assumir a responsabilidade pela construção dos nossos significados e chegar às nossas próprias decisões sobre o que está acontecendo.

A documentação pedagógica também contribui para o projeto democrático da instituição dedicada à primeira infância, que discutimos no Capítulo 4, proporcionando os meios para os pedagogos e outros profissionais se envolverem no diálogo e na negociação sobre o trabalho pedagógico. Tornando o trabalho pedagógico visível e um tema para debate democrático e aberto, a documentação pedagógica proporciona a possibilidade de as instituições dedicadas à primeira infância conseguirem uma nova legitimação na sociedade:

> Estamos convencidos de que a questão de como restaurar a legitimidade [às instituições dedicadas à primeira infância] nas condições existentes só pode ser tratada se os aspectos econômicos estiverem mais intimamente conectados com os aspectos pedagógicos e com as noções de valor da educação da primeira infância. Um pré-requisito para isso é que a prática pedagógica e suas funções sejam tornadas visíveis fora do mundo das escolas e dos centros de atenção à infância e que se tornem uma parte do discurso público... Da maneira como a consideramos, isso requer a participação de vários grupos interessados e de uma prática pedagógica baseada na capacitação, na participação e no discurso reflexivo entre pais, profissionais, administradores e políticos. (Dahlberg e Åsén, 1994, p. 166)

DOCUMENTAÇÃO PEDAGÓGICA NÃO É OBSERVAÇÃO DA CRIANÇA

É importante esclarecer sobre o que não é documentação pedagógica. Ela não deve ser confundida com a "observação da criança". Como o entendemos, o propósito da "observação da criança" é avaliar o desenvolvimento psicológico infantil em relação a categorias já predeterminadas produzidas a partir da psicologia do desenvolvimento, as quais definem o que a criança normal deve estar fazendo em uma determinada idade. O enfoque nessas observações não são os processos de aprendizagem das crianças, mas a idéia de classificá-las e categorizá-las em relação a um esquema geral de níveis e estágios desenvolvimentais. Encaradas dessa maneira, as "observações da criança" são uma tecnologia de normalização relacionada às construções da criança como natureza e como reprodutora de conhecimento. Podem também estar relacionadas à construção da instituição dedicada à primeira infância como produtora de resultados da criança, incluindo o progresso desenvolvimental. Por isso, a "observação da criança" diz respeito principalmente à avaliação do fato de ela estar adaptada a um conjunto de padrões. A "documentação pedagógica", em contraste a isso, diz respeito principalmente à tentativa de enxergar e entender o que está acontecendo no trabalho pedagógico e o que a criança é capaz de fazer sem qualquer estrutura predeterminada de expectativas e normas.

A documentação pedagógica e a observação da criança também diferem de outra maneira importante. Adotando uma perspectiva modernista, a observação da criança assume uma verdade objetiva, externa, a qual pode ser registrada e representada com precisão. Está localizada em uma visão tradicional objetivista e racionalista da investigação e da observação em que o mundo é entendido como um universo que existe de modo independente, e o conhecimento é entendido como refletindo ou correspondendo ao mundo. Ela assume uma visão de que há qualidades intrínsecas e essenciais que podem ser encontradas no objeto da observação, nesse caso, a criança.

Adotando uma perspectiva pós-moderna, a documentação pedagógica não reivindica que aquilo que é documentado seja uma representação direta do que as crianças dizem e fazem; não é um relato verdadeiro do que aconteceu. No entanto, esse desafio à objetividade não é encontrado apenas nas teorias pós-modernas. Durante os últimos 30 anos, os pesquisadores da cibernética e da teoria dos sistemas estão lidando com questões similares do conhecimento como sendo uma construção social e cultural. Explorando as implicações da reflexividade e da autoreferência na pesquisa da ciência social, esses pesquisadores não estão apenas estudando mecanismos de *feedback* circulares, mas também lidando com o processo da *observação* e com o *observado* (Gergen e Gergen, 1991; Israel, 1992; Steier, 1991; von Foerster, 1991). Esses pesquisadores, que são considerados pertencentes a uma tradição cibernética de segunda ordem, enfatizam a responsabilidade do observador por sua observação, por suas descrições, interpretações e explicações. "A investigação construcionista, como atividade humana, deve se preocupar com um processo conhecido como incorporado em um circuito [circular] reflexivo que inclui o investigador, o qual é, acima de tudo, um observador ativo" (Steier, 1991, p. 163).

A documentação pedagógica é um processo de visualização, mas o que documentamos não representa uma realidade verdadeira mais do que as declarações sobre o mundo social e natural representam uma realidade verdadeira – ela é uma construção social em que os pedagogos, por intermédio do que selecionam como valioso de ser documentado, são também co-construtores participativos. O significado não provém apenas do ver ou observar; "o significado [não está] repousando na natureza, esperando ser captado pelos sentidos – ao contrário, ele é construído. É produzido em atos de interpretação" (Steedman, 1991). Quando você documenta, você constrói uma relação entre você mesmo como pedagogo e a criança/crianças, cujo pensamento, cujas palavras e cujas ações você documenta. Nesse aspecto, a prática da documentação não pode, de modo algum, existir à parte do nosso envolvimento no processo. Do mesmo modo que a encenação, ela é o que desempenhamos daquilo que documentamos, é também seletiva, parcial e contextual.

O que documentamos representa uma escolha, uma escolha entre muitas outras escolhas, uma escolha de que os próprios pedagogos estão participando. Da mesma forma, aquilo que não escolhemos é também uma escolha. Carlina Rinaldi, uma *pedagogista* de Reggio Emilia, fala sobre escolher a partir de muitas incertezas e perspectivas possíveis, ousando perceber as ambigüidades. As descrições que fazemos e as categorias que aplicamos, assim como os entendimentos que usamos para extrair sentido do que está acontecendo, estão imersos em convenções tácitas, classificações e categorias. Em suma, nós co-construímos e co-produzimos a documentação como sujeitos e participantes ativos. Nunca há uma única história verdadeira.

Conseqüentemente, quando documentamos, somos co-construtores das vidas das crianças e incorporamos nossos pensamentos implícitos do que consideramos serem ações valiosas em uma prática pedagógica. A documentação nos diz algo sobre como construímos a criança, assim como nós mesmos como pedagogos. Por isso, nos permite enxergar como nós mesmos entendemos e "interpretamos" o que está acontecendo na prática; partindo daí, é mais fácil perceber que as nossas próprias descrições como pedagogos são descrições construídas. Por isso, elas se tornam passíveis de pesquisa e abertas à discussão e à mudança – o que significa que, através da documentação, podemos perceber como nos relacionamos com a criança de outra maneira. Sob essa perspectiva, a documentação pode ser vista como uma narrativa de auto-reflexividade – uma auto-reflexividade a partir da qual a autodefinição é construída. A consciência de que não estamos representando a realidade, de que fazemos escolhas em relação a discursos dominantes inscritos, facilita analisar criticamente o caráter construído da nossa documentação e encontrar métodos que se contraponham e resistam aos regimes dominantes.

Estamos certamente a um longo caminho da idéia da observação da criança como um registro verdadeiro, uma representação real da criança e do seu desenvolvimento.

O QUE É DOCUMENTAÇÃO PEDAGÓGICA?

Quando usamos o termo "documentação pedagógica", estamos, na verdade, referindo-nos a dois temas relacionados: um *processo* e um importante *conteúdo* desse processo. A "documentação pedagógica" como *conteúdo* é o material que registra o que as crianças estão dizendo e fazendo, é o trabalho das crianças e a maneira com que o pedagogo se relaciona com elas e com o seu trabalho. Tal material pode ser produzido de muitas maneiras e assumir muitas formas – por exemplo, observações manuscritas do que é dito e feito, registros em áudio e vídeo, fotografias, gráficos de computador, o próprio trabalho das crianças, incluindo, por exemplo, arte realizada no *atelier* com o *atelierista*. Este material torna o trabalho pedagógico concreto e visível (ou audível) e, como tal, é um ingrediente importante para o processo da documentação pedagógica.

Esse *processo* envolve o uso desse material como um meio para refletir sobre o trabalho pedagógico e fazê-lo de uma maneira muito rigorosa, metódica e democrática. Essa reflexão será realizada tanto pelo pedagogo sozinho como pelo pedagogo junto com outras pessoas – outros pedagogos, outros *pedagogistas*, as próprias crianças, seus pais, os políticos. Na discussão do Projeto Estocolmo, no capítulo anterior, vimos como a documentação pedagógica, baseada em situações em pequena escala das instituições, tornou-se o principal trabalho da rede de pedagogos, mas isso não foi fácil – "foi necessário treinamento e novas habilidades". Também pressupõe que os pedagogos e os outros profissionais possam organizar o seu trabalho tanto para preparar a documentação como para criar tempo para esses processos de reflexão. Uma conclusão do Projeto Estocolmo e do trabalho realizado em Reggio Emilia é que esta não é apenas uma questão de recursos, mas a questão é priorizar, criar espaço para a documentação pedagógica, porque ela é entendida como sendo de fundamental importância.

A DOCUMENTAÇÃO PEDAGÓGICA COMO UM PROCESSO DE APRENDIZAGEM

Antes de observar com mais detalhes a teoria da documentação pedagógica, oferecemos um exemplo da documentação pedagógica na prática, partindo do trabalho de um pedagogo que era um dos membros da rede no Projeto Estocolmo. Ele não foi selecionado como uma ilustração de um trabalho excepcional ou de um pedagogo excepcional. O exemplo dele destina-se a descrever algumas idéias que estão por trás do Projeto Estocolmo e a idéia que está por trás da documentação pedagógica como um processo de aprendizagem, a qual abre a possibilidade de desafiar os discursos dominantes. Entretanto, é difícil descrever um trabalho como este, pois ele envolve muitos processos.

O contexto é que os pedagogos nesta instituição dedicada à primeira infância, através da sua participação no Projeto Estocolmo, estão tentando ouvir as hipóteses e as teorias das crianças, assim como as suas fantasias. Estão também tentando enfocar, de uma maneira mais sistemática, as estratégias de aprendizagem e construção de significado das crianças, assim como sua própria maneira de desafiar os processos de aprendizagem das crianças. No caso aqui, Anna, uma pedagoga que está trabalhando com um grupo de crianças mais velhas, começa a documentar um projeto sobre o tempo, registrando o que é feito e o que é dito. Ela leva a documentação para casa toda noite, a observa e analisa, refletindo e reinterpretando o que está acontecendo, não somente entre as crianças, mas também como ela tem construído as crianças e a ela própria como pedagoga. A partir da documentação, pode formular perguntas sobre a maneira como a criança-aprendiz e o pedagogo-aprendiz foram construídos em sua própria prática, como o conhecimento é construído e que tipo de instrumentos o ambiente oferece para a experimentação e para a simbolização das crianças. Com o que estas crianças mais se envolvem? Que tipo de teorias estas crianças têm? Como posso desafiar essas teorias? Como é possível estender o trabalho temático por um período mais longo e aprofundar os processos de aprendizagem das crianças? Como o trabalho deve prosseguir?

Estas questões desafiam o pensamento de Anna e o modo como ela realiza o seu planejamento. Se for usada como um instrumento para reflexão, a documentação, em geral, faz com que o trabalho temático se estenda, em vez de o pedagogo se apressar para chegar ao fim e passar para novas idéias e para o conteúdo porque planejou antecipadamente o que devia acontecer – quando, na verdade, as crianças poderiam continuar trabalhando por um tempo bem mais longo em um determinado projeto temático, aprofundando seus processos de aprendizagem. Essa maneira de trabalhar requer muita experimentação e muito trabalho interpretativo por parte do pedagogo, muito diálogo com outros pedagogos, no qual perspectivas múltiplas podem ser introduzidas, discutidas e confrontadas. Dessa maneira, o processo pode ser uma maneira de problematizar os próprios entendimentos e uma maneira de "trabalhar junto em meio às diferenças" (Ellsworth, 1992, p. 106).

Além de trabalhar sozinha, Anna leva a documentação de volta às crianças para que elas possam reexaminar o que fizeram antes, encontrar nova inspiração e se tornar mais envolvidas com o tema. Ela coloca a documentação na parede, e esta se torna um meio importante de envolver os pais no projeto. As crianças começam a ir para a instituição com ampulhetas e outros instrumentos para medir o tempo. As crianças também envolvem os pais; por exemplo, um dia, as crianças pediram a seus pais para correrem no corredor, e elas marcaram o tempo deles. Por intermédio da documentação, Anna conseguiu também discutir seu trabalho pedagógico na equipe de pedagogos que trabalhava em sua instituição e na rede do projeto, mostrando-o ainda a muitos outros pedagogos e aos pais nas reuniões de pais.

Anna disse à rede que foi difícil saber como ela reagiria às idéias de "tempo do animal" das crianças. Teria sido fácil dizer que os animais não conseguem entender o tempo – mas ela não fez isso, optando por tratar as hipóteses das crianças com muita seriedade. Pode-se dizer que Anna trabalhou com uma perspectiva *construcionista social*, e não com uma perspectiva construtivista, que assume que a pedagoga tem o direito e o conhecimento verdadeiro, que ela deve estabelecer antes de as crianças terem a oportunidade de explorar suas próprias hipóteses (ver o Capítulo 3 para uma discussão mais ampla dessas duas perspectivas). Esta é uma tarefa muito difícil, pois estamos já muito envolvidos em uma perspectiva que assume que a pedagoga já possui a resposta e requer que ela planeje cuidadosamente o que as crianças devem aprender. Nesse trabalho temático, Anna lutou contra isso, buscando descobrir um fórum para dialogar com os outros pedagogos em sua instituição dedicada à primeira infância. (Além disso, é válido notar que, no decorrer do trabalho, as crianças aprenderam a ver as horas, o tipo de "resultado desejável" que é freqüentemente buscado pela pedagogia da primeira infância – mas sem o pedagogo precisar realizar nenhum ensino específico desta competência.)

O projeto sobre o tempo começou a partir de uma conversa de um grupo de seis crianças de cinco anos de idade durante o seu almoço. Elas ficaram olhando para o relógio na parede e discutindo a que horas seus pais em geral as buscavam na escola. Anna observou que as crianças tinham um interesse real em saber mais sobre o tempo e o relógio. Assim, no dia seguinte, ela tirou o relógio da parede e o colocou sobre uma mesa no *atelier* da instituição, diante das crianças. Então, perguntou-lhes "o que é o tempo?" As crianças responderam:

> "Com o relógio a gente pode ver que horas são. A gente precisa saber as horas."
> "Há diferentes tipos de relógios; relógios de pulso, despertadores, relógios cuco que dizem cuco, relógios de igreja que fazem ding-dong, quando é meio-dia."
> "Os animais acordam quando nós acordamos – pois eles não têm seus próprios relógios."
> "O relógio está no 12 tanto de dia como de noite, e os números dele só vão até o 12."

Uma criança, Johan, também conta às outras crianças muitas coisas que ele sabe sobre os números e os ponteiros do relógio, incluindo que os ponteiros têm funções diferentes. Outra criança diz que agora elas querem fazer relógios. Quando se sentam no ateliê, estão bem conscientes de que podem fazer coisas diferentes. Anna preparou antecipadamente placas de papel circular e as distribuiu entre as crianças, que começaram a desenhar relógios com números e ponteiros.

Dois dias depois, Anna reexamina com as crianças a sua documentação da discussão anterior, incluindo as respostas que elas haviam dado à sua pergunta "o que é o tempo?". As crianças começam a discutir novamente. Durante essa discussão, elas falam muito sobre os animais e o tempo, e Anna lhes pergunta como os animais podem saber que horas são. As crianças respondem:

> "Eles se levantam quando as pessoas acordam e fazem seu café da manhã."
> "Eles acordam quando o sol nasce e dormem quando o sol se põe."
> "Quando o sol está aqui, está escuro na Austrália. O sol é dividido."
> "O sol é o relógio dos animais."

Anna continua a acompanhar a discussão das crianças, documentando o tempo todo o que elas dizem. Em seguida, pergunta às crianças se podemos medir o tempo pelo sol. Uma criança responde que "não, nós podemos saber as horas pelo relógio. O tempo fica girando." Anna então pergunta: "Será que nós podemos mesmo medir o tempo?", ao que Martin replica: "Sim, quando a gente corre – a gente pode medir o tempo."

Agora as crianças querem correr e medir o tempo, e assim vão para o corredor da instituição. Decidem fazer uma corrida. Martin começa a contar os segundos enquanto os outros correm. Quando é a vez de Johan, ele usa um relógio. Espera até que o ponteiro grande chegue em um número determinado e, então, conta quanto tempo demora. As crianças pedem a Anna para escrever os resultados. Depois de um tempo, começam a questionar por que os resultados foram tão diferentes quando Martin contou. Isak diz, então, que Martin conta muito depressa, e, quando Johan usa o ponteiro grande do relógio, este é muito mais lento. Continuam a ponderar por quê, mas percebem que não conseguem resolver o problema.

Uma das crianças descobre que os animais também têm de ter um relógio. Então, diz: "Temos de fazer um relógio para os animais", e decidem que tem de ser um relógio redondo com números. Björn declara que os animais não têm relógio. Mas Hans insiste que eles têm de fazer um relógio para os animais – e, então, todos fazem isso. Decidem ainda que uma lâmpada poderia ser o sol, mas, quando dirigem a lâmpada sobre a placa de papel, não vêem nada e percebem que têm de ter algo para lançar uma sombra. Então, Anna pega uma caneta e a entrega a eles. Johan descobre que, colocando a caneta sobre a placa de papel, eles conseguem obter uma sombra. Johan grita, contente: "Oh, parece um ponteiro". Mas, ao mesmo tempo, diz que os animais não conseguem ler números.

Isak move a lâmpada, e as crianças percebem que a sombra se move. Todas as crianças querem experimentar isso e começam a mover a lâmpada para posições diferentes para ver como a sombra muda.

"Fizemos um relógio de sol" – diz Johan.
"Eu que inventei ele" – diz Hans.

Mas Björn diz que os animais não precisam de um relógio, pois se levantam quando o sol nasce.

Anna podia perceber como as crianças estavam interessadas e, por isso, decidiu que deveriam continuar. Mais uma vez, ajudou-as a rever a documentação anterior, a recapitular o que haviam feito antes. Elas dizem que querem fazer relógios de sol com outro material. Anna lhes dá argila e diz para não fazerem relógios muito pequenos. As crianças começam, muito ansiosamente, a fazer formas redondas com a argila. Uma delas diz que os animais não precisam de números – "então, vamos fazer só pontos". Para fazer os ponteiros, usaram palitos de madeira, descobrindo com o uso de uma lanterna que os palitos podiam servir a esta função. Começaram a correr e a dançar em volta de seus relógios e a dizer que o sol nasce e se põe. Também observaram que a sombra muda quando eles movem a lanterna e que podem tornar a sombra mais longa e mais curta e, dessa forma, cobrir vários relógios.

Fazem relógios de sol no jardim e colocam um bloco de madeira no chão para fazer um indicador de sol, decidindo continuar aquilo mais tarde. Alguns meninos também fazem relógios de igreja com pêndulos, começando a explorar como os pêndulos se movimentam de um lado para o outro. Dizem que toda a cidade conseguia ouvir o sino quando o pêndulo ia de um lado para o outro e que as pessoas então sabiam quando tinham de sair para o trabalho ou para a escola. Anna pergunta: "Podemos medir o tempo com o pêndulo?" Ela também havia trazido seus pesos e a linha de pesca, e as crianças começaram a fazer pêndulos com esses materiais.

Descobriram que, se tivessem comprimentos de linha diferentes, o pêndulo oscilava de maneira diferente; quando a linha é curta, o pêndulo anda mais depressa; quando a linha é comprida o pêndulo anda mais devagar. Também compararam quanto tempo demora para pêndulos diferentes pararem quando eles os impulsionam. Anna pergunta mais uma vez se eles poderiam medir o tempo com o pêndulo: "Sim", diz uma criança, "como você faz quando tem uma ampulheta, como os prisioneiros do castelo" (referindo-se a um programa de TV que era muito popular naquela época na Suécia).

Depois disso, as crianças começaram a fazer suas ampulhetas cheias de areia e a comparar as ampulhetas com os pêndulos. Também começaram a escrever números nas ampulhetas e, de repente, passaram a uma representação onde imaginavam ser os prisioneiros do castelo. Depois disso, começaram a medir tudo com as ampulhetas. Fizeram ainda vidros de tempo cheios com água, inspirados por um exemplo que um dos meninos trouxe de casa.

Anna pergunta: "O tempo existe sempre?". Uma criança replica: "Os aniversários sempre existem – minha mãe tem de olhar na sua agenda para saber quando vai ser meu aniversário e quanto falta para o próximo." Outra criança diz que os dias e as horas sempre existem: "Vocês podem trazer o tempo de volta?" – pergunta a pedagoga. "Não" – responde uma criança – "mas antigamente havia máquinas do tempo, e a minha mãe costumava contar como era antigamente."

Anna começa a falar sobre o mês de setembro, e, em seguida, as crianças começam a contar os meses; eles dizem que é primavera agora e que antes havia sido o inverno. Uma criança diz: "O tempo gira como o sol. Mas quando ele volta não é mais o mesmo tempo, porque eu não faço cinco anos toda vez que faço aniversário." "Inverno, primavera e outono, inverno, primavera e outono – eles giram – esse deve ser o tempo humano" – observa outra criança.

A DOCUMENTAÇÃO PEDAGÓGICA COMO UM DESAFIO AOS DISCURSOS DOMINANTES

Como já discutimos anteriormente, segundo o pensamento foucaultiano, sempre exercemos poder sobre nós mesmos, o que significa que nos disciplinamos e nos governamos em nossas lutas para conhecer sobre nós mesmos e sobre o mundo. Por intermédio da documentação, podemos desmascarar – identificar e visualizar – os discursos e os regimes dominantes que exercem poder sobre nós e por meio de nós, pelos quais temos construído a criança e nós mesmos como pedagogos. Por isso, a documentação pedagógica pode funcionar como um instrumento para abrir uma prática crítica e reflexiva que desafie os discursos dominantes e construa *contradiscursos*, por meio dos quais podemos encontrar pedagogias alternativas "que podem ser moral e eticamente satisfatórias, mas também esteticamente agradáveis" (Steedman, 191, p. 61). Pode ser entendida como uma das "tecnologias do *self*", a qual discutimos no Capítulo 2 em relação ao "cuidado do *self*", cujo uso possibilita criticarmos e nos libertarmos de conceitos incorporados e produzirmos novos conceitos; voltaremos em momentos posteriores a este conceito de "cuidado do *self*".

Como nos disciplinamos e exercemos poder sobre nós mesmos, encontramos grandes dificuldades para mudar a nossa prática pedagógica. Como observa Jennifer Gore: "enormes obstáculos são encontrados e, na verdade, criados por aqueles que buscam (e buscam entender) novas pedagogias. Muitos desses obstáculos surgem da tensão fundamental na própria pedagogia, que requer, daqueles que buscam mudá-la, a sua participação nela" (1993, p. xi). Esses obstáculos implicam que, como pedagogo, você tenha de encontrar maneiras de transpor essas tensões que resultam do fato de que aquele que é o pedagogo seja também aquele que é esperado para realizar a mudança, isto é, aquele que se supõe que reconstruirá a prática pedagógica.

A documentação pedagógica pode contribuir para uma auto-reflexidade aprofundada e nos dizer algo sobre a maneira como temos nos constituído como pedagogos, pois nos ajuda a "contar a nós mesmos uma história sobre nós mesmos" (Steier, 1991, p. 3). Ela pode abrir uma possibilidade para o pedagogo perceber suas subjetividades e práticas como sendo socialmente construídas, abrindo, dessa forma, uma oportunidade para romper os discursos dominantes, pois pode ampliar o nosso entendimento de quem somos hoje e como nos construímos para ser dessa maneira, assim como as condições e os riscos das nossas ações (Gore, 1993). Isso significa assumir o controle sobre o próprio pensamento e sobre a própria prática, seja como criança, seja como pedagogo – em outras palavras, ser menos governado pelo poder disciplinar.

Por meio da documentação, podemos mais facilmente ver e questionar a nossa imagem de criança, os discursos que incorporamos e produzimos e que voz, direitos e posição a criança adquiriu em nossas instituições dedicadas à primeira infância. Por exemplo, só falamos sobre conceitos como "centralidade da criança", "assumir a responsabilidade pela própria aprendizagem", "aprender como aprender", "criatividade", "participação" e uma "prática reflexiva" – ou eles realmente permeiam a prática pedagógica? A documentação pedagógica nos permite refletir de forma crítica sobre se essas idéias estão apenas no nível da conversa ou se estão sendo postas em prática e, se estão, de que maneira são entendidas.

O ponto de partida aqui é que, quanto maior for a nossa consciência das nossas práticas pedagógicas, maior a nossa possibilidade de mudar por meio da construção de um novo espaço, no qual um discurso ou contradiscurso alternativo pode ser estabelecido para produzir nova prática. É, acima de tudo, uma questão de conseguir um *insight* sobre a possibilidade de ver, falar e agir de uma maneira diferente, e daí transpor limites, particularmente para transgredir o projeto grandioso da modernidade e sua determinação de mapear toda a vida humana na busca da Verdade, da Beleza e da Bondade.

No processo de visualizar e refletir a maneira como construímos a criança e a nós mesmos está um potencial crítico que, por sua vez, pode funcionar como um processo de aprendizagem. Tal processo de aprendizagem pode, ao mesmo tempo, servir como um ponto de partida para a reconstrução do trabalho pedagógico. Ele pode operar como uma forma de treinamento em serviço e como uma base para a avaliação ao longo das linhas discutidas no Capítulo 5 em relação ao "discurso da construção de significado". A documentação pedagógica pode, desse modo, proporcionar um meio crítico para os pedagogos e para outros profissionais aprofundarem o seu entendimento do trabalho pedagógico e proporcionarem uma base, se for o caso, para fazer julgamentos e buscar algum acordo sobre esses julgamentos.

De muitas maneiras, usando muitos meios de comunicação, é possível para a pedagoga registrar o que as crianças fazem e o que ela, como pedagoga, faz em relação às crianças e ao seu trabalho. As crianças e as pedagogas podem, enquanto estão trabalhando, mas também depois, analisar como se desenvolvem os processos de aprendizagem das crianças. A pedagoga não somente pode desenvolver o seu conhecimento e o entendimento da aprendizagem das crianças, mas compreender também a forma como elas estão produzindo conhecimento. E, ao mesmo tempo, pode aprofundar o seu entendimento das conseqüências de suas próprias ações.

Como a documentação pode ser guardada e reexaminada, devendo ser encarada o tempo todo como um registro vivo da prática pedagógica, o processo de documentação também pode funcionar como uma maneira de revisitar e rever experiências e eventos anteriores; desse modo, não apenas cria memórias, mas também novas interpretações e reconstruções do que aconteceu no passado. Por isso, pedagogos ativos conseguirão ser capazes de construir e utilizar experiências bem estabelecidas e, simultaneamente, tomar parte na construção de novas teorias relacionadas à aprendizagem e à construção de conhecimento das crianças, tendo como base a documentação. Em outras palavras, os pedagogos podem participar da produção de novo conhecimento. Isto pressupõe, no entanto, que os pedagogos se envolvam em uma auto-reflexão contínua, algo que atribui altas exigências à sua profissionalização, mas algo que também pode funcionar como um desafio e uma inspiração para um envolvimento mais profundo.

Visualizar a prática requer que o processo de documentação se torne parte integrante do trabalho cotidiano e não algo que está de fora. É o trabalho que tem de se alternar entre focos diferentes: as próprias experiências da pessoa, a aquisição de um entendimento teórico do que está acontecendo e os valores filosóficos e sociopolíticos que determinam as direções e as visões para o trabalho pedagógico. Há uma necessidade, ao mesmo tempo, de proximidade e distanciamento para uma elaboração contínua das tensões entre a teoria e a prática cotidiana (Lather, 1991, citada em Lenz Taguchi, 1997), para uma forma de espiral que permite que se assuma perspectivas múltiplas, para transitar [de modo circular] entre a auto-reflexão e o diálogo, para passar entre a linguagem da comunidade profissional da pessoa (teoria e sabedoria prática) e suas próprias paixões, emoções, intuições e experiências.

A documentação como um processo de aprendizagem, mas também como um processo de comunicação, pressupõe a criação de uma cultura de exploração, reflexão, diálogo e envolvimento. Uma cultura em que muitas vozes – das crianças, dos pedagogos, dos pais, dos administradores, dos políticos e de outras pessoas – participam e podem se fazer ouvir, garantindo, desse modo, que uma multiplicidade de perspectivas possam ser examinadas e analisadas. Sendo assim, podemos abrir um caminho para extrair sentido do trabalho pedagógico – a construção de significado como a descrevemos no Capítulo 5 – para as crianças, para os pais e para os pedagogos.

Um obstáculo para o desenvolvimento de uma prática pedagógica reflexiva baseada nas perspectivas múltiplas é a influência muito forte do que foi chamado Lei de Jante (Boalt-Boethius, 1994). A Lei de Jante sugere que a diferença é freqüentemente tratada através da descoberta do menor denominador comum, uma resposta que enfraquece o envolvimento e combate outras perspectivas, outras abordagens e outras vozes que estão sendo examinadas ou estão recebendo destaque na prática pedagógica. A alternativa à Lei de Jante, e à redução da diferença que ela traz, é festejar as complexidades das realidades múltiplas, dos entendimentos múltiplos e das perspectivas múltiplas. Essa diversidade proporciona às pessoas perspectivas alternativas, possibilidades para pensar e agir de outra maneira, além de ampliar as possibilidades de escolha.

O PROCESSO DA DOCUMENTAÇÃO NUNCA PODE SER NEUTRO

A consciência do caráter construído da documentação também visualiza que o ato da documentação nunca é nem nunca pode ser um ato inocente. Os processos de observação e documentação nunca são, como já foi dito anteriormente, objetivos e, por isso, não são neutros. Ou, como disse o biofísico Heinz von Foerster (citado em Israel, 1992, p. 19): "a objetividade é uma visão falsa do sujeito de que a observação pode ocorrer sem ele". A questão mais importante aqui deve ser que a criança e o que a criança faz e diz não são objetificados nem situados em categorias já definidas, algo que havia sido comum com o discurso logocêntrico e tecnicamente racional da modernidade. Em vez disso, temos de entender e admitir que a documentação sempre detém nossos sentimentos, desejos e valores subjetivos. Isto não deve ser visto como algo negativo, mas, sobretudo, como algo positivo (Maturana, 1991); não como algo a ser evitado, mas, sobretudo, deve-se entender como isso entra nos processos de documentação.

Tendo a documentação como instrumento para permitir a auto-reflexão, podemos desafiar e oferecer resistência à visão racional da observação, como independente de nossos *selves* como observadores, de nossos próprios processos de construção e das convenções envolvidas. Entretanto, isso pressupõe que nós, quando documentamos algo, podemos conviver e acomodar a complexidade que sempre caracteriza uma situação pedagógica (Dahlberg, 1985). Esse "alojamento" da complexidade também pressupõe uma capacidade para deixar para trás um relacionamento reducionista de causa e efeito entre o observador e o que é observado e explorado, em vez de entender o caráter único, contingente, local e incorporado das nossas próprias produções como pedagogos (Ellsworth, 1989).

Partindo da perspectiva acima mencionada, a pedagoga tem de se sentir como responsável pelas construções que faz (von Glasersfeld, 1991). Esta é uma forma de intercâmbio recíproco que pode resultar em muitas interpretações diferentes e que pressupõe ver, ouvir e desafiar, e também confiar nas idéias e nos pensamentos inacabados de uma pessoa. Mesmo que esta seja uma questão de ousar tornar-se acessível para a incerteza, para a ambivalência e para a multiplicidade, não é um projeto relativista, no qual cada construção da realidade é vista como tão boa quanto a outra. A alocação da complexidade tem, isso sim, de ser colocada em relação às questões da importância do que é documentado, onde as respostas estão sempre historicamente situadas em relação à época em que vivemos e à direção e à visão que temos do nosso trabalho pedagógico.

Von Glasersfeld propõe que uma orientação similar conduza a uma maior tolerância nas interações sociais através de uma percepção de que nem os problemas nem as soluções são entidades ontológicas, mas decorrem de maneiras de construção particulares. Por isso, nenhuma solução para um problema experimental pode ser "certa" de uma maneira ontológica: "O mundo em que o problema surge depende de uma maneira de ver, de uma maneira de experienciar; onde há uma solução sempre há outras – mas isso não implica que se goste delas todas da mesma maneira" (1991, p. 26).

A DOCUMENTAÇÃO PEDAGÓGICA COMO UM EMPREENDIMENTO PERIGOSO

Como um meio crítico de resistir ao *nexus* poder/saber, a documentação pedagógica é um empreendimento perigoso. Como enfatizamos várias vezes, visto que é muito importante, a documentação nunca pode ser uma atividade inocente. Não temos nenhuma garantia. Temos de perceber que riscos e possibilidades não são opostos, mas que existem ao mesmo tempo. Esses processos nunca podem ser neutros e inocentes – têm sempre implicações e conseqüências sociais e políticas. Podem ser perigosos, como declarou Foucault (1970), pois carregam significado político e teórico. Por isso, a produção de conhecimento está sempre relacionada à produção de poder.

A documentação não é uma resistência necessariamente radical ao *nexus* poder/saber. O fato de se tornar assim deve, na nossa perspectiva, estar relacionado ao fato de ela perceber o seu potencial para assumir perspectivas múltiplas. Se suscita outras construções e perspectivas, então a documentação tem o potencial para revelar o caráter incorporado da construção de conhecimento e, como tal, funciona como uma prática emancipatória.

No entanto, ao mesmo tempo, há riscos. As classificações e as categorias que usamos também funcionam como instrumentos para inclusão e exclusão – tornam-se produtivas. Podemos colocar as crianças e seus feitos em categorias de normal/não-normal. Podemos transformar o Outro no mesmo. A pedagoga, através da sua influência no processo de construção de identidade da criança, exerce poder e controle. Por isso, se não estivermos alertas, a documentação pode se tornar uma prática para o exercício do controle e do poder, e não para a resistência a eles. Considerando tais riscos, sempre precisamos colocar questões sobre que direito temos de interpretar e documentar os feitos das crianças e o que é eticamente legítimo.

UMA ÉTICA DE UM ENCONTRO

Confrontados por estas questões éticas, buscamos algumas respostas no conceito de uma ética de um encontro, que introduzimos no Capítulo 2. Trata-se de uma ética que emana do respeito pela criança e do reconhecimento da diferença e da multiplicidade e que luta para evitar transformar o Outro no mesmo que eu. Temos de nos posicionar "em outro lugar que não seja onde o 'Outro' é o problema para o qual somos a solução" (Lather, 1991, p. 138), renunciar a ser o mestre da verdade e da justiça, o grande intérprete.

A arte de ouvir e escutar o que o Outro está dizendo, levando-o a sério, está relacionada a uma ética de um encontro. O mesmo acontece com o ver – mas o que queremos dizer com ver? É fácil demais separar os relacionamentos humanos do seu significado moral. Como observa Bauman:

> Tirar fotos torna-se um substituto para ver. É claro que você tem de olhar para direcionar suas lentes para o objeto desejado ...Mas *olhar* não é *ver*. Ver é uma função humana, um dos grandes dons com que o homem é dotado; ele requer atividade, abertura interna, interesses, paciência, concentração. Na realidade, um *instantâneo* (a expressão agressiva é importante)* significa essencialmente transformar o ato de ver em um objeto. (1995, p. 132-134, ênfase original)

O *insight* de que entramos em processos como a documentação pedagógica sendo sujeitos participatórios, sendo companheiros, ou, nas palavras de Reeder (1997), sendo "o sujeito ético do ato", implica uma importante responsabilidade. A ética entra porque devemos assumir responsabilidade por nossos atos, incluin-

---

*N. de T. Aqui a explicação entre parêntese refere-se à palavra em inglês, *snapshot*, que literalmente significa "tiro rápido".

do todo ato de observação, e por nossas escolhas. Como Bauman, declararíamos que somos inevitavelmente seres morais, pois "estamos diante do desafio do Outro, que é o desafio da responsabilidade pelo Outro, uma condição de *ser-para*" (1995, p. 1).

No contexto da dimensão ética da documentação, convém também voltar à noção de ética de Foucault, que ele captou na expressão "cuidado com o *self*" (Foucault, 1986; ver também Gore, 1993). Por esse termo, que introduzimos no Capítulo 2, Foucault não quer dizer apenas estar interessado em si mesmo, mas se e como optamos por nos constituir – "o *self* não nos é dado, nós temos de constituir nossos *selves* como uma obra de arte". Em relação à documentação pedagógica, é interessante observar mais integralmente a inspiração grega de Foucault para suas idéias do "cuidado com o *self*". A prática greco-romana do *self*, na qual Foucault se inspirou, é diferente de um conceito confessional ou terapêutico; é também diferente do que poderia ser chamado o culto californiano do *self*. Não é autofascinação e auto-absorção, mas é desenredar-se e auto-invenção, isto é a construção do *self*, e não da autoconsciência. Uma das técnicas usadas pelos gregos na constituição de seus *selves* foi a *hypomnemata*, agendas usadas para construir um relacionamento permanente com o próprio *self*:

> Eles não constituem um "relato do *self*"... A questão não é buscar o indescritível, não é revelar o oculto, não é dizer o não-dito, mas, ao contrário disso, coletar o já dito, reunir aquilo que se pôde ouvir ou interpretar, visando a um objetivo que é nada menos que a constituição do próprio *self*... Este é o objetivo da *hypomnemata*: fazer a reunião do *logos* fragmentário transmitido pelo ensino, pela audição ou pela leitura, como um meio de estabelecer o relacionamento mais adequado e mais perfeito possível do próprio *self* com o próprio *self*. (Foucault, 1986, p. 365)

Gore, ao analisar a noção de Foucault (1993, p. 151) de cuidado com o *self* em relação à educação do professor, diz que "explorar as implicações e os efeitos de tal abordagem de manter um diário *vis-à-vis* com uma prática pedagógica radical poderia resultar em um uso mais criterioso dos diários na educação do professor... O que imagino é mais um traçado histórico do que significa ser um professor em contextos específicos, e não um relato pessoal ou biográfico".

ABRINDO UM FÓRUM

Nossa visão construcionista do conhecimento, da construção de significado e da aprendizagem está relacionada a uma visão da ação comunicativa e das relações sociais que assumem o Outro como igual, mas não o mesmo, e a importância da solidariedade entre os seres humanos. Isso, por sua vez, assume um diálogo vívido, baseado em valores, e uma política relacionada ao que desejamos de nossas instituições dedicadas à primeira infância. Essas instituições devem ser entendidas como portando, mas também criando, valores culturais e simbólicos, e, além disso, conforme declaramos no Capítulo 4, questões importantes em um projeto mais amplo de democracia. A pedagogia da primeira infância e as instituições dedicadas a essa fase da vida estão sempre relacionadas à questão filosófica do que queremos para nossas crianças no atual momento e no futuro, uma questão que temos de nos colocar repetidas vezes. As estratégias que escolhemos para trabalhar com as crianças e nossa prática pedagógica dizem muito sobre a nossa maneira de conceituar os potenciais, a posição e os direitos cívicos das crianças na sociedade e, por isso, também a maneira como construímos nossas idéias de democracia.

Construindo as instituições dedicadas às crianças como fóruns para o envolvimento e para o diálogo, para uma ética de um encontro, essas instituições vão alcançar um papel importante a desempenhar abrindo novas possibilidades, na qual o bem-estar social e a democracia reconstruídas baseiem-se na visibilidade e na inclusão das crianças. Encarar as instituições dedicadas às crianças como fóruns na sociedade civil e, como tais, motivadoras de oportunidades para as crianças e para os adultos se reunirem e se engajarem no discurso – em projetos de significado social, cultural, político e econômico – confere a essas instituições um significado específico: elas serão vistas como uma *comunidade*, onde a vida e o trabalho das crianças podem ser vistos como contribuições a essa comunidade.

A comunicação, a reflexão e a ação podem ser vistas como uma forma de argamassa que conecta o trabalho pedagógico, mas que pode conectar a instituição dedicada à primeira infância com a sociedade que a cerca. A idéia da instituição dedicada à primeira infância como um fórum, onde a criança é vista como um cidadão e como parte de uma comunidade, pressupõe que formulemos e continuamente reformulemos "um contrato social" entre o indivíduo, as instituições públicas, o Estado e o mercado. Ela requer relacionamentos participatórios, para que a instituição dedicada à primeira infância torne-se um fórum em que crianças, pedagogos, pais, políticos e outros estejam envolvidos. Para fazer isso, temos de construir fóruns que incorporem a ética de um encontro – um encontro que é caracterizado por um modo de ver, ouvir e desafiar mais experimental e exploratório.

O papel da documentação pedagógica na construção dessas instituições dedicadas à primeira infância é de fundamental importância. A documentação oferece um ponto de partida importante para o diálogo, mas também para criar confiança e legitimidade em relação à comunidade mais ampla, abrindo e tornando visível o trabalho dessas instituições. Graças à documentação, cada criança, cada pedagogo e cada instituição pode conseguir uma voz pública e uma identidade visível. Isso que é documentado pode ser visto como uma narrativa das vidas das crianças, dos pedagogos e dos pais na instituição dedicada à primeira infância, uma narrativa que pode mostrar as contribuições das instituições para a nossa sociedade e para o desenvolvimento da nossa democracia. "A documentação pode oferecer às crianças e aos adultos momentos reais de democracia que teve sua origem no reconhecimento e na visualização da diferença provocada pelo diálogo. Esta é uma questão de valores e de ética" (Rinaldi, 1994).

Direções Minoritárias no Mundo Majoritário: Perigos e Possibilidades

8

INTRODUÇÃO

> A idéia de progresso é o principal legado filosófico deixado pelos séculos XVII a XIX às ciências sociais contemporâneas... O cerne do conceito [é que], com alguns desvios temporários, todas as sociedades estão avançando natural e consistentemente "para cima", em uma rota da pobreza, do barbarismo, do despotismo e da ignorância, para a riqueza, para a civilização, para a democracia e para a racionalidade, cuja expressão mais elevada é a ciência... A diversidade infinita e crescente das sociedades humanas [que os europeus entraram em contato] tinha de fazer sentido, ou, pelo menos, ser ordenada e categorizada, de uma maneira aceitável a seus descobridores... O que produzia a diversidade? Os diferentes estágios de desenvolvimento das diferentes sociedades. O que era mudança social? O necessário avanço através das distintas formas sociais... (Shanin, 1997, p. 65-66)

> O paradigma emergente para a vida humana na Terra e com a Terra une a descentralização, a democracia e a diversidade. O que é local e o que é diferente é valorizado. As tendências em direção à centralização, para o autoritarismo e para a homogeneização, são invertidas. O reducionismo, o pensamento linear e o pensamento padrão dão lugar a um holismo inclusivo, ao pensamento de sistemas abertos e de opções e ações diversas. (Chambers, 1997, p. 189)

Os capítulos anteriores concentraram-se, de modo geral, em vários entendimentos das crianças pequenas e das instituições dedicadas à primeira infância no Mundo Minoritário. No entanto, a influência daquela minoria é sentida em todo o globo. Em particular, como já dissemos, o pensamento e a prática dos Estados Unidos, que são dominados por uma disciplina particular (psicologia do desenvolvimento) e estão localizados firmemente dentro do projeto da modernidade, assumindo proporções hegemônicas em uma escala cada vez mais global, com a crescente probabilidade de "globalizações complexas de construções ocidentais, outrora localizadas, das crianças" (Stephens, 1995, p. 8), racionalizadas por meio da disciplina da psicologia do desenvolvimento, a qual oferece uma "construção ocidental [da infância] que está sendo agora incorporada, como se fosse universal, em políticas de ajuda e desenvolvimento" (Burman, 1994, p. 183). É irônico que um país que professe importantes preocupações com a "toxicidade" de seus ambientes sociais e o bem-estar de muitos de seus filhos e de suas famílias (Garbarino, 1996), assim como com a qualidade de seus serviços para a primeira infância (Kagan et al., 1996), seja encarado como uma fonte de conhecimento e orientação para as crianças e para os serviços. Nesses casos, no entanto, os relacionamentos hegemônicos não dependem da aplicação de força militar ou de outros meios de coerção, mas sim da influência dos poderes econômico, cultural e científico, os quais se associam para produzir discursos dominantes que ditam que somente algumas coisas podem ser ditas ou pensadas, assim como as correspondentes tecnologias de normalização – como medidas de qualidade.

O império dos Estados Unidos é a última fase da dominação do Mundo Minoritário nos relacionamentos com o Mundo Majoritário, a qual se iniciou há várias centenas de anos com a expansão e com o colonialismo europeus. Essa dominância foi sustentada por idéias modernistas de progresso linear e desenvolvimento, certeza e objetividade, universalidade e totalização, e a redução da diversidade e da complexidade. Por isso, a modernidade proporcionou uma base lógica para a colonização e para a hegemonia, em suas estruturas de conhecimento estavam implicadas formas de opressão (Young, 1990). A modernidade mostrou-se à altura dessa alta responsabilidade, sendo dotada de grande autoconfiança:

> A auto-imagem positiva que a cultura ocidental moderna proporcionou a si mesma, um quadro nascido do Iluminismo do século XVIII, é de uma civilização baseada no conhecimento científico do mundo e no conhecimento racional do valor, que coloca o mais alto prêmio na vida e na liberdade humanas individuais e acredita que tal liberdade e racionalidade vão conduzir ao progresso social através do trabalho virtuoso e autocontrolado, criando uma vida material, política e intelectual melhor para todos. (Cahoone, 1996, p. 12)

Fortificado por esta imagem, o Mundo Minoritário tem tido pouco escrúpulo em proselitizar essas virtudes, freqüentemente, com considerável sucesso. Em muitos casos, as palavras, os pensamentos e as atividades dos colonizadores têm sido absorvidos nos cotidianos do colonizado, criando uma fusão (e, em muitos casos, uma confusão) de identidades. Mas tem havido também uma reação, uma crítica crescente ao projeto da modernidade. Tanto no Mundo Minoritário como no Mundo Majoritário, a "auto-imagem positiva" comentada anteriormente é desafiada por aqueles que "enxergam a modernidade, em vez disso, como um movimento de dominação de etnia e de classe, de imperialismo europeu, de antropocentrismo, de destruição da natureza, de dissolução da comunidade e das tradições, do aumento da alienação e da morte da individualidade na burocracia" (Cahoone, 1996, p. 12).

Esta reação está poderosamente expressa nas crescentes problematização e desconstrução do discurso do "desenvolvimento" no Mundo Majoritário, que tiveram início na década de 80:

> O desenvolvimento promoveu uma maneira de conceber a vida social como um problema técnico, como uma questão de decisão e administração racional a ser confiada àquele grupo de pessoas – os profissionais do desenvolvimento – cujo conhecimento especializado supostamente os qualificava para a tarefa. Em vez de enxergarem a mudança como um processo enraizado na interpretação da história e da tradição cultural de cada sociedade... esses profissionais procuraram criar mecanismos e procedimentos para fazer com que as sociedades se adequassem a um modelo preexistente que incorporava as estruturas e as funções da modernidade. Como aprendizes de feiticeiros, os profissionais do desenvolvimento despertaram mais uma vez o sonho da razão que, em suas mãos, como em exemplos anteriores, produziu uma realidade perturbadora. (Escobar, 1997, p. 91)

Segundo Chambers, esses profissionais do desenvolvimento reconstroem a realidade para torná-la administrável, buscando "o universal no diverso, a parte no todo, o simples no complexo, o controlável no incontrolável, o mensurável no imensurável, o abstrato no concreto, o estático no dinâmico, a permanência no fluxo" (1997, p. 55). O que vemos aqui, espalhado em uma tela muito mais ampla, são muitas das questões anteriormente tratadas neste livro, como, por exemplo, em relação ao discurso da qualidade; assim como sugerimos que um discurso alternativo da qualidade era possível, também o são os escritores do "pós-desenvolvimento", os quais defendem discursos alternativos e novos métodos de trabalho e de conhecimento. Esses discursos e métodos propostos conferem importância ao local, à complexidade, à diversidade, ao dinâmico e ao imprevisível, reconhecendo condições que são difíceis de avaliar, mas exigem julgamento; os novos princípios, os preceitos e as novas práticas "ressoam com evoluções paralelas nas ciências naturais, na teoria do caos e da complexidade, nas ciências sociais, no pós-modernismo e na administração dos negócios" (Chambers, 1997, p. 188).

Assim como o conceito de *desenvolvimento* em relação aos países do Mundo Majoritário está sendo questionado por sua tentativa de prescrever um modelo universal de progresso, também está sendo questionado o conceito de desenvolvimento em relação às crianças, como foi declarado em partes anteriores deste livro. A tensão mais uma vez está entre o conceito de desenvolvimento como um fenômeno universal, uma seqüência linear predeterminada que todos devem seguir para conseguir realização plena, ou como uma construção específica e contingente a épocas, locais e culturas específicas – entre uma busca modernista por bases e proposições universais, e um reconhecimento pós-moderno da diversidade e da contextualização. As questões da universalidade no desenvolvimento da criança *e* no desenvolvimento global unem-se nas atividades internacionais para promover aquilo que tem sido conhecido pelo acrônimo ECCD – *Early Childhood Care and Development*, isto é, o cuidado e o desenvolvimento da primeira infância". Embora as perspectivas modernistas, trazendo à tona a aplicabilidade geral das "melhores práticas" extraídas em grande parte das experiências do Mundo Minoritário e de suas reivindicações ao conhecimento universal legitimado como o produto de investigação científica, tenham dominado grande parte da discussão, há um crescente aumento do apoio para reconhecer e valorizar a diversidade, o qual pode ser visto como refletindo uma perspectiva mais pós-moderna.

Um exemplo do fluxo e refluxo dos sentimentos modernista e pós-modernista pode ser observado nos Seminários do ECCD realizados no Centro Internacional de Desenvolvimento da Criança da UNICEF, em Florença, em 1989 e 1996. No prefácio do Relatório de 1989 do Seminário do ECCD (Landers, 1989), o Diretor do Centro usou um tom decididamente modernista:

> O fato de as atividades para o desenvolvimento da primeira infância beneficiarem as crianças não é mais uma questão. A comunidade científica sustentou durante algum tempo que as crianças cujas necessidades desenvolvimentais são satisfeitas têm um melhor desempenho na vida do que aquelas que são negligenciadas nesse domínio. O *cuidado desenvolvimentalmente apropriado* que as crianças recebem quando são pequenas tem um impacto bastante positivo. (Himes, em Landers, 1989, p. iii, ênfase nossa)

"Desenvolvimentalmente apropriado" é um termo que os leitores podem se lembrar de ter visto anteriormente neste livro em relação ao documento político *Developmentally Appropriate Practice* (prática desenvolvimentalista apropriada) (Bredekamp, 1987), publicado pela Associação Nacional para a Educação de Crianças Pequenas (NAEYC) nos Estados Unidos. O fato de a terminologia daquele documento e o pensamento subjacente a ele terem encontrado tão rapidamente o seu caminho neste importante fórum internacional evoca tanto a influência indireta das organizações não-governamentais dos Estados Unidos como a situação do pensamento internacional no campo da primeira infância no final da década de 80.

Em 1996, quando foi realizado um seminário da UNICEF, a influência das perspectivas "universalistas" foi desafiada por vários participantes:

> Houve um considerável debate crítico sobre os preconceitos culturais e financeiros incorporados em muitos projetos do ECCD. Houve, em especial, uma crítica da visão de que havia um pacote para exportação de idéias "científicas" sobre o desenvolvimento da criança que, com ajustes relativamente pequenos às condições locais, poderia ser usado em qualquer lugar do mundo como uma base para um trabalho de programação e projeto. (Penn e Molteno, 1997, p. 3)

As fileiras daqueles que desejam fazer tal crítica das abordagens universais às ferramentas, às práticas e aos programas parecem estar aumentando, enquanto, ao mesmo tempo, defensores da "melhor prática" consideram maneiras de avançar em direção a uma maior visibilidade global e de influenciar por seus programas. (Por exemplo, a Associação Nacional para a Educação da Criança Pequena e o Head Start, ambas organizações dos Estados Unidos, recentemente consideraram as atividades internacionais de "expansão e treinamento", enquanto a High Scope Foundation, outra organização dos Estados Unidos, está bem avançada nesse trabalho.) Como um número crescente dos países do Mundo Majoritário considera a importância dos primeiros anos de vida e suas implicações para a "produtividade no trabalho e para a prosperidade econômica nacional" (A Choksi, vice-presidente do Banco Mundial, prefácio a Young, 1996), é importante que as vozes daqueles preocupados com as limitações do universalismo se ergam juntamente com as vozes de seus proponentes.

Um daqueles preocupados é Martin Woodhead, experiente observador do trabalho com a primeira infância nos Mundos Minoritário e Majoritário. Nas duas últimas décadas, ele tem

> ficado cada vez mais preocupado com o fato de que muita coisa do que é considerado conhecimento e especialização sobre as crianças é profundamente problemática para idéias fundamentais como o "programa de desenvolvimento da primeira infância"... Aqueles que estão envolvidos no desenvolvimento da primeira infância precisam reconhecer que muitas de suas crenças mais acalentadas sobre o que é melhor para as crianças são construções culturais. (Woodhead, 1996, p. 6, 8)

Outro crítico das tendências universalizadoras, escrevendo sobre suas visitas a instituições dedicadas à primeira infância na África do Sul, observa que

> o currículo escrito e a pedagogia dirigida aos berçários de crianças negras eram proporcionados principalmente por ONGs [organizações não-governamentais], quase tudo em inglês, independente da primeira língua das crianças. Apesar das discrepâncias na percepção, nos recursos e na organização dos centros para negros e para brancos, a literatura e os materiais de treinamento do currículo eram todos derivados de fontes ocidentais, sobretudo adaptações de métodos de Montessori e High Scope... Embora os materiais possam ser adaptados para o uso em centros educacionais,

> os princípios ocidentais que os informam são, em geral, supostos como universais. Percebe-se que há pouca ou nenhuma ambigüidade sobre o que constitui um comportamento "intelectual" ou "social" adequado. (Penn, 1997a, p. 107)

Helen Penn expressa preocupação de que, dadas as importantes diferenças nas concepções de educação das crianças entre as culturas africana e anglo-americana, "a transmissão entusiástica de 'prática desenvolvimentalmente adequada' e de modelos ocidentais de educação em creche ou '*educare*', em vez de melhorar a competência das crianças pequenas, pode ser prejudicial àqueles que a usam" (Penn, 1997a, p. 106-107). Serpell, escrevendo sobre a África Oriental, faz uma observação semelhante sobre "o potencial de formas de creche descuidadamente transplantadas para destruir valores e práticas culturais nativas" (1993, p. 469).

O respeitado psicólogo Michael Cole também se preocupou com que as construções do desenvolvimento da criança baseadas nas sociedades do Mundo Minoritário se tornassem hegemônicas no mundo todo. Em sua publicação de 1996, *Cultural Psychology: A Once and Future Discipline*, Cole busca respostas para sua abrangente indagação: "Por que os psicólogos acham tão difícil manter em mente a cultura?". Ele acompanha o desenvolvimento da psicologia desde 1880, discernindo na formulação inicial feita por Wundt uma "segunda psicologia" natimorta, aquela à qual Wundt designou a tarefa de entender como a cultura se insere nos processos psicológicos. A tese fundamental de Cole é "que as questões científicas identificadas por Wundt não foram tratadas adequadamente pelo paradigma científico que, em momentos posteriores, dominou a psicologia e as outras ciências comportamentais e sociais" (1996, p. 7-8). Ele declara que "pelo menos desde o século XVII, a dicotomia entre as teorias históricas e universais da mente e as teorias históricas, localmente contingentes, foi ligada a outra dicotomia, a oposição entre as ciências 'naturais' e as ciências 'culturais-históricas'" (1996, p. 19). Cole parafraseia o contraste feito por Berlin (1981) entre as suposições subjacentes às abordagens das ciências naturais e culturais-históricas, chamando a atenção para a crença das primeiras de que: "1) qualquer pergunta real tem uma única resposta verdadeira; 2) o método de se chegar às respostas a problemas genuínos é natural e universalmente aplicável; 3) as soluções para problemas genuínos são universalmente verdadeiras para todas as pessoas, em todas as épocas e em todos os lugares" (p. 20). A psicologia dominante, tendo optado por seguir o caminho das ciências naturais nas décadas que seguiram desde o seu início, agora se encontra afastada daquelas para as quais o comportamento e a cultura estão interligados de forma inseparável.

Com um pouco mais de cautela, mas ainda expressando dúvidas sobre uma abordagem universal das crianças e do seu desenvolvimento, a organização do Reino Unido "Salvem as Crianças" (Molteno, 1996) conclui que, embora algumas pesquisas sobre o desenvolvimento da criança realizadas pelo Mundo Minoritário possam ser verdadeiras para todas as crianças, outras são específicas da cultura e da situação: "Em um mundo dominado por pressões globais – econômicas, tecnológicas, políticas – há um risco de se pensar ser possível encontrar soluções universais para questões sociais" (1996, p. 4).

Robert Myers, em seu influente livro *The Twelve who Survive: Strengthening Programs of Early Childhood Development in the Third World*, realiza uma transição experimental de uma orientação fundamentalmente universalista, positivista e modernista, em direção a um entendimento mais nativo, pós-positivista e pós-modernista. Embora seus anos de experiência no campo do desenvolvimento internacional e da primeira infância, associados ao seu treinamento acadêmico e à sua sensibilidade, permitam-lhe apreciar "os dois mundos" e a necessidade de construir estruturas entre eles, Myers adverte: "Se se tivesse de fazer uma suposição, a suposição seria a de que os programas para a primeira infância, na maior parte das vezes, estão tirando suas sugestões de modelos importados que reforçam os deslocamentos de valor para as culturas ocidentais, individualistas e orientadas para a produção. É aí que queremos estar?" (1992, p. 29).

Seis anos mais tarde, a indagação de Myer continua importante. Em um Workshop Regional da UNICEF realizado em Karachi, no Paquistão, em março de 1998, e em um encontro de acompanhamento realizado no Wye College, na Grã-Bretanha, em abril de 1998, as diferenças entre uma orientação modernista da "melhor prática", os entendimentos não-problematizados da "qualidade" e o poder revelador da ciência pareciam estar em desacordo com reivindicações feitas nos mesmos encontros de "comunidade dirigida pelo Cuidado e Desenvolvimento da Primeira Infância (ECCD)", respeito pela "diversidade local" e "resposta à criança no contexto" (UNICEF, 1998a,b). Essas noções discrepantes terminaram como companheiros estranhos, compartilhando com constrangimento a mesma sentença: "A experiência indica que os programas sustentáveis do ECCD comecem com o que a cultura oferece; os currículos e as atividades devem ser construídos baseados nas atitudes, nas práticas e nas crenças locais sobre a educação das crianças, *com o que é atualmente reconhecido como mensagens 'científicas' universais, sendo acrescentado para substituir o que são consideradas práticas negativas na cultura local*" (UNICEF, 1998a, p. 11, ênfase nossa). No entanto, talvez o espaço *seja* apenas muito pequeno para dois ocupantes, como sugere a frase: "Precisamos ser cautelosos em relação à nossa suposição do que constituem as verdades universais, pois essas 'verdades' mudam com o passar do tempo."

Neste contexto de crescente questionamento da criança universal e do desenvolvimento social sendo expresso juntamente com as visões modernistas estabelecidas da importância fundamental de leis e princípios gerais produzidos por métodos científicos objetivos, e em uma época de grandes (cada vez maiores) desigualdades de poder e de recursos entre os Mundos Minoritário e Majoritário, o objetivo deste capítulo é considerar até que ponto a perspectiva pós-moderna que adotamos neste livro pode contribuir para um verdadeiro diálogo, envolvendo o ato de escutar e respeitar a alteridade do Outro, e um recuo das tendências hegemônicas no campo da primeira infância. Essa discussão é muito necessária não apenas entre os Mundos Minoritário e Majoritário, mas também entre o que alguns na literatura referem como povos do Quarto Mundo, ou seja, as populações nativas dos países do Mundo Minoritário e a população dominante desses países. Nossa pretensão não é a de que este livro apresente uma perspectiva alternativa que possa ou deva ser universalmente adotada – muitas pessoas do Mundo Majoritário ou do Quarto Mundo podem querer se situar dentro das perspectivas pré-modernas ou dentro da própria modernidade e continuar a exercer uma poderosa influência. Ao contrário disso, parece-nos que a nossa perspectiva proporciona *uma* maneira de capacitar os profissionais que trabalham com a primeira infância para desenvolver relacionamentos dialógicos e respeitosos com seus correspondentes no Mundo Majoritário e entre os povos do Quarto Mundo, um relacionamento baseado no reconhecimento da diversidade, da complexidade e da contextualização, e da ética de um encontro.

Uma razão para se esperar que uma perspectiva pós-moderna possa contribuir para esses relacionamentos é o fato de as origens da pós-modernidade estarem em um questionamento pós-guerra do eurocentrismo e do papel desempenhado pelo pensamento do Iluminismo no colonialismo europeu. Segundo Foucault (1980b), o renovado interesse filosófico no Iluminismo depois da Segunda Guerra Mundial surgiu do "movimento que, no final do período colonial, conduziu ao questionamento do Ocidente sobre o que dá o direito à sua cultura, sua ciência, sua organização social e, finalmente, à sua própria racionalidade, para que, dessa forma, se pudesse reividicar uma validade universal" (54). Como conseqüência dessa reavaliação crítica, percebeu-se que o eurocentrismo está intimamente relacionado ao pensamento iluminista e às suas reivindicações da universalidade de seus valores; a pós-modernidade emerge, pelo menos em parte, como uma reação a tais reivindicações e às suas percebidas conseqüências opressivas. Robert Young declara que:

> o pós-modernismo pode ser melhor definido como a consciência da cultura européia de que ela não é mais o centro não-questionado e dominante do mundo... Por isso, o pós-modernismo torna-se uma certa autoconsciência sobre a relatividade histórica de uma cultura – que começa a explicar por quê, como acusam seus críticos, também envolve a perda da percepção de um caráter absoluto de qualquer relato ocidental da História... Ao contrário disso, então, para algumas de suas definições mais abrangentes, pode-se dizer que o próprio pós-modernismo marca não apenas os efeitos culturais de um novo estágio do capitalismo "tardio", mas a percepção de uma perda

> da história e da cultura européias como História e Cultura, a perda do seu lugar inquestionável no centro do mundo... a perda do eurocentrismo. (1990, p. 19-20, 117)

Foi esta questão – do relacionamento entre o Iluminismo, seus grandes projetos e suas reivindicações de verdade universal, por um lado, e a história do colonialismo europeu, por outro – que contribuíram para:

> a desconfiança de sistemas de conhecimento totalizadores que dependem da teoria e dos conceitos, [que eram] tão característicos de Foucault e Lyotard, ambos predominantemente preocupados com a tentativa de isolar e dar destaque à singularidade em oposição à universalidade. Esta busca pelo singular, o evento contingente que por definição se recusa a toda conceituação, pode estar claramente relacionado ao projeto de construção de uma forma de conhecimento que respeita o outro sem absorvê-lo no igual. (1990, p. 9-10)

Parece-nos que o que a pós-modernidade tem a oferecer aos relacionamentos entre os Mundos Minoritário e Majoritário é a infusão, do lado do Mundo Minoritário, de uma incerteza com relação à certeza, um cepticismo com relação às reivindicações de universalidade e uma autoconsciência do relacionamento entre o conhecimento e o poder gerado por um reconhecimento da profunda cumplicidade na história do colonialismo de formas de conhecimento acadêmicas ocidentais. Se a perspectiva modernista luta para encontrar práticas melhores objetivamente "verdadeiras", critérios de qualidade, normas e métodos desenvolvimentais de avaliação, uma perspectiva pós-moderna abraça a percepção de que há muitos entendimentos diferentes, inerentemente subjetivos e produtivos da infância, das instituições dedicadas à primeira infância e do "bom" trabalho com crianças nas instituições dedicadas à primeira infância – singulares e contingentes, não-universais e descontextuais.

A possibilidade de se realizar um trabalho transnacional que adote tal perspectiva pós-moderna está bem ilustrado no estudo de Tobin, Wu e Davidson, *Preschool in Three Cultures: Japan, China and the United States*. Sua familiaridade com as questões e com os métodos estabelecidos que guiaram (e restringiram) a maior parte da pesquisa anglo-americana da primeira infância está evidente em sua declaração de abertura:

> Nossos métodos de pesquisa são diferentes daqueles usados na maioria das pesquisas comparativas na educação da primeira infância. Não testamos a eficiência de vários padrões de profissionais ou abordagens pedagógicas. Não medimos a freqüência da interação entre professor e aluno nem computamos os dólares gastos por aluno... ou quantos minutos por dia os alunos despendem em exercícios de prontidão para a leitura. Ainda que façamos referência a todas essas questões e a outras no

livro, nosso enfoque estava voltado à produção de significados. Nossa intenção não foi avaliar as pré-escolas nas três culturas, mas descobrir o que elas pretendem fazer e ser. (1989, p. 4)

Denominada de "etnografia multivocal", sua pesquisa está bem distanciada da busca modernista pela "verdade" fundamental e pela descoberta de questões universais; em vez disso, dedica-se a entender o conhecimento como construído através do diálogo envolvendo perspectivas múltiplas.

Um contar e recontar do mesmo evento a partir de perspectivas diferentes – um diálogo contínuo entre pessoas de dentro e de fora, entre profissionais da área e pesquisadores, entre americanos e chineses, americanos e japoneses, e chineses e japoneses. Em cada capítulo, as vozes, além das nossas, são aquelas dos professores, administradores, pais, crianças e especialistas em desenvolvimento da criança de pré-escola japonesas, chinesas e americanas. (Tobin et al., 1989, p. 4)

Nosso veículo para explorar o potencial de uma perspectiva pós-moderna para o trabalho transnacional ou transcultural não é um estudo de pesquisa, mas um projeto canadense para treinamento dos profissionais que trabalham com a primeira infância, iniciado por um Conselho Tribal Aborígene (Primeiras Nações), o qual envolve o trabalho entre o grupo de comunidades, o corpo docente da universidade e profissionais da área da população majoritária. Diferentemente do Projeto Estocolmo, esse trabalho não foi esclarecido por uma familiaridade prévia e profunda com o pensamento modernista e pós-modernista e pelo debate sobre essas duas perspectivas. Mas, em retrospecto, pode ser percebido que ele lutou com questões que surgiram com esse debate, estando localizado pelo menos em parte dentro da pós-modernidade, e que problematizou algumas suposições modernistas. Nesse aspecto, o trabalho canadense pode ser similar a outros projetos que, embora não se posicionando teoricamente em relação ao debate modernista/pós-modernista, na prática desafia as suposições e os discursos dominantes no trabalho que realizam. Da mesma forma que o Projeto Estocolmo e que as experiências em Reggio Emilia, o trabalho do Conselho Tribal demonstra o importante relacionamento entre a teoria pós-modernista e a prática importante do campo.

MUITOS MUNDOS

Em várias partes do mundo, as comunidades estão procurando maneiras de garantir a sobrevivência, ou o renascimento, de suas crenças, de seus valores e de suas práticas culturais, enquanto, ao mesmo tempo, em muitos casos, querem garantir que seus membros tenham acesso a – e competência na – sociedade dominante. No Canadá, as mais de 600 Primeiras Nações, comunidades de povos aborígenes colonizados pelo que se tornou uma sociedade não-indígena majoritária, experimentaram gerações de supressão cultural assumindo várias formas em várias épocas, desde o genocídio até a assimilação (Canadian Royal Commission, 1996). A maior parte das comunidades das Primeiras Nações do Canadá estão agora ativamente engajadas na reivindicação da sua cultura. Algumas dessas comunidades estão preocupadas sobretudo com o renascimento da sua cultura tradicional e não buscam ativamente contato com grupos não-aborígenes. Outras, no entanto, desejam preparar suas crianças e seus jovens para crescer tanto nas suas próprias cultura e comunidade específicas como na cultura e nas comunidades da sociedade que as cerca. Tais comunidades, na verdade, não buscam a reprodução do passado, mas sim o vislumbre de um futuro que seja respeitosamente informado por um rico passado e um presente multifacetado; uma nova construção com raízes e tradições múltiplas desenvolvida através de um processo sobre o qual eles têm uma medida substancial de controle através da sua própria atividade e de suas próprias ações.

O projeto aqui descrito foi iniciado em 1988 pelo Conselho Tribal de Meadow Lake, que representa o povo das Primeiras Nações que vive no centro norte do Canadá. Nas palavras de Louis Opekekew, um líder tribal, o Conselho Tribal buscava preparar seus jovens "para caminhar nos dois mundos" e procurou fazer isso estabelecendo uma parceria com uma universidade, na corrente principal da comunidade dominante. A abordagem educacional que emergiu dessa parceria – chamada Modelo de Currículo Gerativo – está sendo atualmente utilizada com mais seis organizações das Primeiras Nações, que, com o grupo original de Meadow Lake, representam mais de 25 comunidades distintas. Como cada comunidade é em si um ambiente sociocultural complexo, com história e dinâmica comunitária únicas, a natureza e a substância exatas das informações geradas em cada parceria não poderiam ser antecipadamente identificadas nem são as mesmas em todas as comunidades. A abordagem do Currículo Gerativo abraça a diversidade e, com ela, uma larga medida de indeterminação. Ao contrário de muitos currículos que são baseados em uma construção singular de conteúdo e resultados preestabelecidos, o Currículo Gerativo é uma co-construção que suscita a geração de novas idéias e possibilidades não totalmente previsíveis.

O que se segue é a história de uma série incomum de parcerias, agora se estendendo por quase uma década, mas concentrando-se principalmente na primeira parceria que foi formada e tentando entender essa parceria e o modelo de treinamento que dela emergiu através das lentes proporcionadas neste volume. A história apresentada é contada por um de nós, Alan Pence,[1] a partir da sua própria perspectiva e da perspectiva de um Mundo Minoritário. Hoje em dia, o escritório do Programa de Parcerias das Primeiras Nações, estabelecido para apoiar aquelas comunidades que estão usando ou desejam usar a abordagem do Currículo Gerativo, está envolvido em um projeto de dois anos para avaliar o Currículo Gerativo baseado, em grande parte, nas experiências e nas palavras de uma gama ampla de membros da comunidade. Esse projeto vai proporcionar um melhor entendimento da dinâmica da abordagem do Currículo Gerativo em diferentes locais, permitindo uma resposta mais clara, de comunidade para comunidade, às indagações de outras Primeiras Nações. Dada a complexidade do Modelo do Currículo Gerativo, será adotada uma abordagem mais ou menos cronológica para recontar as experiências, com um comentário contínuo ligando essas experiências ao discurso geral deste livro.

Meadow Lake e a Universidade: "Quanto de nós existe aqui?"

No final da década de 80, o Conselho Tribal de Meadow Lake de Saskatchewan do Norte tomou conhecimento de uma iniciativa de subvenção do governo federal canadense que poderia ser usada para apoiar um forte interesse entre suas nove comunidades de proporcionar instituições dedicadas à primeira infância, dentro da reserva, para os membros da sua comunidade. Naquela época, esses serviços dentro da reserva eram virtualmente inexistentes em Saskatchewan e, na verdade, na maioria das outras províncias. No início da década de 80, o Conselho Tribal determinou que o bem-estar futuro de suas comunidades estava na saúde e no bem-estar de suas crianças e, em 1989, formulou uma "declaração visionária" que articulava o papel fundamental das crianças e do seu cuidado:

> As Primeiras Nações do Conselho Tribal de Meadow Like acreditam que um programa desenvolvido de atenção à criança, administrado e operado por seu próprio povo é um componente vital de sua visão de crescimento e desenvolvimento sustentável. Ele causa impacto em todos os setores de seus planos de longo prazo enquanto se preparam para entrar no século XXI. São as crianças que herdarão a luta para manter e melhorar a cultura, a linguagem e a história do povo; são elas que continuarão a busca pelo progresso econômico em prol de uma melhor qualidade de vida; que vão mover-se adiante com uma resolução fortalecida de planejar o seu próprio destino.

As crianças e as comunidades estão no cerne desta declaração. Quando o Conselho Tribal começou a entrar em contato com os parceiros educacionais potenciais com o intuito de apoiar sua visão do futuro criando cursos para treinar os membros da comunidade para trabalhar em seus centros dedicados à primeira infância, descobriu que ou as instituições abordadas não tinham um Programa de Desenvolvimento e Atenção à Primeira Infância para os aborígenes e não estavam em posição para desenvolver tal programa, ou, se a instituição tinha um programa, ele já era determinado e, em grande parte, imutável. Muitos dos programas existentes reexaminados representavam uma modificação dos programas da cultura dominante, com "acréscimos" aborígenes de diferentes grupos tribais espalhados pelo país, constituindo um conglomerado pan-aborígene que não refletia a realidade ou a experiência de nenhum grupo individual. A pergunta implícita colocada a esses programas pelo Conselho Tribal em sua busca era: "Quanto de *nós* existe nesses materiais?" – e a resposta: "Muito pouco".

"Muito pouco" é a resposta que vem da maior parte dos currículos, independentemente de quem formula a pergunta "quanto de nós existe aqui?". As raízes da academia estão profundamente incorporadas nos entendimentos modernistas do conhecimento, nos quais a intenção é a transmissão de idéias e de conhecimento *já* estabelecidos, e a definição de parâmetros que guiarão a criação de "novo conhecimento". A educação na tradição modernista, seja ela de primeira infância, seja o ensino fundamental, o ensino médio ou superior, fundamentalmente não diz respeito ao que o aprendiz traz para o empreendimento ("Quanto de *mim* existe aqui?"). Essa pergunta é irrelevante nas suposições da modernidade, a qual se baseia naquilo que *falta* aos aprendizes, e não naquilo que eles *trazem* para a atividade da aprendizagem. Operando de uma posição de descaso pelas vozes individuais ou coletivas, a educação modernista é um veículo poderoso para a formação de entendimentos univocais, em vez de multivocais, do mundo. Nessa construção, as maneiras dos outros não podem ser respeitadas, mas devem ser desafiadas pela única maneira "verdadeira".

Vistas numa percepção tardia, a pergunta implícita do Conselho Tribal "quanto de nós existe aqui?", a resposta auto-evidente das instituições educacionais, "não muito" e a resolução do Conselho Tribal de continuar a buscar um parceiro adequado podem ser vistas como os primeiros passos do projeto para se distanciar de um caminho modernista. Refletindo sobre esse evento ocorrido no final da década de 80, não surpreende que os passos tenham sido dados por um grupo com raízes culturais muito diferentes daquelas em que a modernidade é baseada. Como observou Cahoone, o multiculturalismo e o pós-modernismo compartilham "tendências justapostas" (1996, p. 2).

No entanto, a diferença pode não ser o suficiente, pois o poder da modernidade, e a sua maneira de ver o mundo como a verdade engajada na luta com a não-verdade, é tal que o argumento de que suas maneiras são "melhores" pode, e tem, conduzido alguns do Mundo Majoritário a aceitar o argumento e as "novas maneiras". Por exemplo, uma publicação tailandesa de 1985, *Handbook of Asian Child Development and Child Rearing Practices*, observa que:

> Os pais asiáticos têm atrás de si uma longa história de cultura bem desenvolvida. São em sua maioria agricultores submissos à natureza física da terra. Assim, muitas de suas crenças e práticas tradicionais os impedem de buscar e usar o novo conhecimento científico na educação da criança.
>
> O *Handbook of Child Rearing* pode requerer que os pais mudem muitas de suas crenças, de suas atitudes, de seus valores, de seus hábitos e de seus comportamentos. Por isso, muitas mudanças necessárias encontrarão alguma resistência. Por exemplo, dar à criança uma quantidade maior da independência que ela necessita e fazer menos uso do poder e da autoridade durante a adolescência vai abalar as raízes profundas dessas famílias asiáticas em que as atitudes e a prática autoritárias são enfatizadas. (Suvannathat et al., 1985, citado em Woodhead, 1997, p. 76)

As Primeiras Nações do Canadá têm sido há muito tempo os recipientes das "melhores práticas" ocidentais e têm tido suas raízes mais profundas abaladas. Muitos testemunhos emocionantes foram coletados descrevendo o sofrimento causado aos pais, às crianças e às comunidades pelo ensino local, pelas práticas de assistência à criança e outros serviços de "ajuda", todos considerados, naquela época, visando ao "melhor interesse" das crianças e das famílias submetidas. Desse sofrimento nasceu uma desconfiança sobre o que é considerado "melhor" aos olhos da comunidade dominante, ocidental. O que é "melhor" evidentemente não tem sido bom para muitos povos das Primeiras Nações. Quando as Primeiras Nações começaram a exercer maior controle político sobre o seu futuro, adotaram uma postura de cautela na consideração das "melhores práticas" e dos "melhoramentos" da sociedade dominante. Mesmo que algumas comunidades tenham adotado um caminho de reforma na imagem do passado (semelhante a alguns movimentos religiosos fundamentalistas), outras abraçaram a não-determinação de um caminho emergente, um caminho onde era reconhecido que "são as crianças que herdam a luta ... para planejar *o seu próprio* destino". Como fazer isso a partir de uma posição de estar informado, em vez de determinado, é uma parte desse desafio.

O Potencial do Não-Conhecimento

A busca do Conselho Tribal por um parceiro finalmente levou-os a School of Child and Youth Care da Universidade de Victoria, localizada na costa sudoeste do Canadá, bem afastada das pradarias do Conselho Tribal. A Escola não tinha um currículo aborígene e, de início, parecia não haver razão para se reunir com o Conselho. Mas o Conselho Tribal insistiu e, na primeira reunião, a profundidade do compromisso do Diretor-Executivo do Conselho Tribal com o bem-estar das crianças das comunidades apareceu com todo vigor, assim como sua clareza de que o Conselho Tribal estava na "direção" dessa iniciativa. Uma universidade era um passageiro desejado e necessário, mas a direção do projeto estaria nas mãos das Primeiras Nações. A profundidade do compromisso e a clareza da responsabilidade da comunidade foram vistas como extremamente importantes e como elementos positivos por parte da Escola, e, dessa forma, foi formada uma parceria.

Refletindo sobre esta fase incipiente do relacionamento, o que talvez tenha sido mais fundamental foi uma aceitação do *poderoso potencial do não-conhecimento*. No dualismo da modernidade, refletindo suas raízes nas "religiões reveladas" ocidentais, ter conhecimento é equiparado com "bom" e não o ter ou não saber é equiparado com "ruim". Na modernidade e na maior parte das culturas do Mundo Minoritário, "não saber" é pejorativamente equiparado a "ignorância" – algo a ser evitado em si mesmo e retificado nos outros. De modo equivalente, o "ser" ou a "existência" tem uma presença e uma falta de utilidade no "não-ser". Essas coisas que "existem" tornam-se os tijolos da modernidade, a existência suplanta a não-existência. Essas estruturas podem ter força física, mas carecem de luz e de ar. O conceito taoista de "existência" e "não-existência" como igualmente úteis, como a janela em uma parede ou uma concavidade em uma xícara, não é uma parte familiar do pensamento ocidental. Na verdade, os entendimentos pré-modernistas em algumas partes do mundo podem ser vistos como contribuintes úteis para um melhor entendimento do pós-modernismo, refletindo, segundo sugere Hall (1996), como "o pré-modernista pode ser pós".

O conhecimento é um tijolo de "concreto" nas sociedades do Mundo Minoritário. Sabe-se que o conhecimento "existe", e ele é bem mais valorizado que o não saber, e, embora possamos ter alguma dificuldade para indicar o conhecimento ou para diferenciá-lo de sua falsificação, é um produto que é comprado, vendido e regulado. As instituições são estabelecidas para "negociar" o conhecimento. A analogia de Freire (1985) da educação com um "sistema bancário" é perspicaz: há meios pelos quais um déficit na conta de uma pessoa pode ser infundido com a "moeda adequada", proporcionando "crédito" e, assim, credibilidade no sistema socioeconômico, permitindo que as "fortunas" da pessoa aumentem.

Uma orientação muito diferente para o conhecimento, orientação esta consistente com o pensamento pós-modernista, é que o conhecimento útil só existe na interação ou na *praxis*. Esse conhecimento é mais mutável que imutável; assume sua forma a partir do ambiente em que foi criado. Mais parecendo água do que um tijolo ou uma pedra, está o tempo todo se transformando.

No caso particular das discussões com o Diretor-Executivo do Conselho Tribal, o que atraiu *não* foi o conhecimento do caminho para diante (pois não sabíamos que caminho seria esse), mas a *ausência* desse conhecimento, sendo proporcionada a oportunidade de se explorar junto *um* caminho para diante, para fundir as diferentes experiências e as diferentes bases de conhecimento das nossas respectivas comunidades e ver o que poderia ser gerado de uma nova dinâmica, de uma nova combinação de idéias. Apoiando esse salto de fé estava um entendimento de que o que havia sido tentado antes não havia funcionado; o novo caminho era perigoso, mas o caminho mais percorrido não poderia nos levar aonde queríamos ir.

Fundamental a este acordo de prosseguir rumo ao desconhecido era uma confiança um no outro e uma ressonância um com o outro. No envolvimento *nesse* processo de criação de conhecimento, não basta uma abordagem impessoal da transmissão de conhecimento, como freqüentemente acontece quando se enche uma mente a partir de outra, um sistema bancário de transferência de conhecimento. O ato da co-criação ou co-construção requer um nível de confiança e de compartilhamento muitas vezes encontrado e não-requerido nas abordagens de transferência de conhecimento. Quando se entende o conhecimento como uma mercadoria, como algo que pode ser comprado e negociado sem que haja um compromisso pessoal e um compartilhamento, o âmago do conhecimento é ignorado e, com ele, o poder afetivo no qual reside a aprendizagem transformadora. A acumulação de conhecimento sem transformação é um processo estéril privado de progênie. Com tal riqueza se pode acumular, mas não criar. Essas distinções são fundamentais para nos movermos além da visão limitada da modernidade.

Com a parceria estabelecida e com os recursos garantidos, o desafio de se criar um programa pós-secundário para o treinamento de profissionais para trabalhar com a primeira infância que não estivesse entrincheirado no terreno modernista era a incrível tarefa que tínhamos em mãos. Exames dos currículos pós-secundários existentes nos serviços humanos revelaram pouca coisa que se desviasse de uma base pré-construída de transferência de conhecimento. Essas bases poderiam ser críticas de outras bases, filosóficas ou teóricas, mas poucas convidavam os alunos, e nenhuma convidava as comunidades a se engajarem em uma *atividade de co-construção em que o resultado não fosse predeterminado*. Vários indivíduos compararam a nossa abordagem àquela de Paulo Freire, e, na verdade, há termos e conceitos similares. Entretanto, ao ler a *Pedagogia do Oprimido*, de Paulo Freire, está claro que sua “pedagogia crítica” possui um resultado desejado específico – um resultado revolucionário, emancipatório – mas, não obstante, um resultado predeterminado ou uma pré-construção. A abordagem buscada na parceria das Primeiras Nações era de co-construção *indeterminada*, um processo cooperativo em que o resultado emergiria como parte do processo de engajamento e não seria predeterminado. Uma distinção entre nós mesmos e Freire era que a sua “visão” sugere um objetivo, um produto ou um resultado; enquanto a nossa própria ênfase na “emersão” era concentrada no *processo*.

A abertura do projeto para “o que virá” constituiu do início ao fim um desafio – por exemplo, ao empregar promovedores e instrutores de curso. A base do pensamento e da ação de grande parte do Mundo Minoritário está na previsibilidade, na definição de resultados de aprendizagem objetivos, preestabelecidos. Era difícil encontrar promovedoras ou instrutores que, de fato, entendessem ou apreciassem o poder da indeterminação. Vários daqueles funcionários tinham um resultado em mente, muitas vezes um resultado que desafiava o *status quo*. No Modelo Gerativo, o conhecimento e o entendimento que desafiavam o *status quo* era *um* dos resultados possíveis. Mas o resultado também podia se mostrar consistente com uma ordem conservadora estabelecida, como o apoio da Igreja Católica, uma presença há muito estabelecida em várias comunidades do norte.

Um Espaço para a Aprendizagem

Uma característica fundamental do currículo, como ele foi imaginado pelo grupo da parceria, era que fosse aberto – e respeitasse – as informações das comunidades de Meadow Lake, da academia e potencialmente também de outras fontes. A literatura educacional estabelecida e as práticas pós-secundárias examinadas não problematizavam, na realidade, os desafios colocados por uma respeitosa união do conhecimento da comunidade com o conhecimento acadêmico. Para muitos educadores, "comunidade" significava a situação física da sala de aula ou do aprendiz na comunidade; no entanto, o *conteúdo* continuaria a vir *da* academia e de um instrutor acadêmico! Essas armadilhas não seriam suficientes se fosse para tal abordagem adquirir um nível de construção de significado além do compartilhamento de conhecimento. O "culturalmente sensível" também foi problematizado de maneira inadequada na maior parte da prática, resultando em a academia selecionar várias leituras ou chamar alguns "convidados culturais" para aumentar o currículo básico que permanecia firmemente enraizado no pensamento e na prática acadêmicos dominantes. Em ambos os casos, o currículo e os resultados esperados eram predeterminados.

Por um conjunto similar de razões (tão desconcertantes para os nossos críticos mais radicais quanto os comentários precedentes podem ser para os mais conservadores), o currículo não poderia ser apenas baseado na comunidade ou apenas emergir dela. Ao contrário disso, esse currículo deveria ficar *suspenso no espaço entre essas duas coisas* – o vazio, o espaço que *não* é preenchido e, por isso, está cheio de potencial; um espaço onde idéias dissimilares poderiam ser agrupadas, fundidas e modificadas.

Um exemplo de como estas várias idéias podem ser agrupadas e modificadas no decorrer do tempo foi proporcionado com a oportunidade de se visitar um local de prática para alguns alunos em um centro de assistência à infância baseado na comunidade. A princípio, somente a cor da pele das crianças e dos profissionais conduziriam uma pessoa a saber que este não era um centro de um subúrbio branco de uma cidade canadense importante. Os berços brilhantes e novos, com lençóis perfeitamente dobrados; os brinquedos comprados para rolar e empurrar; o espaço para engatinhar com uma grade, tudo era destinado a permitir o comportamento motor exploratório; um movimento relativamente livre era possível, mesmo durante o horário de sono. Retornando algumas semanas depois que os idosos discutiram a tradição da tábua do berço (uma tábua decorada para se colocar um bebê enfaixado) e exibiram várias tábuas de berço lindamente entalhadas e enfeitadas, com uma "franja dançante" diante dos olhos das crianças, fiquei surpreso em ver várias belas tábuas no berço, com as crianças enroladas dormindo placidamente sobre elas. Quando a criança acordava, ela e a tábua eram retiradas do berço, e a tábua era colocada próximo de onde as crianças estavam engatinhando, a tábua se tornava um objeto ao mesmo tempo funcional e simbólico no ambiente que se referia a uma visão de "tradições diferentes". Com o tempo, os funcionários experimentaram as tábuas em momentos diferentes e de maneiras diferentes, observando não apenas como cada tábua era diferente e associada a uma determinada família, mas como o relacionamento de cada criança com a tábua era diferente – algumas pareciam dormir mais confortavelmente nelas, outras não. A tábua era não apenas uma conexão cultural entre a criança e o responsável por seus cuidados, mas também uma conexão entre os pais, o responsável e a comunidade. Com o tempo, o uso e a presença das tábuas variaram, continuando o resultado indeterminado de um local de encontro "entre culturas".

Refletindo sobre os sete projetos de Currículo Gerativo, o *espaço entre* os muitos possíveis mundos de entendimento podem ser vistos como a fonte de energia para muita coisa que transpirou. Proteger esse espaço dos sistemas de crença de indivíduos e grupos que temem, mais que apreciam, o desconhecido e buscam encher tudo o que está vazio foi um importante desafio. O poder do espaço não está em ser "conhecido" de – ou "pertencer a – algum grupo ou ideologia. O espaço pode ser usado por qualquer um, mas não deve ser reivindicado por ninguém. É o espaço onde a diferença é valorizada, pois só a diferença é gerativa, e o que é gerado pode mudar e se transformar com o tempo, na medida em que a interação e o diálogo com as crianças, com os pais, com outros profissionais e com a comunidade mais ampla trazem vários pensamentos e idéias para o fluxo da aprendizagem.

Começando com os Princípios

No início, a equipe do Conselho Tribal e da Universidade não conseguia imaginar como seria um currículo gerativo. Na verdade, o termo "gerativo" só entraria no discurso muitos meses depois. Nas reuniões iniciais, havia maior clareza com relação ao que queríamos evitar do que ao que queríamos abraçar. Entretanto, a realidade das pressões do tempo nos obrigou a agir, pois tínhamos apenas três anos para criar e entregar um currículo para um curso completo de treinamento com dois anos de duração. Foi tomada a decisão de nos concentrarmos, a princípio, na identificação de um conjunto de princípios gerais que deveria guiar o processo de desenvolvimento, em vez de partirmos prematuramente para criar o currículo em si. A equipe de parceria do Conselho Tribal e da Universidade identificou, ou co-construiu, um conjunto de seis princípios. Os princípios, em sua essência pontos de navegação em águas não-mapeadas, incluía compromissos de:

- apoiar e reforçar a iniciativa comunitária em um local baseado na comunidade;
- manter um respeito bi/multicultural;
- identificar as potencialidades comunitárias e individuais como a base para as iniciativas;
- garantir uma perspectiva ecológica ampla e uma consciência da criança como parte das famílias e da comunidade;
- proporcionar educação e progressão de carreira para os alunos, de tal forma que o crédito para este trabalho do curso viesse a ser plenamente aplicável ao estudo e à prática futuros;
- criar uma consciência de que, embora o enfoque imediato fosse a primeira infância, esse treinamento deveria proporcionar a base para treinamentos e serviços mais amplos direcionados à criança no sentido mais amplo, o jovem, a família e a comunidade.

Alguns dos princípios identificados, como a progressão educacional, representavam questões estruturais na educação pós-secundária canadense que a parceira universitária necessitaria assumir a liderança para tratar. A maioria, no entanto, indicava um papel conjunto para os dois parceiros.

Enquanto a equipe trabalhava no desenvolvimento dos princípios direcionais, estava também consciente dos limites dentro dos quais a parceria operava, como, por exemplo, a necessidade de o programa ser considerado digno de crédito e rigoroso do ponto de vista acadêmico; a necessidade de satisfazer os critérios legislados de autorização e licenciamento; ao mesmo tempo, garantir a adequação do conhecimento dentro de um contexto comunitário. Como no Projeto Estocolmo, reconhecemos a necessidade de "caminhar sobre as duas pernas". O programa seria o primeiro no Canadá, e o que quer que fosse desenvolvido precisaria ser adequado para a implantação também em outras comunidades das Primeiras Nações. O caminho que tínhamos pela frente era incerto, mas o que estava atrás havia se mostrado comprovadamente inadequado. Havia pouco a perder e muito a ganhar. A parceria que emergiu dos meses iniciais de planejamento reforçou a sua crença de que uma abordagem cooperativa (posteriormente entendida como uma abordagem co-construcionista) era tanto desejável como necessária. Tendo nos comprometido com uma posição de que "verdades" múltiplas deveriam estar respeitosamente representadas no nosso trabalho e percebendo que esse conhecimento não é desincorporado, mas deve sobreviver às pessoas que vivem essa verdade, a parceria foi além do compromisso com o que era requerido – todos os remos deveriam estar presentes e ser impulsionados se quiséssemos nos mover. Esse conhecimento de que remar com vigor de um lado não significava, de modo algum, compensar o remar de forma negligente do outro, proporcionou um corretivo interno para uma liderança assimétrica.

Incluindo a Comunidade

Ao contrário da maior parte da educação pós-secundária que requer dois ingredientes principais para iniciar a atividade – os alunos e a instituição pós-secundária – a abordagem imaginada com o Modelo do Currículo Gerativo requeria a adição de um terceiro ingrediente, as comunidades dos alunos, como um participante ativo. A inclusão da comunidade adicionou mais um ingrediente desconhecido à receita "normal" para a educação.

A decisão de que, para a visão da parceria se concretizar, a própria comunidade deveria ter um lugar para falar no currículo, tornou-se uma brecha importante na parede da educação modernista que iria permitir que o projeto se movesse em um território relativamente inexplorado. A decisão naquela época não foi encarada como radical, mas como necessária e sensível. Não havia textos nem materiais que pudessem proporcionar informações sobre as práticas e os valores tradicionais nessas comunidades, e, na verdade, muitos dos próprios membros da comunidade estavam há muito alienados de tal conhecimento. Meadow Lake identificou vários idosos das comunidades e alguns outros membros respeitados nelas como aqueles que poderiam falar com os alunos sobre os entendimentos e sobre os caminhos tradicionais das comunidades.

No início, as palavras dos idosos foram entendidas como o principal componente gerado do Currículo Gerativo. Com o tempo, nosso entendimento do "gerativo" iria mudar e se expandir, obrigando uma reconceituação do modelo inicial usado para descrever o Modelo do Currículo Gerativo, o qual era uma estrutura em espiral (Pence et al., 1993). Cada nível da espiral representava uma interação de múltiplas vozes, com o material gerado na interação anterior sendo incorporada na oferta do curso seguinte. Essa abordagem do Modelo do Currículo Gerativo provou ser falha tanto do ponto de vista pragmático como conceitual.

Do ponto de vista pragmático, porque para a maioria das comunidades relativamente pequenas das Primeiras Nações que poderiam usar o Modelo do Currículo Gerativo haveria talvez apenas um grupo de alunos a cada cinco ou seis anos. Estava cada vez mais claro que ingressos anuais ou sucessivos eram improváveis. Se houvesse ingressos sucessivos, mais provavelmente esses alunos seriam extraídos de uma área geográfica e cultural mais ampla, conduzindo a uma abordagem de treinamento regional, em vez de uma abordagem baseada na comunidade. Temia-se que tal abordagem regional conduzisse, de modo inevitável, ao mesmo tipo de representações pan-aborígenes das crenças e dos entendimentos nativos que haviam sido rejeitadas pelas comunidades do Conselho de Meadow Lake em sua busca original por um parceiro educacional.

Do ponto de vista conceitual, a idéia da espiral refletia uma sensação de linearidade, com o passar do tempo movendo-se de um currículo menos completo para um currículo mais completo. De início, o desejo de "gerar" informação que havia até então sido, em grande parte, inacessível e não-registrada para o uso futuro das comunidades era um objetivo maior do projeto, como também o era a sua incorporação a uma maior "construção do currículo" por meio de interações sucessivas dos cursos. Entretanto, quando o problema pragmático de grupos sucessivos tornou-se evidente e a probabilidade da vida do Currículo Gerativo era aquela de um currículo itinerante, os conflitos conceituais também ficaram mais claros. Em uma percepção tardia, o modelo da espiral pode ser visto como um híbrido, incorporando elementos de solidária *construção* de conteúdo de modo simpático a noções modernistas de "refinamento" do conhecimento e *geração* de conteúdo mais solidário a uma perspectiva pós-moderna. Enquanto o primeiro se move intrincadamente rumo a um estado de conclusão, tornando-se ossificado como o é a maior parte dos currículos, o segundo tem o potencial de criar uma geração nova e única a cada utilização – um "currículo vivo". No primeiro modelo, o termo "gerativo" tinha um senso mais forte de conduzir a um *resultado* – por exemplo, informações geradas pela comunidade para o uso da comunidade. No entanto, à medida que o projeto foi se desenvolvendo, o gerativo tornou-se cada vez mais associado ao *processo* de geração, e não aos *produtos* da geração; essa ênfase no processo continua até o presente. Ao mesmo tempo, o próprio modelo deslocou-se de uma "escada em espiral", cada passo construído sobre o passo anterior, para uma representação circular (Halldorson e Pence, 1995), com cada interação representando uma nova e única união de diferentes idéias e interagentes. O resultado desse processo pode nunca ser antecipadamente conhecido; na verdade, o resultado não é singular, mas múltiplo – tão diverso quanto alunos, instrutores e membros da comunidade que dele participam. Tipicamente, esses resultados múltiplos são, em si, mutáveis, provisórios, transformadores, como foi o caso na experiência da tábua do berço. O que emerge do processo gerativo não é a verdade, mas as possibilidades.

Fóruns, Praças, Arenas e Casas Grandes*

A imagem que começou a emergir através da discussão da parceria e através das experiências cotidianas no campo foi aquela de um "fórum" para a aprendizagem (ou o que o Projeto Estocolmo poderia se referir como "a arena da realização"). Esse fórum, essa arena ou praça tornou-se cada vez mais inclusivo. Intencionalmente, os idosos foram trazidos à sala de aula para compartilhar o seu conhecimento e a sua sabedoria, mas cada vez mais os alunos queriam desempenhar um papel maior no esquema dos convites, das perguntas e, desse modo, dos possíveis diálogos. Os alunos também sugeriram outros membros da comunidade que, na opinião deles, poderiam dar uma contribuição útil, e o fórum foi expandido. Os princípios de respeito e voz identificados pela equipe original do projeto e sua realidade vivida dentro de um ambiente educacional protetor, incentivador e inclusivo ressoam com a discussão do Capítulo 6, sobre as condições necessárias para um diálogo vivo e para um compartilhamento igualitário de idéias. Ouvindo as diversas vozes e idéias – dos idosos, dos textos, dos membros da comunidade e dos instrutores – os alunos tornam-se mais conscientes de suas próprias vozes, de suas próprias idéias e de como elas estão relacionadas aos outros. Os instrutores, ouvindo vozes que não ouviam antes, também foram desafiados e estimulados – todos se tornaram aprendizes, todos se tornaram professores.

Todos Aprendizes, Todos Professores

Saltando, muitos anos adiante em tal cronologia, uma das experiências mais poderosas na história do Modelo do Currículo Gerativo aconteceu no final de 1996, quando instrutores de quatro parcerias diferentes (incluindo a original, com o Conselho Tribal de Meadow Lake) se reuniram para compartilhar, durante um período de dois dias, suas histórias da experiência com o Currículo Gerativo. Um tema recorrente foi aquele da transformação, de mudanças pessoais importantes na própria visão de mundo dos instrutores e das maneiras de se situar nela. Os

---

*N. de R.T. No original, Big Houses. Casas Grandes são casas comunitárias, que alguns grupos dos primeiros povos possuem, onde habitam várias famílias ou que estão abertas para diferentes pessoas daquela comunidade virem a freqüentar.

participantes foram levados ao riso e às lágrimas enquanto refletiam sobre sua própria jornada em um panorama de muitas vozes e de diferentes visões de mundo. Na verdade, essa necessidade de compartilhar a sua própria história de desafio e mudança pessoais tornou-se uma das características da consideração do projeto na introdução de novos "instrutores" para os programas. Aqueles que estavam conscientes da sua própria aprendizagem e transformação tinham uma probabilidade muito maior de apoiar a aprendizagem e a transformação nos "alunos". Aqueles que se relacionam com seu próprio trabalho de ensino, mas não com sua própria aprendizagem, não são adequados a tal abordagem.

Na reunião dos instrutores, uma delas falou de como, a princípio, as histórias dos idosos pareciam muito desconexas, sem um tema específico, mas, depois de várias semanas ou até meses, essas palavras encontrariam um lugar no curso da discussão, e ela ou um aluno iriam levá-las adiante, palavras não-limitadas pelo tempo. Outra instrutora não-aborígene refletiu sobre o seu fracasso em honrar os idosos da sua própria família e a sua resolução de tratá-los de uma maneira tão respeitosa quanto trataria os outros. Uma terceira contou sobre os relacionamentos que começou a observar entre os idosos, os alunos e outros membros da comunidade fora da sala de aula; a formação dos relacionamentos ia além do local e do momento do fórum. Esses relacionamentos, por sua vez, apoiavam o envolvimento de alguns indivíduos nas reuniões tradicionais, como aquelas realizadas na "casa grande", assim como em reuniões atuais em torno de aniversários das crianças ou na busca de conselhos sobre questões da criança e da família. Reminiscente da pesquisa de Robert Putnam (1993, 1995) sobre o relacionamento entre o bem-estar social e o bem-estar econômico, a presença de "clubes de boliche e grupos corais" como indicadores de "capital social" rico, as histórias dos alunos, dos instrutores e dos membros da comunidade interagindo de maneiras novas e significativas, proporcionam evidências da importância de "locais de encontro" e da capacidade desses fóruns de sair do local e da condição que os criou – seja ele um fórum de educação pós-secundária, seja uma instituição dedicada à primeira infância em Reggio ou em Estocolmo – para causar impacto nas vidas dos indivíduos e nas comunidades.

Torres de Marfim e Histórias de Fadas

Tal multiplicidade de vozes, cada uma falando a sua própria "verdade" e o seu próprio entendimento, está em agudo contraste com a academia "normal" e com as suas imagens tradicionais de torres de marfim e fortalezas. Essas instituições há muito estabeleceram o seu papel como protetores das perspectivas impopulares, mas os próprios muros que foram construídos para proteger tais visões tornaram-se eles próprios prisões, obstáculos para ouvir, ver e interagir com as verdades dos outros.

Esta crítica da universidade como uma fortaleza/prisão não estava na mente da equipe da parceria nos primeiros estágios de discussão e de formulação. O esforço inicial não foi nem profundamente filosófico nem crítico – foi apenas o melhor esforço da equipe para seguir a liderança da comunidade e dos alunos, com os limites identificados e consistentes com os princípios empregados, enquanto, ao mesmo tempo, suspendia a crença na importância de colorir dentro das linhas. Em outras palavras, este era um desejo pragmático e franco de ser verdadeiro, antes de tudo, com o outro – o parceiro.

Mais tarde, seria percebido que esse compromisso com o parceiro, como muita coisa mais no projeto, destrancou uma porta que merecia investigação e entendimento muito mais profundos. Diferentes entendimentos da comunidade e do indivíduo a respeito do "*self*" e do "outro" são fundamentais para a maneira como o bem-estar das crianças deve ser tratado. Procurar entender a profundidade e o significado dessas diferenças iria se tornar uma atividade importante, de longo prazo do projeto, mas a motivação inicial foi pragmática – a universidade não possuía esse conhecimento nem era o nosso local para fazer isso.

O conhecimento da comunidade foi mantido na comunidade, e, para esse conhecimento se tornar totalmente conhecido, a própria comunidade deve entrar no local ou no "fórum" da aprendizagem. Se considerarmos seriamente a pergunta "quanto de nós existe aqui?" não é possível para um grupo cultural apresentar uma representação plena e adequada dos valores, das crenças e das práticas de outro grupo. Mesmo que os elementos do conhecimento possam ser entendidos como "artefatos" singulares e descritivos de uma cultura, o significado incorporado e o meio da mensagem (para parafrasear McLuhan) são elementos fundamentais de sua representação, e eles também transmitem significado. Mesmo dentro das culturas, membros diferentes carregam mensagens diferentes, conhecimento diferente e formas diferentes de transmitir essa informação.

A brecha no muro que a participação comunitária em um processo educacional representa proporciona uma grande oportunidade para trazer as múltiplas perspectivas para o campo da primeira infância, para criar uma prática inclusiva no trabalho pedagógico. Por meio da exposição dos alunos a um fórum inclusivo e de múltiplas vozes em seu treinamento, espera-se que eles se tornem mais sensíveis a essa abordagem em sua prática, e há algumas evidências corroborando tal esperança. Essa prática seria baseada não em "uma melhor maneira" e na autoridade do profissional que trabalha com a primeira infância, mas buscaria, em vez de, trazer perspectivas múltiplas – das crianças, dos pais e de outras pessoas da comunidade – à tarefa do entendimento ou da construção de significado do trabalho pedagógico realizado com crianças pequenas envolvendo-se, desta forma, no diálogo contínuo sobre o que queremos para nossas crianças. Essa influência potencial do Currículo Gerativo sobre a prática será discutido com mais detalhes mais adiante neste capítulo. Retornarei agora a algumas descrições adicionais do Modelo do Currículo Gerativo como ele se desenvolveu no projeto de Meadow Lake.

Desenvolvendo a Aprendizagem

Estas extensões adicionais do Modelo do Currículo Gerativo não foram plenamente entendidos nos estágios iniciais do trabalho. O principal esforço do trabalho inicial foi seguir e apoiar a liderança da comunidade; respeitar não apenas o que nós, a academia, iríamos trazer, mas também o que a comunidade deveria proporcionar. Para isso, os instrutores que a comunidade buscou e empregou (consultando a universidade) relataram à equipe do desenvolvimento (baseada na universidade, mas incluindo um líder comunitário fundamental) todas as facetas da utilização do currículo, incluindo a atividade dos alunos, as apresentações dos idosos e outros envolvimentos comunitários. Essas informações foram fundamentais no esquema de uma abordagem ao currículo que fosse, de fato, inclusivo e multivocal em sua natureza.

De início, e talvez ironicamente, os materiais do curso que começaram a ser produzidos eram bastante preparados. A aprendizagem dos alunos e os programas distribuídos pelo professor tinham, na verdade, cerca de 100 a 150 páginas por curso em cada comunidade. Cada curso incluía 13 semanas com 3 horas de instrução por semana, mais lições de casa e projetos externos à classe. Nesse aspecto, os cursos podiam ser tão consistentes com os programas de educação modernistas quanto aqueles encontrados em muitos cursos de educação a distância, baseados em material impresso. A razão para tal preparação pesada relacionava-se fundamentalmente à abordagem diferente assumida pelo Modelo do Currículo Gerativo em termos do que os alunos e a comunidade traziam à aprendizagem. Os roteiros e as sugestões com relação a como se poderia suscitar, apoiar e estender as informações baseadas na comunidade contribuíram significativamente para o volume do material do curso. E não foi insignificante a contribuição desse material para sua credibilidade; em uma sociedade como o Canadá, onde os números são importantes, o texto volumoso era importante para aqueles que contam páginas. Entretanto, o material do Currículo Gerativo desviava-se da prática "normal" em um grau significativo na natureza das atribuições e no aumento das informações do instrutor e do texto com as informações dos idosos, dos alunos e da comunidade. A abordagem a uma "abertura" do currículo veio a ser descrita posteriormente como uma abordagem de "arquitetura aberta" ao projeto do currículo (Pence, 1999).

Na parceria original, foi reservada uma tarde por semana para os idosos falarem. Inicialmente, os temas foram sugeridos pelos escritores do curso, complementando o material para aquela semana. Por exemplo, uma parteira idosa falaria de suas percepções, de suas experiências e de seus conhecimentos durante a semana que o curso tratasse do cuidado perinatal. Mas, com o tempo, os próprios alunos identificavam os temas que eles queriam que fossem abordados. Em geral, os idosos falavam em *Cree* ou *Dene*, a língua materna que muitos alunos não entendiam totalmente. Sua fala era traduzida e escrita por um dos instrutores ou por um membro da comunidade. Depois de o programa já estar em funcionamento durante cerca de um ano, muitos idosos consentiram em ter as sessões gravadas em vídeo, com as fitas tornando-se o início de um arquivo do Conselho Tribal sobre as "Palavras dos Idosos". As apresentações foram também transcritas para uma publicação do Conselho Tribal, material *gerado* por meio do processo do Currículo Gerativo (Greenwood et al., 1994).

Consistente com os princípios desenvolvidos pela equipe da parceria, quando possível, as palavras da comunidade servem como ponto de partida para outras partes da discussão, as quais incluem aquelas que seguem os textos do Mundo Minoritário e os instrutores cujos diplomas são, em geral, baseados em perspectivas amplamente modernistas. É intenção do programa proporcionar uma orientação aos instrutores sobre a abordagem do Currículo Gerativo antes de eles iniciarem suas atividades. A segunda parte do processo é a representação do "outro" mundo da cultura dominante. Nesse mundo, são introduzidas as teorias, as intervenções e os entendimentos caracteristicamente transmitidos em um curso acadêmico – não como "verdade" ou como "melhor" prática, mas como uma maneira, uma prática, como idéias a serem compartilhadas, respeitadas e consideradas junto a outras idéias e maneiras de entender já adotadas. Com freqüência, há uma convergência ou uma complementaridade entre as fontes de informação, mas, às vezes, não. O esforço é apreciar o contexto do qual emergem as diferentes informações, assim como o contexto das comunidades e dos indivíduos. A intenção não é o acordo final ou um consenso do grupo – mas o diálogo, a consciência pessoal e a reflexão. O que representa o cerne do Modelo do Currículo Gerativo é o *processo*, a consideração recursiva dessas diferentes visões, a busca do que Paulo Freire chamaria "novo conhecimento". A formulação do "círculo de conhecimento" de Paulo Freire é complementar ao nosso: "O círculo do conhecimento tem apenas dois momentos ... o momento da cognição do conhecimento existente, já produzido, e o momento da nossa produção de novo conhecimento ... ambos são momentos do mesmo círculo" (1997, p. 192).

Palavras dos Idosos

No início, o Modelo do Currículo Gerativo via as apresentações dos idosos como um equilíbrio entre o conhecimento comunitário tradicional e o conhecimento acadêmico, baseado no texto, proporcionando esse conhecimento de formas que seriam mais contextualmente adequadas através de uma base comunitária do que de uma base acadêmica distante. Mas essa abordagem do conhecimento e da sua transmissão exemplificada em muitas histórias dos idosos também está ligada aos discursos pós-modernistas sobre a linguagem. O filósofo David Hall (1996) comenta sobre a linguagem pós-modernista:

> Entretanto, se quisermos ter uma linguagem que evoque a diferença, devemos encontrar um novo tipo de metáfora. Em vez de metáforas que estendem o sentido literal de um termo, teremos de empregar "metáforas alusivas". As metáforas alusivas são distintas da variedade expressiva, pois não estão ligadas a um significado literal ou objetivo. São alusões e sugestões que se movem livremente. Elas *aludem*; não *expressam*. (p. 705)

Os alunos e os instrutores, muitas vezes, comentam sobre o uso que os idosos fazem das histórias para ensinar, histórias que podem parecer ter pouco relacionamento com o tópico imediato em questão, mas que, em um momento posterior, terão um significado poderoso. Consistente com a análise de Hall do pensamento pré-modernista na China e com as críticas pós-modernistas da linguagem, poderia parecer que as histórias dos idosos repercutem a idéia taoísta "de que a coisa que pode ser nomeada não é a coisa".

A abordagem do Currículo Gerativo, de acordo com uma perspectiva pós-modernista, define o conhecimento do grupo dominante como uma construção particular baseada em determinadas suposições e experiências. Da perspectiva do Conselho Tribal, a construção e essas suposições são valiosas, pois informam e moldam padrões de comportamento e entendimento no Mundo Minoritário dominante. Mas também são valiosas as suposições, os comportamentos e os entendimentos que informam suas próprias comunidades, que também não são estáticos, mas estão sempre em evolução. Uma imagem que um Idoso usou para descrever o Modelo do Currículo Gerativo foi aquele de uma pena – uma pena tem dois lados, e ambos são necessários para voar.

O vôo é uma analogia adequada aos Projetos de Parceria. Muitas comunidades das Primeiras Nações acreditam que perderam a capacidade de voar acima de seus problemas, de ter esperanças e de sonhar. O índice de suicídio entre os jovens das Primeiras Nações é três a quatro vezes maior que aquele entre o resto da sociedade canadense. Em uma província do oeste, os povos das Primeiras Nações eram responsáveis por menos de 10% da população, mas por mais de dois terços das crianças sob cuidado. Em algumas reservas, decorrente do elevado índice de alcoolismo, uma porcentagem significativa das crianças nascidas sofrem de efeitos do álcool no feto, ou de síndrome do álcool no feto (Assembléia das Primeiras Nações, 1989; Canadian Royal Commission, 1996). A literatura das ciências sociais sobre as Primeiras Nações do Canadá é uma ladainha de desgraças, uma das literaturas vivas mais perturbadoras e depressivas. Quando as comunidades das

Primeiras Nações examinam por que é tão difícil escapar do sofrimento e da tristeza, alguns idosos percebem penas que foram danificadas em seu lado tradicional, ceifadas de sua força e beleza.

Está claro para muitas Primeiras Nações que, para voarem outra vez, esse dano precisa ser reparado e que somente esses programas que nutrem aquilo que foi danificado vão proporcionar-lhes a força necessária para prosseguirem, para tentarem voar novamente. Ainda, apesar de haver, em certo nível, uma consciência entre as comunidades das ciências sociais e da educação do Mundo Minoritário de que um grande dano foi causado, de que algo fundamental foi rompido e precisa ser reparado; a reação às apresentações sobre a abordagem de parceria do Currículo Gerativo invariavelmente causam impacto em uma parte substancial da comunidade acadêmica presente. A base do impacto é que as comunidades das Primeiras Nações não sabem como se curar; está implícito nessa posição dos profissionais e dos especialistas que eles sabem. Pode-se ficar ali sentado, estupefato com o fato de que indivíduos inteligentes e bem-intencionados possam, de fato, acreditar que sabem mais sobre o que uma comunidade necessita do que a própria comunidade, tal é o poder da crença modernista de que ela pode apagar a evidência da história, as gerações de bem-intencionados que reduziram a população à morte e ao desespero, e ainda acreditam sinceramente que *dessa* vez será diferente, que *dessa* vez eles provarão que estão certos, que *dessa* vez vai funcionar.

A Avaliação como uma Sabedoria Prática

Quando o projeto entrou em seu terceiro e último ano e os alunos estavam próximos de concluir o programa acadêmico de dois anos, o Conselho Tribal de Meadow Lake foi obrigado pela fonte de financiamento (o governo federal) a avaliar formalmente o programa visando a determinar se a abordagem da parceria e do Currículo Gerativo havia funcionado e atingido seus "objetivos". Esses objetivos eram uma parte requerida da aplicação original e se concentravam em grande parte em coisas concretas que poderiam ser estimadas (por exemplo, os alunos registrados, os serviços estabelecidos, e assim por diante). O Conselho Tribal contratou uma idosa respeitada para realizar uma avaliação, uma pessoa que não era da área de Meadow Lake, mas conhecia bem as comunidades. Em sua avaliação, ela destacou a importância de "resultados não-previstos":

> Alguns dos maiores benefícios do Programa de Atenção à Criança Indígena do Conselho Tribal de Meadow Lake são aqueles que não foram incluídos na lista dos oito objetivos fundamentais... esses benefícios secundários tiveram um impacto importante no estilo de vida e no vigor da comunidade.

> O envolvimento dos idosos no Programa de Atenção à Criança Indígena e, subseqüentemente, em todos os eventos e nas realizações da comunidade conduziu a uma revitalização do orgulho cultural e dos sistemas de valor tradicionais. Os indivíduos são aqueles que mantêm unida a construção da vida comunitária. Eles aumentaram a consciência da necessidade de trabalharem juntos, de terem auto-respeito e respeito pelos outros, de que, a menos que haja um ambiente comunitário saudável, não podem haver membros comunitários saudáveis e de que os valores e as cerimônias tradicionais têm um lugar legítimo no mundo moderno. (Jette, 1993, p. 58-59)

A avaliadora idosa não apenas discutiu os resultados planejados e não-planejados do projeto, como também proporcionou um testemunho eloqüente das limitações das maneiras estabelecidas de se conhecer e medir:

> [Os resultados não-previstos] não podem ser medidos em dólares e centavos, mas são talvez mais importantes para os povos das Primeiras Nações do que a realização nas áreas mais mensuráveis e tangíveis. Visitar o Conselho Tribal de Meadow Lake e sentir a nova vitalidade e o novo ressurgimento do orgulho cultural e do auto-respeito é saber que esse programa foi bem-sucedido. (1993, p. 60)

As palavras da avaliadora idosa, como o próprio projeto do Currículo Gerativo, não estão estruturados no vocabulário pós-modernista, mas, apesar disso, está ali presente uma crítica da modernidade. Incorporando a preocupação de Schwandt (1996a) de que "muitos cientistas sociais acreditam que o método oferece uma espécie de clareza no caminho para a verdade, que a filosofia não oferece" (p. 60), sai do caminho estreito dos objetivos e resultados preestabelecidos. Ela procura e ouve as vozes que estão fora da estrutura do poder e dos participantes normais; não é conduzida por um entendimento predeterminado das "melhores práticas"; e é sensível à diversidade e à diferença. Ela e o próprio projeto foram conduzidos por um desejo pragmático, ou o que Schwandt se refere como a "sabedoria prática" de ser "verdadeiro com a própria coisa", e não a alguma representação externa ou *a priori* do que deve ser. Nem ela nem o projeto sabiam o que seria "a própria coisa", mas confiavam que ela emergiria da abertura e do envolvimento honesto. O ponto de partida do projeto foi o "não-conhecimento" e a excitação de entrar naquele lugar. Ela fez eco a esse início, considerou com calma os objetivos que o financiador identificou e, então, começou a sua busca para construir significado desse trabalho, ouvindo as vozes da comunidade, sem saber o que iria encontrar.

Ela e o próprio projeto foram conduzidos por esses impulsos pragmáticos, e esses impulsos não são modernistas por natureza. Não são totalmente racionais, não são fixados, não esperam descobertas como alguns monolitos em uma costa antiga. Em vez disso, emergem no fazer, são parte de uma *praxis* no momento, ainda que sua marca possa permanecer ainda que eles próprios tenham ido embora, como linhas de maré em uma praia. Seu esforço foi identificar sua marca, ver por onde elas tinham passado e comentar sobre isso. Nesse esforço, ela é mais pós-modernista do que modernista, mas talvez identificaria o seu processo como vindo de um lugar "antigo", e não de um lugar "novo". Da mesma maneira que Hall sugere que o pensamento pré-modernista chinês tem similaridades com o pensamento pós-modernista, a avaliadora idosa parece estar penetrando em um discurso mais antigo que ressoa com uma perspectiva pós-moderna.

Elementos do pensamento modernista e pós-modernista têm estado conosco há muito tempo. Eles usam vários disfarces em várias épocas, mas o drama essencial é aquele humano do conhecer e do não-conhecer, da certeza e da incerteza. Algumas tradições hebraicas, como, por exemplo, o judaísmo, o cristianismo e o islamismo, dispõem essas forças como um dualismo antagônico. Outras tradições, como o taoísmo, percebem nelas uma complementaridade e uma sinergia necessárias para o todo. Estendendo a discussão deste livro além do Mundo Minoritário para o Mundo Majoritário, abrimos uma porta que nos permite encontrar maneiras de entender e uma dinâmica sociofilosófica que podem contribuir para, e estender, o pensamento pós-modernista.

O caso do Currículo Gerativo, com sua união dos dois mundos diferentes da academia ocidental e das comunidades tribais, é uma ilustração dos esforços para sair de uma abordagem modernista – embora isso seja mais visível em retrospecto do que no momento em que ocorre. Ao fazê-lo, foram encontradas alternativas plausíveis para maneiras normais e modernistas de se proceder, muitas delas construídas uma sobre a outra, estimulando mudanças adicionais e novas direções à medida que a abordagem se desenvolve. Essas abordagens alternativas também revelaram vislumbres de uma visão de mundo alternativa que são bastante não-modernistas, baseados não na construção pós-modernista, mas em entendimentos pré-modernistas antigos, alguns dos quais ressoam com orientações pós-modernistas. Uma exploração adicional dessas pré, pós e outras convergências está além do escopo deste livro, que agora irá considerar de modo breve outras extensões da abordagem do Currículo Gerativo além do treinamento pós-secundário, vinculando essas extensões a outros escritos recentes na literatura de desenvolvimento do Mundo Majoritário.

Reverberações e Outras Extensões

A avaliadora idosa concentrou grande parte dos seus comentários no impacto do Modelo do Currículo Gerativo na comunidade mais ampla. Um dos membros entrevistados da comunidade comparou-o a "um efeito de reverberação, causando impacto em todos os outros programas... no distrito". Em retrospecto, esses movimentos de reverberação foram tornados possíveis pelos esforços do projeto de *unir* significativamente a comunidade – de engajar os membros da comunidade em um fórum de compartilhamento de idéias, ou discurso prático, envolvendo o futuro de suas comunidades e o papel fundamental das crianças nesse futuro: "São as crianças que herdarão a luta" (Conselho Tribal de Meadow Lake, 1989). Pelo enfoque da avaliadora idosa nos resultados não-pretendidos e encontrando, aliás, influências mais importantes do programa, a equipe de parceria da universidade começou a mudar seu entendimento do Modelo do Currículo Gerativo daquele de um projeto de educação terciária para um projeto de desenvolvimento comunitário que empregava a educação terciária como instrumento. A partir disso, resultados inesperados ou não-especificados passaram a se tornar uma área de interesse importante para a equipe, e essa dinâmica está sendo atualmente investigada em um importante projeto de avaliação.

A avaliação concentra-se em ouvir da própria comunidade o que significou a participação no projeto. Não apenas os alunos, instrutores e idosos participantes são entrevistados como parte do processo, como também os membros da família, os administradores tribais, os prestadores de serviço e outros membros da comunidade. O esforço é ouvir não apenas o que vários membros da comunidade têm a dizer, mas também fazer com que eles ouçam um ao outro e promovam diálogos mais amplos e potencialmente contínuos com relação ao bem-estar das crianças e das famílias dentro e entre as comunidades. A imagem de reverberações geradas a partir de pontos de contato iniciais, e depois o trabalho para entender a interação das diversas reverberações uma com a outra no decorrer do tempo, fazem parte da intenção da avaliação. Alguns descrevem esse trabalho como *ecológico* em sua natureza, e as comunidades usam, em geral, a palavra *holístico*. Seja como for, a intenção está bem distanciada de um processo modernista de avaliação de resultados predefinidos, baseados em pontos de interesse predeterminados, utilizando instrumentos pré-selecionados.

Os Mundos Futuros

A abordagem usada no Modelo do Currículo Gerativo rompe com as suposições modernistas tradicionais com relação ao papel e às práticas da educação pós-secundária. Valorizando ao extremo a conformidade com o espírito da parceria e com os desejos da comunidade de reivindicar, reconstruir e co-construir, a abordagem viola suposições que remontam através dos séculos a doutrina da verdade revelada – a base da modernidade e uma fonte de sua força duradoura. Na medida em que a verdade é concebida dessa maneira, como singular e revelada, em vez de múltipla e construída, há pouco espaço nela para acomodação das crenças e dos valores dos outros. Concentrando-se na necessidade de desafiar e confrontar suposições estabelecidas em um fórum que depende do envolvimento e do diálogo com a comunidade, o Modelo do Currículo Gerativo proporciona elementos de um modelo de educação pós-moderna que impregnam os aprendizes com um respeito por "muitas verdades", muitas bases de entendimento.

Iniciando com o *treinamento* dos profissionais que trabalham com a primeira infância, em vez de iniciar com o trabalho pedagógico com crianças pequenas, o projeto destaca os muitos pontos de entrada que podem ser usados para melhorar os discursos alternativos. Utilizando uma abordagem *direcionada para o processo*, e não "direcionada para o produto", a abordagem do Currículo Gerativo modela e reforça as habilidades e os processos necessários para práticas eficazes, que apóiem e envolvam as comunidades. Essas habilidades que envolvem a comunidade estão em grande parte ausentes dos serviços humanos dominantes e modernistas na educação, reforçando uma filosofia implícita do "fazer a" em vez do "fazer com". Utilizando uma estrutura modernista de referência e orientação para a prática, os apelos à comunidade que dominam os serviços dedicados às crianças e às famílias na América do Norte encontram uma capacidade de resposta limitada para aqueles que foram ensinados que as respostas estão fora, e não dentro, da comunidade específica.

Os relacionamentos e o trabalho transnacionais e transculturais com a primeira infância, como o Projeto de Meadow Lake, podem atrair inspiração e depois inspirar aqueles que buscam novas abordagens e novos métodos para desenvolver o trabalho no Mundo Majoritário. Embora Chambers (1994, p. ix) se concentre no desenvolvimento rural, os desafios e as mudanças que ele identifica se adaptam bem ao desafio dos profissionais que trabalham com a primeira infância no Mundo Majoritário e além dele.

> As práticas são pessoais e profissionais, requerendo mudanças que são radicais, mas surpreendentemente praticáveis: questionar nossos valores, ser autocriticamente consciente: perceber o simples como, em geral, muito favorável; ajudar as pessoas a fazer suas próprias análises... testar e usar abordagens, métodos e procedimentos participativos; encorajar a descentralização e a diversidade; colocar as pessoas à frente das coisas.

A crítica e as recomendações de Chambers, como o Modelo do Currículo Gerativo, não se originam de uma perspectiva pós-modernista, mas ambos buscam se mover de um lugar que pode ser claramente entendido como uma orientação modernista para um lugar com uma orientação não-modernista. Lembrando os comentários do Administrador Tribal Vern Bachiu (1993), de que "o que estamos tentando fazer é virar o mundo de cabeça para baixo", para Chambers, o caminho adiante representa "virar de cima para baixo da prática normal" e rumar a uma inclusão respeitosa da comunidade relevante. Uma abordagem defendida por Chambers no início da década de 90 é a Avaliação Rural Participatória (ARP).

> A ARP é uma família crescente de abordagens e métodos para capacitar as pessoas a compartilhar, aumentar e analisar seu conhecimento da vida e das condições, além de planejar, agir, monitorar e avaliar. Seu extenso e crescente conjunto de métodos inclui recursos visuais, como mapeamento e diagramação. (Chambers, 1997, p. 102)

> Com a ARP são menos os de fora, e mais as próprias pessoas locais, que mapeiam, modelam, diagramam, pontuam, observam, entrevistam, analisam e planejam. As experiências com a ARP no sul da Ásia, na África Oriental e Ocidental, e em toda parte, têm mostrado que as pessoas locais são melhores nessas atividades... temos testemunhado uma descoberta de competências que anteriormente eram pouco expressas e pouco esperadas por parte dos profissionais de fora. (Chambers, 1994, p. 97)

O reconhecimento de Chambers das potencialidades e das capacidades indígenas é similar à descrição de Malaguzzi de crianças nascidas com 100 linguagens e perdendo 99. Não são as crianças ou a população local que são dramaticamente limitadas, mas sim os profissionais e especialistas cuja capacidade para ouvir, ver e criar é bloqueada pelo que eles "sabem". Nem Malaguzzi nem Chambers diriam que não há papel para os profissionais desempenharem, quer na pedagogia da primeira infância, quer no desenvolvimento rural. Mas o que esse papel é deve ser examinado com cuidado e profundamente, deve ser problematizado e estar aberto à reinterpretação, a vozes muito raras vezes ouvidas e a *insights* que são paradigmaticamente diferentes do que veio antes. A inclusão daqueles mais afetados vai trazer o poder da ação pragmática e criteriosa para a discussão e dar "pernas" ao abstrato, conectando-o a decisões práticas "na área". Ou, como diz Patti Lather (1991), essa inclusão permite "trabalhar as tensões entre a teoria e a prática cotidiana".

A Avaliação Rural Participatória foi complementada pela Aprendizagem e Ação Participatória e pela criação das *PLA Notes* em 1988, uma agência central para um número crescente de abordagens comprometidas com o "tema comum ... da plena *participação* das pessoas nos processos de *aprendizagem* sobre suas necessidades e oportunidades, e a *ação* requerida para lidar com elas" *(PLA notes, 1996, folha de capa).* A edição de fevereiro de 1996 foi um número especial sobre a "Participação das Crianças". Com a emergência dessa literatura do Mundo Majoritário, descrevendo as crianças e as comunidades como poderosas, reconhecíveis e capazes, encontramos muitas coisas em comum com as perspectivas adotadas por Loris Malaguzzi em Reggio Emilia e nos Projetos Estocolmo e Meadow Lake. Em todos esses casos, podemos começar a enxergar o potencial para um relacionamento produtivo entre a teoria e a prática pós-modernistas – quer no desenvolvimento rural, no trabalho pedagógico, quer no treinamento dos profissionais que trabalham com a primeira infância, podemos visualizar um mundo de possibilidades, um mundo repleto de potencial.

Esse potencial vem da diversidade e da complexidade, da celebração da multiplicidade e da incerteza, e não de tentativas de padronizar, normalizar e simplificar. As diversidades e as complexidades vão fluir não apenas das vozes individuais dos diversos povos, mas das "pequenas narrativas" do conhecimento local que Lyotard (1984) propõe para substituir a "metanarrativa" da modernidade. O sonho da universalidade pode também ser entendido como o pesadelo da uniformidade e a vulnerabilidade da similaridade. É a diversidade, não a similaridade, que é a fonte da criatividade. Diminuir a diversidade é diminuir a possibilidade. Mas a possibilidade também requer a união da diversidade, a troca de idéias e de *insights*, dos fóruns de interação e de diálogo. Eles sugerem o potencial do local, do fórum na sociedade civil, onde o conhecimento e o entendimento podem ser produzidos de maneiras novas, criativas e úteis. Mudando o foco da nossa atenção do sonho da universalidade para o potencial da diversidade, vão se abrir portas para o futuro até então não-imaginadas.

Iniciamos este livro com o que denominamos a linguagem dominante da primeira infância, uma linguagem com seu próprio vocabulário particular, a qual produz um tipo particular de conversa e questionamento. O restante do livro dedicou-se às possibilidades de se falar sobre a primeira infância de uma maneira distinta, usando uma linguagem diferente, tendo conversas diferentes, formulando outro tipo de questões. Falamos sobre a criança rica, a criança como co-construtor, a criança como cidadão; sobre a instituição dedicada à primeira infância como um fórum na sociedade civil, com possibilidades para muitos e variados projetos, um local para as crianças e para a infância; sobre a construção de significado, a documentação pedagógica e o currículo gerativo; sobre poder e liberdade; sobre o diálogo, a confrontação e a reflexão; sobre a pluralidade, a singularidade, a incerteza e a contingência; sobre a ética de um encontro e do relacionamento com o Outro. Por meio dessa linguagem diferente e das perspectivas pós-modernas que usamos, descobrimos novas maneiras de entender, novas oportunidades de praticar, novos espaços onde novas questões podem ser exploradas – de forma que, quando olhamos agora para a primeira infância, é como se conhecêssemos "o lugar pela primeira vez".

Evidentemente, estamos exultantes diante das possibilidades oferecidas pelo trabalho com perspectivas pós-modernas. Mas alguns podem não estar tão seguros. Em vez de novas possibilidades, podem ver caos e risco. Em alguns aspectos eles estão certos, já que, como observou Foucault, "tudo é perigoso", porque nada é neutro, o poder está em toda parte, e a incerteza é nossa única certeza.

A modernidade tem confortado aqueles que temem um mundo imprevisível e complexo, tranqüilizando suas preocupações com imagens de conhecimento, previsibilidade e ordem. Mas como a *Tempestade,* de Shakespeare, "a estrutura sem base desta visão vai se dissolver ... nós somos o material de que os sonhos são feitos". Na verdade, o sonho já acabou. O sonho de criar bases que possam suportar o peso das verdades e das certezas universais – no entendimento do desenvolvimento das crianças, no conhecimento dos ingredientes para o cuidado de qualidade, na avaliação dos ambientes, na previsão dos resultados da criança e mais – nunca foi mais que um sonho. Um sonho nascido da promessa da modernidade.

Para alguns, o despertar é um pesadelo, mas não precisa ser assim. A modernidade nunca foi isenta de risco; muito ao contrário disso. A pós-modernidade não é, nunca poderá ser, uma panacéia; mas também não é improdutiva. Há teorias que podem nos conduzir a direções frutíferas. Há agora exemplos suficientes indicando as oportunidades que existem no trabalho com diferentes entendimentos de nós mesmos e do mundo. Há evidência de que grandes potenciais ainda não foram utilizados, não de mais quantidade da mesma coisa, mas de um pouco de uma outra. O risco que enfrentamos não é explorar o desconhecido, mas nos refugiarmos no conforto do "conhecido".

Nota

1 Alan Pence é coordenador do Programa de Parceria das Primeiras Nações, o qual envolveu parcerias com sete organizações tribais geográfica e culturalmente diversas, começando com o Conselho Tribal de Meadow Lake em 1988. A equipe da Universidade de Victoria que trabalhou nesse campo variou em tamanho e nos membros da equipe durante o período de dez anos, mas Lynette Halldorson e Jessica Ball foram colaboradoras fundamentais.

Referências Bibliográficas

ADORNO, T.; HORKHEIMER, M. (1944, 1997 ed. ingl.) *Dialectic of Enlightenment,* London: Verso.

ANDERSSON, A.E.; SYLWANS, P. (1997) Framtidens arbete och liv *(*Work and Life of the Future*), Stockholm:* Natur och Kultur.

APPLE, M. (1991) Series Editor's Introduction to LATHER, P.: *Getting Smart: Feminist Research and Pedagogy with/in the Postmodern*, London: Routledge.

ASPLUND, J. (1983) *Tid, rum och kollektiv* (*Time, Space and Collective*), Stockholm: Liber.

ASSEMBLY OF FIRST NATIONS (1989) *Report on the National Inquiry Into First Nations Child Care*, Otawa: A.F.N.

BACHIU, V. (1993) in *Children Are Our Future, Informational booklet for First Nations Partnerships Program*, Victoria, B.C.: University of Victoria.

BALAGUER, I., MESTRES, J.; PENN, H. (1992) *Quality in Services for Young Children*, Brussels: European Commission Equal Oportunities Unit.

BANK, J. (1992) *The Essence of Total Quality Management*, London: Prentice Hall.

BATESON, G. (1988) *Ande och natur: En nödvändig enhet*, Stockholm: Symposium.

BARSOTTI, A. (1986) *Hoppet över muren* (*The Jump over the Wall*), Stockholm: Mariedamfilm och HB Barsotti.

BARSOTTI, A. (1997) *D- som i Robin Hoods pilbåge*, Stockholm: HLS Förlag.

BARSOTTI, C. (1981) *Ett-barn har hundra språk men herövas nittionio* (*A Child has got a Hundred Languages but Ninety-Nine are Lost*), Stockholm: UR och Mariedamfilm AB.

BARSOTTI, C. (1986) *Staden och regnet* (*The Town and the Rain*), Stockholm: Mariedamfilm och HB Barsotti.

BARSOTTI, C. (1994) *Mannen från Reggio Emilia* (*The Man from Reggio Emilia*), Stockholm: Mandragola Film AB.

BAUMAN, Z. (1991) *Modernity and Ambivalence*, Cambridge: Polity Press.

BAUMAN, Z. (1993) *Postmodern Ethics*, Oxford: Blackwell.

BAUMAN, Z. (1995) *Life in Fragments*, Oxford: Blackwell.

BAUMAN, Z. (1997) *Postmodernity and its Discontents*, Cambridge: Polity Press.

BECK, U. (Ed. ingl. 1992) *Risk Society: Towards a New Modernity*, London: Sage.

BEDEIAN, A. (1993) *Management* (*Third Ed.*), Fort Worth TX: Dryden Press.

BELL, D. (1987) "The world and the United States in 2013", *Daedalus*, 116, p. 1-31.

BENHABIB, S. (1990) "Communication ethics and current controversies in practical philosophy", in BENHABIB, S.; DALLMAYER, F. (Eds.) *The Communicative Ethics Controversy*, Cambridge, MA: MIT Press.

BENHABIB, S. (1992) *Situating the Self*, Cambridge: Polity Press.

BERLIN, I. (1981) *Against the Current: Essays in the History of Ideas*, Oxford: Oxford University Press.

BERGER, P.; LUCKMAN, T. (1966) *The Social Construction of Reality*, New York: Doubleday.

BERNSTEIN, B. (1990) *The Structuring of Pedagogic Discourse, Volume IV*, London: Routledge.

BOALT-BOETHIUS, S. (1984) *Arbetslag på daghem* (*Teams in Day Care Centres*), Stockholm: Institute of Psychology, University of Stockholm.

BOWLBY, J. (1969) *Attachment and Loss. Volume I: Attachment*, London: Hogarth Press.

BREDEKAMP, S. (ed.) (1987) *Developmentally Appropriate Practice in Early Childhood Programs Serving Children Through Birth to 8 Years*, Washington, DC: NAEYC.

BREDEKAMP, S.; COPPLE, C. (eds.) (1997) *Developmentally Appropriate Practice in Early Childhood Programs* (*Revised Edn.*), Washington, DC: NAEYC.

BRONFENBRENNER, U., KESSEL, F., KESSEN, W.; WHITE, S. (1986) "Towards a critical social history of develomental psychology", *American Psychologist*, 41(11), p. 1218-30.

BROPHY, J.; STATHAM, J. (1994) "Measure for measure: Values, quality and evaluation" in Moss, P.; PENCE, A. (eds) *Valuing Quality in Early Childjood Services*, London: Paul Chapman Publishing. New York: Teachers College Press.

BUBER, M. (1970) *I and Thou*, New York: Scribners.

BUSH, J.; PHILLIPS, D. (1996) "International approaches to defining quality", in KAGAN, S.; COHEN, N. (eds.) *Reinventing Early Care and Education: A Vision for a Quality System*, San Francisco: Jossey-Bass.

BURMAN, E. (1994) *Deconstructing Developmental Psychology*, London: Routledge.

BUTLER, J. (1993) *Bodies that Matter: On the Discourse Limits of "Sex"*, New York: Routledge.

CAHOONE, L. (1996) *From Modernism to Postmodernism: An Anthology*, Cambridge, MA: Blackwell.

CALLEWAERT, S.; KALLÓS, D. (1976) "Den rosa vâgen i svensk pedagogik (The Rose Wave in Swedish Pedagogy)", *Forskning om utbildning*, 1.

CANADIAN ROYAL COMMISION ON ABORIGINAL ISSUES (1996) *Report on the Royal Commission on Aboriginal Peoples*, Otawa: Government of Canada.

CARLEHEDEN, M. (1996) *Det andra moderna: Om Jurgen Habermas och den samhällsteoretiska diskursen om det moderna* (Segunda Modernidade: Jourgen Habermas e o discurso teórico social da modernidade, Göteborg: Bokförlaget daidalos AB.

CARROLL, L. (1865, ed. 1961) *Alice's Adventures in Wonderland*, London: The Folio Society.

CARROLL, L. (1893, ed. 1973) *Sylvio and Bruno Concluded, in Lewis Carroll, the Complete Works*, London: The Nonesuch Press.

CHAMBERS, R. (1994) *Challenging the Professions*, London: Intermediate Technology Publications.

CHAMBERS, R. (1997) *Whose Reality Counts?* London: Intermediate Technology Publications.

CHERRYHOLMES, C.H. (1988) *Power and Criticism: Post-structural Investigations in Education*, New York: Teachers College Press.

CHERRYHOLMES, C.H. (1994) "Dialogue, pragmatism, poststructuralism and socially useful theorizing", *Curriculum Inquiry*, 24(2), p. 194-213.

CLARKE, A. (1995) "Paradigms and methods: Quantity and quality in evaluative research", documento apresentado na UK Evaluation Society National Conference, London, setember.

COCHRAN, M. (ed.) (1993) *International Handbook of Child Care Policies and Programs*, Westport, CT: Greenwood Press.

COCKS, J. (1989) *The Oppositional Imatination: Feminism, Critique and Political Theory*, New York: Routledge.

COHEN, J.; ARATO, A. (1992) *Civil Society and Political Theory*, Cambridge, MA: The MIT Press.

COLE, M. (1996) *Cultural Psychology: A Once and Future Discipline*, Cambridge, MA: The Belknap Press of Harvard University Press.

DAHLBERG, G. (1985) *Context and the Child's Orientation to Meaning: A Study of the Child's Way of Organizing the Surrounding World in Relation to Public Institutionalized Socialization*, Stockholm: Almqvist and Eiksell.

DAHLBERG, G. (1992) "The parent-child relationship and socialization in the context of modern childhood: The case of Sweden", in ROOPNARINE, J.L.; CARTER, D.B. (eds.) *Parent-Child Relations in Diverse Cultural Settings*, Norwood, NJ: Ablex.

DAHLBERG, G. (1995) "Everything is a beginning and everything is dangerous: Some reflections on the Reggio Emilia experiende", (documento apresentado em um seminário internacional "Nostalgia do Futuro" em homenagem a Loris Malaguzzi, Milão, outubro).

DAHLBERG, G. (1997) "Images of the Child, Knowledge and Learning", conferência ministrada em um Instituto de Verão da Escola de Cuidado da Criança e da Juventude, Universidade de Victória, Canada.

DAHLBERG, G. (1998) "From the 'Home of the People' – *Folkhemmet* – to the Entreprise: Reflections on the constitution and reconstitution of the field of early childhood pedagogy in Sweden", in POPKEWITZ, T. (ed.) *Educational Knowledge: Changing Relationships between the State, Civil Society and the Educational Community.*

DAHLBERG, G.; ÅSÉN, G. (1994) "Evaluation and regulation: A question of empowerment", in Moss, P.; PENCE, A. (eds.) *Valuing Quality in Early Childhood Services,* London: Paul Chapman Publishing, New York: Teachers College Press.

DAHLBERG, G.; LENZ TAGUCHI, H. (1994) *Förskola och skola – om två skilda traditioner och om visionen om en mötesplats (Preschool and school – two different traditions and a vision of an encounter)*, Stockholm: HLS Förlag.

DAHLBERG, G., LUNDGREN, U.P.; ÅSÉN, G. (1991) "Att utvärdera barnomsorg (To evaluate early childhood education and care)", Stockholm, HLS Förlag.

DALAIS, C., LANDERS, C.; FUERTES, P. (1996) *Early Childhood Development Revisited. Report of a follow-up to the 1989 Innocenti Global Seminar*, Florence: UNICEF Innocenti Centre.

DENCIK, L. (1989) "Growing up in the postmodern age: on the child's situation in the modern family and the position of the family in the modern welfare state", *Acta Sociologica*, 32, p. 155-80.

DENCIK, L. (1997) "Modernization – a challenge to early childhood education", conferência proferida na 7ª Conferência Européia sobre a Qualidade da Educação da Primeira Infância, Munique, setembro.

DEPARTMENT FOR EDUCATION AND EMPLOYMENT (England) (1997) *Excellence in Schools* (Cmnd. 3681), London: Department for Education and Employment.

DEVEN, F., INGLIS, S., MOSS, P.; PETRIE, P. (1998) *State of the Art Review on Reconciliation of Work and Family Responsibilities and Quality in Care Services (DfEE Research Report No. 57)*, London: Department for Education and Employment.

DICKSON, T. (1995) "Quality and beyond: an Overview", in CRAINER, S. (ed.) *The FT Handbook of Management*, London: FT Pitman Publishing.

DOCKER, J. (1994) *Postmodernism and Popular Culture: A Cultural History*, Cambridge: Cambridge University Press.

DREYFUS, H.; RABINOW, P. (1980) *Michel Foucault: Beyond Structuralism and Hermeneutics*, Chicago, IL: University of Chicago Press.

EDWARDS, C., GANDINI, L.; FORMAN, G. (eds.) (1993) *The Hundred Languages of Children*, Norwood, NJ: Ablex.

ELDER, G., MODELL, J.; PARKE, R. (eds.) (1993) *Children in Time and Place*, Cambridge: Cambridge University Press.

ELLSWORTH, E. (1989) "Why doesn't this feel empowering? Working through the repressive myths of critical pedagogy"" *Harvard Educational Review*, 59(3), p. 297-324.

ESCOBAR, A. (1997) *Encountering Development: The Making and Unmaking of the Third World*, Princeton, NJ: Princeton University Press.

VON EULER, G. (1975) "Om observationer (On observations)", in SOU: 1975 *Utbildning i samspel (Education for Relationships)*, Stockholm: Allmänna Förlaget.

EUROPEAN COMMISSION CHILDCARE NETWORK (1996a) *A Review of Services for Young Children in the Europeun Union 1990-1995*, Brussels: European Commission Equal Opportunities Unit.

EUROPEAN COMMISSION CHILDCARE NETWORK (1996b) *Quality Targets in Services for Young Children*, Brussels: European Commission Equal Opportunities Unit.

EVANS, J. (1994) "Quality in ECCD: Everyone's concern", *Coordinators' Notebook*, 15, p. 1-32.

EVERS, A. (1997) "Quality development – part of a changing culture of care", in EVERS, A., HARVERINEN, R., LEICHSENRING, K.; WISOW, G. (eds.) *Developing Quality in Personal Social Services: Concepts, Cases and Comments*, Aldershot: Ashgate.

FARQUHAR, S. (1993) "Breaking new ground in the study of quality", documento apresentado na NZARE Conference, Hamilton.

FISHMAN, D. (1995) "Postmodernism comes to program evaluation II: A review of Denzin and Lincoln's *Handbook of Qualitative Research. Evaluation and Programme Planning*", 18(3), p. 301-10.

FLAX, J. (1990) *Thinking Fragments: Psychoanalysis, Feminism and Postmodernism in the Contemporary West*, Berkeley e Los Angeles: University of California Press.

VON FOERSTER, H. (1991) "Through the eyes of the other", in STEIER, F. (ed.) *Research and Reflexivity*, London: Sage.

FOUCAULT, M. (1965 ed. ingl.) *Madness and Civilisation: A History of Insanity in the Age of Reason*, New York: Pantheon.

FOUCAULT, M. (1970 ed. ingl.) *The Order of Things: An Archaeology of the Human Sciences*, New York: Random House.

FOUCAULT, M. (1972 ed. ingl.) *The Birth of the Clinic: An Archaeology of Medical Perceptions*, New York: Vintage.

FOUCAULT, M. (1974) "Human nature: Justice versus power", in ELDERS, F. (ed.) *Reflexive Water: The Basic Concerns of Mankind*, London: Souvenir Press.

FOUCAULT, M. (1977 ed. ingl.) *Discipline and Punish: The Birth of the Prison*, Harmondsworth: Penguin.

FOUCAULT, M. (1980a) *Power/Knowledge: Selected Interviews and Other Writings, 1972-1977* (GORDON, C. ed.), London: Harvester Wheatsheaf.

FOUCAULT, M. (1980b) "Georges Canguilhem: Philosopher of Error", *Ideology and Consciousness*, 7, p. 53-4.

FOUCAULT, M. (1980c) "The Subject and power", an afterword in DREYFUS, H.; Rabinow, P. *Michel Foucault: Beyond Structuralism and Hermeneutics*, Chicago IL: University of Chicago Press.

FOUCAULT, M. (1986 ed. ingl.) *The Care of the Self*, New York: Pantheon.

FOUCAULT, M. (1988) *Politics, Philosophy, Culture: Interviews and Other Writings, 1977-1984* (L. Kritzman ed.), New York: Routledge.

FOUCAULT, M. (1990) "Qu'est-ce que la critique?" *Bulletin de la Société Française de Philosophie*, 84, p. 35-63.

FREIRE, P. (1985 ed. ingl.) *Pedagogy of the Oppressed*, Harmondsworth: Penguin.

FREIRE, P. (1996 ed. ingl.) *Letters to Christina: Reflections on my Life and Work*, London: Routledge.

FREIRE, P. (1997 ed. ingl.) *Pedagogy of Hope*, New York: The Continuum Publishing Co.

FROMM, E. (1942) *The Fear of Freedom*, London: Routledge and Kegan Paul.

GARBARINO, J. (1996) *Raising Children in a Socially Toxic Environment*, San Francisco: Jossey-Bass.

GASTER, L. (1991) "Quality and decentralisation – are they connected?" *Policy and Politics*, 19(4), p. 257-67.

GELLNER, E. (1992) *Postmodernism, Reason and Religion*, London: Routledge.

GERGEN, K. (1992) "Towards a postmodern psychology", in KVALE, S. (ed.) *Psychology and Postmodernism,* London: Sage.

GERGEN, K.; GERGEN, M. (1991) "Toward reflexive methodologies", in STEIER, F. (ed.) *Research and Reflexivity*, London: Sage.

GESELL, A.; ILG, F. (1946) *The Child from Five to Ten*, New York: Harper and Row.

GIDDENS, A. (1990) *The Consequences of Modernity*, Cambridge: Polity Press.

GIDDENS, A. (1991) *Modernity and Self-Identity*, Cambridge: Polity Press.

GINSBURG, C. (1989) *Ledtrådar, Essäer om Konst, förbjuden kunskap och dold historia (Threads, Essays on Art, Forbidden Knowledge and Hidden History)*, Stockholm: Häften för Kritiska studier.

GIROUX, H. (1989) *Schooling for Democracy: Critical Pedagogy in the Modern Age*. London: Routledge.

VON GLASERSFELD, E. (1991) "Knowing without metaphysics; aspects of the radical constructivist position", in STEIER, F. (ed.) *Research and Reflexivity*, London: Sage.

GORE, J. (1993) *The Struggle for Pedagogics: Critical and Feminist Discourses as Regimes of Truth*, London: Routledge.

GÖTHSON, H. (1991) *Från gamla svar till nya frågor (From Old Answers to New Questions)*, Stockholm: Socialstyrelsen.

GREENWOOD, M., OPIKOKEW, L., OPEKOKEW, M.R.; MCINTYRE, M.R. (1994) *The Elders Speak: Of the Past, Of Children and Families*, Meadow Lake Tribal Council.

HABERMAS, J. (1983) "Modernity: an incomplete project", in FOSTER, H. (ed.) *The Anti-aesthetic; Essays on Postmodern Culture,* Port Townsend: Washington.

HALL, D. (1996) "Modern China and the postmodern West", in CAHOONE, L. (ed.) From Modernism to Postmodernism, Cambridge, MA: Blakwells.

HALL, D.; JACQUES, M. (eds.) (1989) *New Times: The Changing Face os politics in the 1990s*, London: Lawrence e Wishart.

HALLDORSON, L.; PENCE, A. (1995) *Program Ghidebook to the Generative Curriculum*, Victoria, BC: University of Victoria.

HAMBLETON, R.; HOGGART, P. (1990) *Beyond Excellence: Quality of Local Government in the 1990s (Working Paper 85)*, Bristol: School for Advanced Urban Studies.

HARMS, T.; CLIFFORD, R. (1980) *Early Childhood Environment Rating Scale*, New York: Teachers College Press.

HARVEY, D. (1989) *The Condition of Postmodernity*, Oxford: Blackwell.

HATCH, J.A. (1995) "Studying childhood as a cultural invention: A rationale and framework", in J.A. HATCH (ed.) *Qualitative Research in Early Childhood Settings*, Westport, CT: Praeger.

HAUG, P. (1992) *Educational Reform by Experiment: The Norwegian Experimental Educational Program for 6 Year Olds (1986-1990) and the Subsequent Reform*, Stockholm: HLS Förlag.

HEDENQVIST, J.-A. (1987) *Språklig interaktion i förskolan (Interaction in the Pre-school)*, Stockholm: Lärarhögskolan i Stockholm.

HENRIQUES, J., HOLLOWAY, W., URWIN, C., VENN, C.; WALKERDINE, V. (1984) *Changing the Subject: Psychology, Social Regulation and Subjectivity*, London: Methuen.

HULTQVIST, K. (1990) *Förskolebarnet: En konstruktion för gemenskapen och den individuella frigörelsen (The Swedish Pre-school Child: a Construction for the Spirit of Community and Individual Freedom)*, Stockholm: Symposion.

HULTQVIST, K. (1995) Ën nutidshistoria om barns välvärd i Sverige. Från Fröbel till dagens centraliseringsprojekt", in DAHLGREN, L.; HULTQVIST, K. (eds.) *Seendet och seendets villkor. En bok om barns och ungas välfärd*, Stockholm: HLS Förlag.

HUTTON, W. (1995) *The State We Are In*, London: Jonathan Cape.

ISRAEL, J. (1992) *Martin Buber: Dialogfilosof och sionist (Martin Buber: Dialogoe Philosopher and Zionist)*, Stockholm: Natur och Kultur.

JENKS, C. (1982) *The Sociology of Childhood – Essential Readings*, London: Batsford Academic.

JENSEN, C. (1994) "Fragments for a discussion about quality", in Moss, P.; PENCE, A. (eds.) *Valuing Quality in Early Childhood Services*, London: Paul Chapman Publishing, New York: Teachers College Press.

JENSEN, J. (1996) *Men as Workers in Childcare Services*, Brussels: European Commission Equal Opportunities Unit.

JETTE, D.I. (1993) "Meadow Lake Tribal Council Indian Child Care Program Evaluation", relatório inédito para o Meadow Lake Tribal Council.

JOWELL, R., CURTICE, J., PARK, A., BROOK, L.; AHRENDT, D. (eds.) (1995) *British Social Attitudes Survey: the 12th Report,* Aldershot: Dartmouth.

KAGAN, S., COHEN, N.; NEUMAN, M. (1996) "Introduction: The changing context of American early care and education", in KAGAN, S.; COHEN, N. (eds.) *Reinventing Early Care and Education: A Vision for a Quality System*, San Francisco: Jossey-Bass.

KARLSSON, O. (1995) *Att utvärdera mot vad? Om kriterie problemet vid intressentutvärdering (To evaluate against what? On the criteria problem in stakeholder evaluations)*, Stockholm: HLS Förlag.

KATZ, L. (1993) "What can me learn fron Reggio – Emilia?", in Eduards, C.; Gardini, L. and Formam, G. (eds) *The Hundred Languages of Children,* Norwood, NJ: Ablex

KEMP, P. (1992) *Emmanuel Levinas: En introduktion (Emmanuel Levinas: An Introduction)*, Göteborg: Daidolos.

KESSEN, W. (1979) "The American child and other cultural inventions", American Psychologist, 24, p. 815-20.

KESSEN, W. (1983) "The child and other cultural inventions", in KESSEL, F.; SIEGEL, A. (eds.) *The Child and other Cultural Inventions: Houston Symposium 4*, New York: Praeger.

KESSLER, S.A.; SWADENER, B. (eds.) (1992) *Reconceptualising the Early Childhood Curriculum: Beginning the Dialogue*, New York: Teachers College Press.

KUMAR, K. (1995) *From Post-Industrial to Postmodern Society: New Theories of the Contemporary World*, Oxford: Blackwell.

KVALE, S. (ed.) (1992) *Psychology and Postmodernism*, London: Sage.

LAMB, M., STERNBERG, K., HWANG, C.-P.; BROBERG, A. (eds.) (1992) *Child Care in Context*, Hillsdale, NJ: Lawrence Erlbaum Associates.

LANDERS, C. (1989) *Early Child Development Summary Report*, New York: UNICEF.

LARNER, M.; PHILLIPS, S. (1994) "Defining and valuing quality as a parent", in MOSS, P.; PENCE, A. (eds.) *Valuing Quality in Early Childhood Service*, London: Paul Chapman Publishing, New York: Teachers College Press.

LATHER, P. (1991) *Getting Smart: Feminist Research and Pedagogy with/in the Postmodern*, London: Routledge.

LATHER, P. (1992) "Postmodernity and the human sciences", in KVALE, S. (ed.) *Psychology and Postmodernism*, London: Sage.

LAURIDSEN, S. (1995) "Training of child care and social care workers in Denmark", (documento apresentado em uma conferência em Madri, novembro).

LENZ TAGUCHI, H. (1997) *Varför pedagogisk dokumentation? (Why Pedagogical Documentation?)*, Stockholm: HLS Förlag.

LENZ TAGUCHI, H. (1998) "A problematisation of 'Power', 'Resistance' and 'Emancipation' in pedagogical documentation work", (documento apresentado em um simpósio de pesquisa sobre Espaços Teóricos, no Instituto de Educação de Estocalmo, novembro).

LIEDMAN, S.-E. (1997) *I skuggan av framtiden (In the shadow of the future)*, Stockholm: Bonnier Alba.

LIND, U. (1998) "Loss and meaning in a tradition of representation: On the construction of difference and ambivalence in the process of knowledge", (documento apresentado em um simpósio de pesquisa sobre Espaços Teóricos no Instituto de Educação de Estocalmo, novembro).

LINDENSJÖ, B.; LUNDGREN, U.P. (1986) *Politisk styrning utcildningsreformer (Political governing and educational reforms)*, Stockholm: Liber.

LINDQVIST, G. (1995) Frän Fakta till fantasi (From Fact to Fantasy) Lund: Studentlitteratur.

LUBECK, S. (1996) "Deconstructing 'child development knowledge' and 'teacher preparation'", *Early Childhood Research Quarterly*, 11, p. 147-67.

LUNDGREN, U.P. (1990) "Educational policy making decentralisation and evaluation", in GRANHEIM, M., KOGAN, M.; LUNDGREN, U.P. (eds.) *Evaluation as Policymaking: Introducing Evaluation into a National Decentralised System*, London: Jessica Kingsley.

LYOTARD, J.-F. (1984) *The Postmodern Condition: A Report on Knowledge*, Minneapolis, MN: University of Minneapolis Press.

MALAGUZZI, L. (1993a) "For an education based in relationships", *Young Children*, 11/93, p. 9-13.

MALAGUZZI, L. (1993b) "History, ideas and basic philosophy", in EDWARDS, C., GANDINI, L.; FORMAN, G. (eds.) *The Hundred Languages of Children*, Norwood, NJ: Ablex.

MALPAS, N.; LAMBERT, P.-Y. (1993) The Europeans and the family: Results of an opinion survey (Eurobarometer 39), Brussels: European Commission.

MÄNTYSAARI, M. (1997) "Quality management in Finland – problems and possibilities", in EVERS, A., HAVERINEN, R., LEICHSENRING, K.; WISOW, G. (eds.) *Developing Quality in Personal Social Services: Concepts, Cases and Comments*, Aldershot: Ashgate.

MARQUAND, D. (1998) "May's magic still lingers as Blair faces hard choices", *The Guardian*, may 2nd.

MATURANA, H. (1991) "Science and daily life: the ontology of scientific explanations", in STEIER, F. (ed.) *Research and Reflexivity*, London: Sage.

MAYALL, B. (1996) *Children, Health and the Social Order*, Buckingham: Open University-Press.

McGURK, H., CAPLAN, M., HENNESSY, E.; MOSS, P. (1993) "Controversy, theory and social context in contemporary day care research", *Journal of Child Psychology and Psychiatry*, 34, p. 3-23.

MEADOW LAKE TRIBAL COUNCIL (1989) "Vision Statement, MLTC Program Report", (relatório inédito).

MELUCCI, A. (1989) *Nomads of the Present: Social Movements and Individual Needs in Contemporary Soceity*, Philadelphia, PA: Temple University Press.

MILLER, P.; ROSE, N. (1993) "Governing economic life", in GANE, M.; JOHNSTON, T. (eds.) *Foucault's New Domains*, London: Routledge.

MOLTENO, M. (1966) *Starting Young: Principles and Practice in Early Childhood Development*, London: Save the Children UK.

MONTESSORI, M. (1967) *The Discovery of the Child*, New York: Ballantine Books.

MOONEY, A.; MUNTON, A. (1997) *Research and Policy in Early Childhood Services: Time for a New Agenda*, London: Institute of Education, University of London.

MORSS, J. (1996) *Growing Critical*, London: Routledge.

MOSS, P.; PENCE, A. (eds.) (1994) *Valuing Quality in Early Childhood Services*, London: Paul Chapman.

MOSS, P.; PENN, H. (1996) *Transforming Nursery Education*, London: Paul Chapman.

MOUFFE, C. (1996a) *Deconstruction and Pragmatism*, London: Routledge.

MOUFFE, C. (1996b) "Democracy, power and difference", in BENHABIB, S. (ed.) *Democracy and Difference: Contesting the Boundaries of the Political*, Princeton, NJ: Princeton University Press.

MUNTON, A., MOONEY, A.; ROWLAND, L. (1995) "Deconstructing quality: A conceptual framework for the new paradigm in day care provision for the under eights", *Early Child Development and Care*, 114, p. 11-23.

MYERS, R. (1992) *The Twelve Who Survive: Strengthening Programmes of Early Childhood Development in the Third World*, London: Routledge.

NEW, R. (1993) "Cultural variations in developmentally appropriate practice", in EDWARDS, C., GANDINI, L.; FORMAN, G. (eds.) *The Hundred Languages of Children*, Norwood, NJ: Ablex.

NORDIN-HULTMAN, E. (1998) "To confront the concept of identity within developmental psychology, and to explore an alternative where subjectivity is placed and constructed within situations, in a flow of actions and language", (documento apresentado em um simpósio de pesquisa sobre Espaços Teóricos, no Instituto de Educação de Estocalmo, novembro).

PASCAL, C., BERTRAM, A.; RAMSDEN, F. (1994) *The Effective Early Learning Research Project: the Quality, Evaluation and Development Process*, Worcester: Worcester College of Higher Education.

PENCE, A. (1989) "In the shadow of mother-care: Contexts for an understanding of child day care in Canada", *Canadian Psychology*, 30(2), p. 140-7.

PENCE, A. (1992) "Quality care: thoughts on R/rulers", (documento apresentado em um *workshop* sobre Definição e Avaliação da Qualidade, Sevilha, setembro).

PENCE, A. (1999) " 'It takes a village ...' and new roads to get there", in KEATING, D.; C. HERTZMAN (eds.) *Developmental Health as the Wealth of Nations*, New York: Guilford.

PENCE, A., KUEHNE, V., GREENWOOD, M.; OPEKOKEW, M.R. (1993) "Generative curriculum: A model of university and first nations cooperative. Post-Secondary Education", *International Journal of Educational Development*, 13(4), p. 339-49.

PENCE, A.; MOSS, P. (1994) "Towards an inclusionary approach in defining quality", in MOSS, P.; PENCE, A. (eds.) *Valuing Quality in Early Childhood Services*, London: Paul Chapman Publishing, New York: Teachers College Press.

PENN, H. (1997a) "Inclusivity and diversity in early childhood services in South Africa", International *Journal of Inclusive Education*, 1(1), p. 101-14.

PENN, H. (1997b) *Comparing Nurseries*, London: Paul Chapman.

PENN, H.; MOLTENO, M. (1997) "Sustainability in early childhood development projects", (documento inédito para a UNICEF).

PHILLIPS, D. (1996) "Reframing the quality issue", in KAGAN, S.; COHEN, N. (eds.) *Reinventing Early Care and Education: A Vision for a Quality System*, San Francisco: Jossey-Bass.

PHOENIX, A.; OWEN, C. (1996) "From miscegenation to hybridity: Mixed relationships and mixed-parentage in profile", in BERNSTEIN, B.; BRANNEN, J. (eds.) *Children Research and Policy*, London: Taylor and Francis.

PLA NOTES (1996) "Special issue on children's participation", Number 25. February, International Institute for Environment and Development.

POLLITT, C. (1988) "Bringing consumers into performance measurement: Concepts, consequences and constraints", *Policy and Politics*, 16(2), p. 77-87.

POLLITT, C. (1997) "Business and professional approaches to quality improvement", in EVERS, A., HAVERINEN, R., LEICHSENRING, K.; WISOW, G. (eds.) *Developing Quality in Personal Social Services: Concepts, Cases and Comments*, Aldershot: Ashgate.

POPKEWITZ, T. (1990) "Some problems and problematics in the production of evaluation", in GRANHEIM, M., KOGAN, M.; LUNDGREN, U.P. (eds.) *Evaluation as Policymaking: Introducing Evaluation into a National Decentralised System*, London: Jessica Kingsley.

POPKEWITZ, T. (ed.) (1993) *Changing Patterns of Power: Social Regulation and Teacher Education Reform*, Albany, New York: State University of New York Press.

POPKEWITZ, T. (1994) Systems of Ideas in Historical Spaces: Vygotsky, Educational Constructivism and Changing Problems in the Regulation of the 'Self', manuscrito, University of Wisconsin.

POPKEWITZ, T. (1997) "A changing terrain of knowledge and power in educational research: A social epistemology", in POPKEWITZ, T. (ed.) *Critical Theory and Educational Discourse*, Johannesburg, SA: Heinemann.

POPKEWITZ, T. (1998a) *Struggling for the Soul: The Politics of Schooling and the Construction of the Teacher*, New York: Teachers College Press.

POPKEWITZ, T. (1998b) "The culture of redemption and the administration of freedom in educational research", *The Review of Educational Research*, número da primavera, p. 1-35.

POPKEWITZ, T.; BRENNAN, M. (1998) "Restructuring of social and political theory in education: Foucault and a social epistemology of school practices", in POPKEWITZ, T.; BRENNAN, M. (eds.) *Foucault's Challenge: Discourse, Knowledge and Power in Education*, New York: Teachers College Press.

PORTER, T. (1995) *Trust in Numbers*, Princeton, NJ: Princeton University Press.

PRIESTLEY, M. (1995). "Dropping 'E's': the missing link in quality assurance for disabled people", *Critical Social Policy*, 44/45, p. 7-21.

PROUT, A.; JAMES, A. (1990) "A new paradigm for the sociology of childhood?", in JAMES, A.; PROUT, A. (eds.) *Constructing and Deconstructing Childhood: Contemporary Issues in the Sociological Study of Childhood*, Brighton: Falmer Press.

PUTNAM, R. (1993) *Making Democracy Work: Civic Traditions in Modern Italy*, Princeton, NJ: Princeton University Press.

PUTNAM, R. (1995) "Bowling alone: America's declining social capital", *Journal of Democracy*, 6, p. 65-78.

QVORTRUP, J., BARDY, J., SGRITTA, G.; WINDERSBERGER, H. (eds.) (1994) *Childhood Matters: Social Theory, Practice ans Politics*, Aldershot: Avebury.

RABINOW, P. (ed.) (1984) *The Foucault Reader*, New York: Pantheon.

RANSOM, J. (1997) *Foucault's Discipline*, Durham, NC: Duke University Press.

READINGS, B. (1996) *The University in the Ruins*, Cambridge , MA: Harvard University Press.

REEDER, J. (1997) "Tolkandets gränser (The boundaries of interpretation"), (documento apresentado na Conferência de Pesquisa, Reggio Emilia, junho).

RICHARDSON, V. (ed.) (1997) *Constructivist Teacher Education*, London: Falmer Press.

RINALDI, C. (1993) "The emergent curriculum and social constructivism", in EDWARDS, C., GANDINI, L.; FORMAN, G. (eds.) The Hundred Languages of Children, Norwood, NJ: Ablex.

RINALDI, C. (1994) "Observation and documentation", (documento apresentado na Conferência de Pesquisa, Reggio Emilia, junho de 1995).

RODARI, G. (1988) *Fantasins grammatik (The Grammar of "Fantasy).* Göteborg: Korpen.

ROGOFF, B.; CHAVALAY, P. (1995) "What's become of research on the cultural basis of cognitive development?", *American Psychologist*, 50(10), p. 859-77.

RORTY, R. (1980) *Philosophy and the Mirror of Nature*, Oxford, Blackwell.

RORTY, R. (1982) *Consequences of Pragmatism, Brighton*: The Harvester Press.

RORTY, R. (1989) *Contingency, Irony and Solidarity*, Cambridge: Cambridge University Press.

RUBENSTEIN REICH, L. (1993) *Samling i förskolan*, Lund: Almqvist and Wiksell.

SAID, E. (1993) *Culture and Imperialism*, London: Chatto and Windus.

SCARR, S. (1998) "American child care today", *American Psychologist*, 53(2), p. 95-108.

SCHWANDT, T. (1996a) "Farewell to criteriology", *Qualitative Inquiry*, 2(1), p. 58-72.

SCHWANDT, T. (1996b) "The landscape of values in evaluation: Chartered terrain and unexplored territory", (documento apresentado no Encontro Anual da Associação Americana de Avaliação, Atlanta, GA, novembro.

SCHWEINHART, L., BARNES, H.; WEIKART, D. (1993) *Significant Benefits: The High/Scope Perry Preschool Study Through Age 27*, Ypsilanti, MI: The High/Scope Press.

SCHYL-BJURMAN, G.; STRÖMBERG-LIND, K. (1977) *Dialogpedagogik (Dialogue Pedagogy)*, Köpenhamn: Fremad.

SELANDER, S. (1984) *Textum institutionis: Den pedagogiska väven (The Pedagogical Web)*, Stockholm: Gleerup.

SERPELL, R. (1993) *The Significance of Schooling: Life Journeys in an African Society*, Cambridge: Cambridge University Press.

SHADISH, W. (1995) "Philosophy of science and the quantitative-qualitative debates: thirteen common errors", *Evaluation and Programme Planning*, 18(1), p. 63-75.

SHANIN, T. (1997) "The idea of progress", in RAHMENA, M.; BAWTREE, V. (eds.) *The Post-development Reader*, London: Zed Books.

SHOTTER, J. (1992) " 'Getting in touch': The meta-methodology of a postmodern science of mental life", in KVALE, S. (ed.) *Psychology and Postmodernism*, London: Sage.

SINGER, E. (1993) "Shared care for children", *Theory and Psychology*, 3(4), p. 429-49.

SORLIN, S. (1996) *Universiteten som drivkrafter: Globalisering, kunskapspolitik och den nya intellektuella geografin (The Universities as forces: Globalisation, Politics of Knowledge and the New Intellectual Geography)*, Stockholm: SNS Förlag.

SOU (1972) *Förskolan del 1 och 2 (The Preschool, Volumes 1 and 2)*, Stockholm: Allmänna Förlaget.

SOU (1975) *Utbilding i samspel (Education for relationships)*, Stockholm: Allmänna Förlaget.

SPANOS, W. (1987) *Repetitions: The Postmodern Occasion in Literature and Culture*, Baton Rouge, LA: Louisiana State University Press.

STAFSENG, O. (1994) *Den historiske konstrucktion av moderne ungdom (The Historical Construction of the Modern Youngster)*, Oslo: Cappelen Akademisk Förlag.

STEDMAN, P.H. (1991) "On the relations between seeing, interpreting and knowing", in STEIER, F. (ed.) *Research and Reflexivity*, London: Sage.

STEIER, F. (ed.) (1991) *Research and Reflexivity*, London: Sage.

STEPHENS, S. (ed.) (1995) *Children and the Politics of Culture*, Princeton, NJ: Princeton University Press.

SUVANNATHAT, C., BHANTHUMNAVIN, D., BHUAPIROM, L.; KEATS, D.M. (eds.) (1985) *Handbook of Asian Child Development and Child Rearing Practices*, Bangkok: Srinakharinwirot University, Behavioural Science Research Institute.

TOBIN, J. (1995) "Post-structural research in early childhood education", in HATCH, J.A. (ed.) *Qualitative Research in Early Childhood Settings*, Westport, CT: Praeger.

TOBIN, J. (1997) "The missing discourse of pleasure and desire", in TOBIN, J. (ed.) *Making a Place for Pleasure in Early Childhood Education*, New Haven, CT: Yale University Press.

TOBIN, J., WU, D.; DAVIDSON, D. (1989) *Preschool in Three Cultures: Japan, China and the United States*, New Haven, CT: Yale University Press.

TOULMIN, S. (1990) *Cosmopolis: the Hidden Agenda of Modernity*, Chicago, IL: University of Chicago Press.

UNICEF (1998a) "UNICEF regional workshop on early childhood care and development (ECCD)", (relatório inédito de um *workshop* realizado em Karachi, Paquistão, março).

UNICEF (1998b) "UNICEF Futures Group: early childhood care and development", (relatório inédito de uma reunião realizada no Wye College, Grã-Bretanha, abril).

VADEBONCOEUR, J. (1997) "Child development and the purpose of education", in RICHARDSON, V. (ed.) *Constructivist Teacher Education*, London: Falmer Press.

WALKERDINE, V. (1984) "Developmental psychology and the child-centred pedagogy: The insertion of Piaget into early education", in HENRIQUES, J., HOLLOWAY, W., URWIN, C., VENN, C.; WALKERDINE, V. *Changing the Subject: Psychology, Social Regulation and Subjectivity*, London: Methuen.

WALLIN, K. (1996) *Reggio Emilia och de hundra språken (Reggio Emilia and the Hundred Languages)*, Lund: Liber.

WALLIN, K., MAECHEL, I.; BARSOTTI, A. (1981) *Ett barn har hundra språk. Om skapande pedagogik på kommunala daghemmen I Reggio Emilia, Italien (A Child has got a Hundred Languages: on Creative Pedagogy in the Scuola Comunale, Reggio Emilia, Italy)*, Stockholm: Utbildningsradion.

WALZER, M. (1992) "The Civil Society argument", in MOUFFE, C. (ed.) *Dimensions of Radical Democracy: Pluralism, Citizenship, Community*, London: Verso.

WEILER, H. (1990) "Decentralisation in educational governance: An exercise in contradiction", in GRANHEIM, M., KOGAN, M.; LUNDGREN, U.P. (eds.) *Evaluation as Policymaking: Introducing Evaluation into a National Decentralised System*, London: Jessica Kingsley.

WEISNER, T.S.; GALLIMORE, R. (1977) "My brother's keeper: Child and sibling caretakers", *Current Anthropology*, 18(2), p. 169-180.

WILLIAMS, P. (1994) *Making Sense of Quality: A Review of Approaches to Quality in Early Childhood Services*, London: National Children's Bureau.

WOODHEAD, M. (1996) *In Search of the Rainbow: Pathways to Quality in Large Scale Programmes for Young Disadvantaged Children*, The Hague: Bernard van Leer Foundation.

WOODHEAD, M. (1997) "Psychology and the cultural construction of children's needs", in JAMES, A.; PROUT, A. (eds.) *Constructing and Deconstructing the Child: Contemporary Issues in the Sociological Study of Childhood*, London: Falmer Press.

WOODHILL, G., BERNHARD, J.K.; PROCHNER, L. (eds.) *International Handbook of Early Childhood education*, New York: Garland.

YOUNG, M.E. (1996) *Early Child Development: Investing in the Future*, Washington DC: The World Bank.

YOUNG, R. (1990) *White Mythologies: Writing History and the West*, London: Routledge.

ZIEHE, T. (1989) *Kulturanalyser: ungdom, utbildning, modernitet (Cultural Analysis: Youngsters, Education and Modernity)*, Stockholm: Norstedts Förlag.

ZUCKERMAN, M. (1993) "History and developmental psychology, a dangerous liaison: A historian's perspective", in ELDER, G., MODELL, J.; PARKE, R. (eds.) *Children in Time and Place*, Cambridge: Cambridge University Press.

Índice

A

ações locais, 51-53
administração, 24-25
Administração da Qualidade Total, 122
Adorno, T., 35,36, 42, 121
África do Sul, 26, 213
alienação, 130, 211
American National Association for the Education of Young Children, 134
American Society for Quality Control, 122
Anderson, H.C., 48
Andersson, A.E., 19
anos dourados, 66
aprendizagem ao longo da vida, 113-115
Aprendizagem e Ação Participatória (AAP), 241
Arato, A., 98-100
Arendt, H., 101
Aristóteles, 43, 181
Arquimedes, 40
associações cívicas, 99-101
atenção e desenvolvimento da primeira infância (early child hood care and development – ECCD), 212, 215, 220-221
audição, 83-84
Avaliação Rural Participatória (ARP), 241
avaliação, 148-151, 154-155, 236-238

B

Bachelard, G., 182
Bachiu, V., 240
Banco Mundial, 213
Bank, J., 122
Bateson, G. 54
Bauman, Z., 33, 34, 41, 56-58, 156-158, 173, 204-205
Bell, D., 19
Bem-estar dos cidadãos, 110
Benhabib, W., 20, 148
Berlin, I., 214
biologia, 66-67
Blanchot, 59
boa prática, 106
Brasil, 104-105
brinquedos, 73-74
Bronfenbrenner, U., 182
Buber, M., 176
Burocracia, 210-211
Butler, J., 57

C

Cahoone, L., 221
Canadá, 24, 27-28, 137

Meadow Lake, 219, 220-222, 226-228
qualidade, 140, 153
suicídios, 235-236
capitalismo, 18-21, 58-59, 67-68, 94-97, 99, 120
Carroll, L., 54-55
cartesianismo, *ver* Descartes, R.
Centro Europeu, 69
Centro Internacional de Desenvolvimento da Criança, 212
centros de família, 114-115
Chambers, R. 211, 240-241
China, 217-218, 238
Choksi, A., 213
cibernética, 192
ciência, 39-42, 66-67, 120-121
discursos, 138-139, 149-150
linguagem, 55
Mundo Majoritário, 211-212, 215-216
psicologia, 214-215
Projeto Estocolmo, 172, 184-186
Clarke, A., 126-127
classe, 70-71
Clifford, R., 133
co-construção, 69-74, 77, 82-84, 169
conhecimento, 224
cultura da aprendizagem, 177-178
qualidade, 143-144
Reggio Emilia, 161-162
Projeto Estocolmo, 180-187
Cohen, J., 98-100
Cole, M., 214
colonialismo, 210, 217
Comissão de Cuidado da Criança, 165-166
competição, 80-82
comunicação, 98-99, 120, 148, 183, 190, 206
comunidade, 228-230, 237
comunismo, 19-20, 36-37
conceito de déficit, 164
concentração na criança, 63
condições, 151, 155
Condorcet, J.A. de, 34
conferências, 171
confiança nos números, 120-121
conhecimento, 46-47, 49, 59, 64-65, 221
discursos, 127-128, 140-141, 148-149, 151-152, 156-157
primeira infância, 69-80, 81-83
instituições, 104-105, 113-114
Meadow Lake, 234-235
não-conhecimento, 222-225
documentação pedagógica, 203, 205
Conselho Nórdico, 70, 168
Conselho Tribal de Meadow Lake, 23-25, 219-242
Conselhos Tribais Aborígenes, 218
Conselhos Tribais, 219-242
construção da identidade, 176-177
construção de significado, 16, 24-25, 105, 119-120, 139-159
construção do *self*, 204-206
construção social, 38, 78, 136
infância, 63, 85
instituições, 87-117
documentação pedagógica, 195, 206
construcionismo, 78, 196
contextualização, 146-147
contra-discursos, 47-48
controle, 123-126, 147-148
Conway, W., 122
corporações transnacionais, 18
crianças em risco, 9-10, 56, 114-115, 164
crianças ricas, 17, 71-72, 114, 176, 179-180
crime, 92-93, 94-95
critérios de admissão, 103
Crosby, P., 122
cuidado não paterno ou materno, 9-10, 67-68, 115-116
cultura da aprendizagem, 177-178
cultura, 64-65, 69-74, 76-77, 81-82
diferenças, 214
Primeiras Nações, 219-220
qualidade, 135-136, 140
Currículo para a Educação da Primeira Infância, 154-155

D

Dahlberg, G., 168
Davidson, D., 217

Deleuze, 38
democracia, 99-101, 105-109, 110-111, 114-116
    qualidade, 120, 132, 143-144
    reflexão, 189, 207
    Projeto Estocolmo, 169-170, 177-178
Denzin, 149
dependência, 58
Derrida, J., 56-57, 80, 99, 185
Descartes, R., 36-37, 43-44, 138-139, 141-143, 185-186
descentralização, 100-101, 123-124
desenvolvimento, 211-215
Dewey, J., 190
diálogo crítico, 183
diálogo, 165-166, 183
Dinamarca, 68, 107-108
disciplina, 44-56, 93-94, 121-122
discursos dominantes, 87-97, 114-115, 151-152
    documentação pedagógica, 199-202
    Reggio, 162-163
    Projeto Estocolmo, 168-169, 175-176, 179-180
discursos, 41-43, 45-49, 50-52, 64-65
    instituições, 89-91, 95-97, 105-106, 108-109, 114-115
    Meadow Lake, 234-236
    qualidade, 60, 119-159
diversidade, 15-16, 18-19, 131-132, 138-139, 141-142, 154-155
Docker, J., 43-44
documentação pedagógica, 24-25, 102, 106, 145
    definições, 194
    reflexão, 189-207
    Reggio, 162-163
    Projeto Estocolmo, 168-169, 172, 176-180, 186-187
dualismo, 40-44, 74-75, 81-82, 185-186, 223

E

Early Childhood Environmental Rating Scale (ECERS), 133-134, 158
Edwards Deming, W., 122
elitismo, 170
emprego em tempo integral, 68
emprego em tempo parcial, 68
emprego, 107, 109-110, 114-115
empresa, 120, 130, 131
empresários, 94
Erikson, E.H., 165
Escandinávia, 68, 70, 107
Escola de Frankfurt, 35
escolas, 113-115
Espanha, 90, 155
Estado, 110
Estado forte, 115
Estados Unidos (US), 12-13, 26-28, 90-94
    discursos, 120-123, 122-123, 136-137, 138-139, 148-149
    primeira infância, 64-65, 67-70
    instituições, 89-90, 114-115
    Mundo Majoritário, 210, 213, 217
estados-nação, 94-97
estrutura, 25, 28-29, 132, 152-153
estruturas, 151-155
ética, 10, 33, 61, 79, 105, 111
    discursos, 141-142, 145-146, 147-148, 156-157
    documentação pedagógica, 203-207
    Projeto Estocolmo, 163-164
etnografia multivocal, 218
eurocentrismo, 59
Europa, 70, 122, 123, 152, 210, 216-217
expectativas, 172-177

F

family day care, 22
feminismo, 80-81, 99, 163
ferramentas 162, 166, 190-191, 202-204
Finlândia, 106
Fishman, D., 149
Flax, J., 43
Foerster, H. von, 161, 202
Folkhemmet, 90-91

fordismo, 19
fóruns, 97, 112, 114-115, 152, 205-207, 230
Foucault, M., 40, 44-56, 59, 80, 93, 108-109
documentação pedagógica, 202-203
ética, 204-206
Mundo Majoritário, 217
Projeto Estocolmo, 174-175
França, 95
Freire, P., 104-105, 114, 165, 224, 234
Fromm, E., 109
fundamentalismo, 222

G

Gaster, L., 130
gênero, 68, 71, 93-94, 109
Gesell, A., 165
Giddens, A., 125
Ginsburg, C., 16
Giroux, H., 101, 114
Glaserfeld, E. von, 203
globalização, 120
Gore, J., 199-200, 205-206
Guattari, 37-38

H

Habermas, J., 33, 42
Hakkola, K., 106
Hall, D., 223-235
Hambleton, R., 130
Handbook of Qualitative Research, 149
Harms, T., 133
Harvey, D., 18
Head Start, 213
Heráclito, 39
heteronomia, 58
High Scope Foundation, 213-214
historiadores, 137
Hitler, A., 36
Hobbes, T., 98
Hoggart, P., 130
Holocausto, 36
hora do círculo, 76
Horkheimer, M., 35, 36, 42, 121

I

identidade, 64-65, 69-74, 77, 80, 99, 176-177
Iluminismo, 33-36, 39, 42, 46
discursos, 119-122, 141-142, 143-144
primeira infância, 76, 77-78, 80-81
Mundo Majoritário, 217
teoria, 44, 49, 52-53, 58-59
imperialismo, 25-26
incerteza, 123-126, 141-142, 157-158, 162-163, 181-182
Infância como um Projeto de Fenômeno Social, 69-70
inocência, 66, 71-72
instituições, 9, 15, 17, 21-23, 24-30
primeira infância, 69-70
pós-modernidade, 52-53, 56
construção social, 87, 117
interesses, 153-154
intervenções, 112-117
Itália, 26, 89-90, 99-101, 145-146, 152-153

J

Japão, 122, 217-218
julgamentos, 143, 151
Juran, J., 122

K

Kagan, S., 92
Kant, I., 50
Katz, L., 92
Köhler, E., 190

L

lares substitutos, 111-112
Lather, P., 20, 175, 187, 241

legitimação, 39-41
Lei Jante, 202
Levinas, E., 57-58
liberdade, 108-109, 110
líderes de projeto, 184-187
Lincoln, 149
linguagem, 22, 24, 40, 47
    primeira infância, 9-11, 71, 83
    projeto Estocolmo, 162-163, 175-176
    discursos, 119-120, 152-153
    instituições, 95-97, 112-114, 87-88
    Mundo Majoritário, 241-242
    Meadow Lake, 234-235
Lippman, W., 142
Locke, J., 65, 98
Lyotard, J.-F., 39, 58, 217, 242

M

mães, 67, 74, 89, 93-94
maiorias, 25-28, 60-61
Malaguzzi, L., 21, 24, 30
    linguagens, 241-242
    Reggio, 71-72, 81-84, 105
    Projeto Estocolmo, 161-162, 167, 170-171, 179-180, 181-182
manejo social, 53-54
mapas abstratos, 54-55, 125-127
marxismo, 39, 49, 163
McLuhan, M., 232
Mead, G.H., 165
mecânica do *quantum*, 161
melhor prática, 212, 222, 234
Melucci, A., 77, 99, 172
mercado de trabalho, 67-69, 107, 109-110, 114-116, 123-124
minorias, 25-28, 209, 243
Modelo do Currículo Gerativo, 219, 242
Modern Childhood, 172
modernidade, 20, 29, 33, 61, 63-64, 69-70, 71-72
    discursos, 119-121, 126, 135-139, 142, 143-144, 148-150, 153, 156-158
    instituições, 94
    Meadow Lake, 220
    mundo majoritário, 210, 216, 241-242
    pedagogia, 75-76, 79-80
    tradições hebraicas, 238
Montessori, M., 174, 213
moralidade, 58
Moss, P., 137
Mouffe, C., 58-59
multiculturalismo, 221
Mundo Majoritário, 209-243
Mundo Minoritário, 19, 20, 27-28
    primeira infância, 66-67
    instituições, 97-98
    mercado de trabalho, 68
    possibilidades, 209, 243
    teoria, 53, 61
Myers, R., 215

N

não conhecimento, 222-225
National Association for the Education of Young Children (NAEYC), 212-213
natureza, 66-67
nazismo, 36
necessidades especiais, 164-165
negócios, 88-94, 103
novos movimentos sociais, 99

O

Objetivo da Educação Nacional, 64
objetos transicionais, 73
observação, 169, 178-179, 191-193
Owen, R., 137

P

padrões, 9-11, 129, 151, 162
padronização, 155, 158

pais, 68, 74
parcerias, 219, 227, 230-231, 235-236
participação dos pais, 106
paternidade mista, 81
pedagogia da atividade, 190
pedagogia da primeira infância em um mundo em transformação, 167-168
Pence, A., 137, 219
Penn, H., 137, 214
Perry Pre-School Project, 92
pesquisadores, 184-187, 190
Piaget, J., 66, 165
Platão, 40
pluralismo, 99
pobreza, 92, 94
poder, 33-61, 71, 93, 121, 152, 203
Pollitt, C., 130
Popkewitz, T., 43, 54
Porter, T., 120-121
pós-fordismo, 19
positivismo lógico, 126-127, 148-149
positivismo, 215
pós-modernidade, 20, 23-30, 33-61
  democracia, 99
  discursos, 141-142, 148-149, 151-152, 153-154, 156-158
  primeira infância, 64, 70
  tradições hebraicas, 238
  Mundo Majoritário, 215-218, 241-242
  Meadow Lake, 221-222, 223-224
  documentação pedagógica, 191-192
  pedagogia, 76-85
  Reggio Emilia, 162-163
  Projeto Estocolmo, 167-168, 173-174, 175-177, 184-185
prática de pergunta e resposta, 75-76
prática, 23-25
Previdência Social, 20, 172
Primeiras Nações, 24, 28, 152-153, 217-242
processos de aprendizagem, 194-199
produtores, 88-94
profissionais especialistas, 162
profissionalização, 201
programas, 161-162
progresso linear, 39-41
projeto BASUN, *ver também* Infância Moderna nos Países Nórdicos, 69-70, 168
projeto da Infância Moderna nos Países Nórdicos (BASUN), 168
Projeto Estocolmo, 23-26, 29, 161-188
  instituições, 109-110
  processos de aprendizagem, 194-199
projetos de instituições, 104-111
psicologia do desenvolvimento, 25-27, 52-56, 135-139
psicologia, 214
Putnam, R., 100, 231

Q

qualidade, 12-17, 26, 211
  discursos, 60, 119-159
  avaliação, 10
Quality 2000, 13
quantificação, 121, 125
questões da vida boa, 107

R

Readings, B., 43, 83-84, 94-95, 150-151
reciprocidade, 145
reconstrução, 161
rede, 107-111, 112, 177-184, 186
redes de relacionamento, 109
reflexão, 42, 52, 60, 105-106, 126
  documentação pedagógica, 189-207
  Projeto Estocolmo, 168-169, 183, 186
Reggio Emilia, 23-24, 28-31, 60
  primeira infância, 64-65, 71-75, 81-85
  instituições, 100, 103-106, 109-110, 111-113
  documentação pedagógica, 190-191
  Projeto Estocolmo, 161-167, 167-184
Reino Unido (UK), 27, 68-69
  discursos, 123, 134, 136-137, 140
  instituições, 89-93, 94-95, 109-110, 114-115

relativismo, 141, 155-159
Renascença, 37, 42, 44
representação, 39-41
reprodução, 9, 64-65, 88-89
responsabilidade, 145
responsabilidades, 56-58, 72, 157
Revolução Industrial, 19
revolução logística, 19
revolução, 49-50
Rinaldi, C., 193
Rorty, R., 10-11, 157
Rousseau, J.-J., 66

S

sabedoria, 144, 146
Said, E., 26, 59
Salvem as Crianças UK, 214-215
satisfação do cliente, 122, 129, 132
Scarr, S., 91
School of Child and Youth Care, 222
Schwandt, T., 126-127, 146-147, 149-150, 237
Serpell, R., 214
serviços, 17, 22, 116, 124, 129-132
serviços públicos, 129-132
serviços sociais pessoais, 131
Shakespeare, W., 243
Singer, E., 89
singularidades, 38-40, 59, 163
sistemas especializados, 125
socialização, 91, 137-138
sociedade civil, 97-112, 115, 152-153
sociedade da aprendizagem, 168
sociedades do conhecimento, 19, 168
sociedades pós-industriais, 19
sociologia, 70, 137
solidariedade, 110, 116
Spanos, W., 42
Spivak, G.C., 163
Stalin, J., 36
Suécia, 25-28, 73, 76, 93
    discursos, 124, 136-137, 140, 152
    instituições, 90, 95-96
    documentação pedagógica, 190-191
    Reggio, 164-167
suicídios, 235
Sylwans, P., 19

T

tábuas de berço, 226
taoismo, 223, 235, 238
tecnologias, 18-19, 36-37, 46
    discursos, 120-121, 123-124, 135-136
    instituições, 93-94, 113-114, 115-116
    self, 51-52
tédio, 182
tempo, 84, 124-125, 196-199
tendências futuras, 112-117
teoria, 23-25, 33-61, 164-165
teoria crítica, 16-18, 42, 114
teoria do caos, 161
teoria dos sistemas, 192
teorias da maturidade, 165
teorias de transmissão, 165
Tobin, J., 217, 218
tomada de decisão, 125, 157
Toulmin, S., 43, 44, 147-148
tradições hebraicas, 238
tranqüilização, 125-126
treinamento, 25
Twain, M., 149

U

União Européia, 67-68
UNICEF, 212-213, 215
universalismo, 163, 212-213, 214-215
Universidade de Victoria, 222

V

Valuing Quality in Early Childhood Services, 12, 17, 22

Vecchi, V., 183
vigilância, 47
vocabulários, 10, 11, 30

W

Walrkerdine, V., 53
Woodhead, M., 213
Wu, D., 217-218
Wundt, W., 214

Y

Young, R., 216-217

Z

Ziehe, T., 79, 112